演讲与口才
（第二版）

蓝 天 主编

黑龍江大學出版社
HEILONGJIANG UNIVERSITY PRESS
哈尔滨

图书在版编目（CIP）数据

演讲与口才 / 蓝天主编．-- 2 版．-- 哈尔滨 : 黑龙江大学出版社，2023.12
ISBN 978-7-5686-1101-5

Ⅰ．①演… Ⅱ．①蓝… Ⅲ．①演讲－高等学校－教材②口才学－高等学校－教材 Ⅳ．①H019

中国国家版本馆 CIP 数据核字（2024）第 030624 号

演讲与口才（第二版）
YANJIANG YU KOUCAI（DI-ER BAN）
蓝　天　主编

责任编辑　陈连生　张琳琳
出版发行　黑龙江大学出版社
地　　址　哈尔滨市南岗区学府三道街 36 号
印　　刷　哈尔滨市石桥印务有限公司
开　　本　720 毫米 ×1000 毫米　1/16
印　　张　19
字　　数　302 千
版　　次　2023 年 12 月第 2 版　2018 年 5 月第 1 版
印　　次　2023 年 12 月第 1 次印刷
书　　号　ISBN 978-7-5686-1101-5
定　　价　42.00 元

前　言

本书在《演讲与口才》(第一版)基础上进行了内容的调整,同时为了紧跟时代的脉搏,加入了数字化的元素,形成了现在的《演讲与口才》(第二版)。为了突出教材的实用性,在编写的体例上,有意淡化了理论色彩,除了必要的概念解释,更多的是就某个内容的特点、类型、意义进行分析和比较,并辅以大量具体、生动的案例,达到简洁明了、通俗易懂的目的。例文力求突出可读性、新颖性、典型性,既有古今中外政治人物、文化名人、专家学者的演讲文稿,也有当下不同背景、不同经历的年轻一代的演讲佳文,风格各异,各有千秋。这些例文起到说明、解释、示范的作用。

本书由广东开放大学文化传播与设计学院蓝天教授主编,长春工程学院党委宣传部孙紫桐老师编写第七章。

本教材不仅适用于大专院校的教学,也适用于演讲培训和演讲爱好者自我学习使用。由于编者学识有限,对演讲的认识和对其规律的把握较为肤浅,还在不断摸索和思考中,因此,教材之中难免出现这样或那样的不足。存在的这些问题,都是我们今后学习和提高的方向。在此,衷心希望大家能提出宝贵意见,以便今后对教材进行不断完善。

目　　录

第一章　导论

简洁的语言是智慧的灵魂，冗长的语言是肤浅的藻饰。

——[英]莎士比亚

第一节　演讲概述

一、什么叫演讲

演讲又叫讲演或演说，是指在公众场所，以口头语言为主要手段，以形体语言为辅助手段，针对具体问题，鲜明、完整地发表自己的见解和主张，阐明事理或抒发情感，进行宣传鼓动的一种语言交际活动。

我国古文献《易经·系辞上》中有一句名言："鼓天下之动者，存乎辞。"从字面上看，这句话的意思是说能鼓动天下纷纷而动的存在于辞章里面，它将言辞的力量提到了很高的地位。这里的"辞"指的是言语，这种言语通过口头表达出来就成为演讲，在不少书籍中又称为"演说"。我国古籍最早出现"演说"一词的是《北史·熊安生传》，文中记载："公正于是问所疑，安生皆为一一演说，咸究其根本。"熊安生是对一个叫"公正"的人"演说"，"演说"的目的是解答他的质疑。再如刘鹗的《老残游记》第一回中写道："谁知道除那管船的人搜括众人外，又有一种人在那里高谈阔论的演说。"上述文中提到的"演说"只是私下个人之间的交流，与今天面向公众对一个公共问题发表见解和主张的"演讲"有很大差异。古籍中"演说"也有"表演叙说"的意思，如清代戏剧家李渔的《蜃中楼·献寿》："待兄弟手舞足蹈,演说一番,只当做一出戏文。"《儿女英雄传》第四回:"说书的当日听人演说《儿女英雄传》这桩故事的时候就考查过扬子《方言》那部书。"《老残游记》第二回:"这说鼓书本是山东乡下的土调,用一面鼓,两片梨花简,名叫'梨花大鼓',演说些前人的故事。"无论是个人之间的交流,还是向公众讲解佛经,或是表演叙说,古籍中提到的"演说"三种用法都包含有发表见解、意见,阐明事理的意思,与今天的"演讲"有很多相似之处。但是,它与现代意义上的演讲无论在内涵上还是在功用上都有很大的差异。

人类进入工业时代之后,社会形态从封闭走向开放,社会关系日趋复杂,人的思想观念更新,竞争意识和时间观念加强,崇尚科学、信服真理、追求变革成为人们基本的行为或价值取向。在这样一个开放、竞争、合作的社会,个体价值的实现成为可能。美国著名的演讲家戴尔·卡耐基认为,在现代社会中,"一个人的成功百分之十五取决于自身的知识和技术,百分之八十五取决于发表自己意见的能力和激发他人热情的能力"。因此,演讲成为现代人必备的基本素养和能力,它是个体与社会、群体沟通联系的桥梁。由于人们对演讲的认识和理解角度不同,对演讲的定义也存在差异。根据演讲的基本特征和功能,近年来比较通用的定义是:演讲人在公众场所,以有声语言为主要手段,以体态语言为辅助手段,针对某个具体问题,鲜明、完整地发表自己的见解和主张,阐明事理或抒发情感,进行宣传鼓动,从而达到感召听众并促使其行动的一种语言交际活动。从这个定义的阐述中我们可以清楚地看到:演讲是在特定的时空进行的一种最直接、最灵活、最经济、最有效的口语表达和宣传教育,与一般的口头语言和书面文章相比具有不同的特点和作用。

特定的时空指的是演讲者和听众同处一个时间与空间,这是演讲的重要基础和不可缺少的物质要素。同时,特定的时空又对演讲活动起到明显的制约作用,随着时空的转移与变化,演讲的内容、语言和表情动作等也要做出调整与变化,只有这样,才能适应特定时空这一物质要素转移与变化的需要,取得演讲的最佳效果。在演讲中,有声语言是最主要的物质表达手段,它以流动的方式,承载着演讲者经过组织的思想与感情,传入听众的听觉器官,从而产生很强的说服力、吸引力与感召力。好的有声语言,具有准确清晰、清亮圆润、富于变化、有力耐久的特征,它能在流动的过程中产生一种美感，勃发一种情趣，形成“余音绕梁，三日不绝”的效果，使听众受到思想上的感染，得到精神上的熏陶和艺术上的享受。

体态语言又称形体语言或无声语言，是指演讲人的眼神、面部表情、手势动作、体态、举止和礼仪等。演讲人在演讲时如果能将体态语言运用得自然、真实、鲜活，就能在一定程度上弥补有声语言的不足，增强有声语言的表现力和感染力，它也是演讲人与听众之间进行信息交流的重要手段。演讲就是在特定的时空中，借助于有声语言和体态语言这些物质手段，组合成一个和谐、统一的传达系统，从而达到发表意见、抒发情感、启迪和感染听众的目的。在有声语言和体态语言这两大物质手段中，有声语言始终处于主导地位，体态语言处于辅助地位，两者都是调动听众情绪、引起听众共鸣的手段，以此传达出演讲者所要表达的思想、观点和感悟。如果将二者有机、和谐地统一起来，就能完成高质量、具有审美价值的演讲活动。

二、演讲的组成要素

演讲的组成要素有演讲主体、演讲客体、演讲内容和演讲载体。它们构成了演讲的整体，缺一不可，各要素有机统一才能使演讲达到理想效果。

(一)演讲主体

演讲主体即演讲者。他是演讲活动的中心，是演讲的内容的生发者和体现者，是演讲成败的决定因素。因此，选择和确定演讲者，是组织演讲的重要环节。

(二)演讲客体

演讲客体就是听众。演讲虽不像日常交谈、辩论那样具有很强的交流相向性，但它也是一种人与人之间沟通的手段，具有交流的双向性特点。演讲的目的在于感动人、鼓动人、说服人，听众是演讲中不可或缺的重要组成部分，没有了听众的演讲便称不上是演讲。听众是演讲活动的积极参与者，而非被动接受者。听众是演讲中非常活跃的积极因素,听众对演讲信息的接收有完全的主动权,并且听众可以对演讲者的演讲内容进行反馈。所以演讲时需要演讲者有强烈的对象意识,有针对性。

(三)演讲内容

演讲内容是演讲要反映的客观事物以及这些事物在演讲主体心灵中形成的意识成果。演讲活动对演讲内容有较高的要求:首先,演讲内容必须正确,观点鲜明,符合事物的一般规律,立场坚定。其次,演讲内容必须真实。只有内容真实才能真正起到教育人、激励人的作用,演讲才有价值。最后,演讲内容必须符合时代精神。演讲是一项社会实践活动,理应为社会服务,不合时宜的演讲,甚至是与历史潮流背道而驰的演讲最终只能遭到人们的唾弃和指责。

葬礼演讲曾经盛行一时,其中不乏一些著名的演讲。这种演讲不单单是把逝者夸奖一番,然后逝者入土了事。很多葬礼演说不仅对逝者的生平和贡献做出了恰如其分的评价,更结合现实挖掘出了对生者有益的启示。比如古希腊杰出的政治家伯里克利在一次纪念死去的战争英雄的集会上发表了著名的"葬礼演说",他在怀念这些英雄的同时,呼吁全体希腊人民恪守爱国、正义的政治理念:"当私人纠纷产生时,所有人在法律面前一律平等。正像我们的政治生活是自由而开放的那样,日常生活中我们的人与人之间的关系也是如此……在这里每一个个人不但对他自己的私事感兴趣,也对整个社稷的大事感兴趣。"伯里克利这篇"葬礼演说"对那些为国牺牲的人充满敬意,同时向民众完整地阐述了自己的政治理想,凝聚了社会力量。

(四)演讲载体

演讲载体是语言,包括口头语言和体态语言两大类。演讲是语言的艺术。语言运用不好,演讲便很难成功。演讲需要口头语言和体态语言的有机结合才能达到最佳效果。心理学家艾伯特·梅拉比安说过:"人的感情表达由三个方面组成:55%的体态,38%的声调及7%的语气词。"这说明了体态语言表达的重要性。心理学研究结果还表明:人感觉印象的77%来自眼睛,14%来自耳朵,视觉印象在头脑中保持时间超过其他器官。

古希腊著名的演说家德摩西尼认为:“演讲的秘诀在于姿态。”我国的教育家陶行知先生说过:“演讲如能使聋子看得懂,则演讲之技精矣。”由此可见,体态语言在演讲中发挥着“无声胜有声”的作用。法国大作家狄德罗曾说过:“要知道幻觉起于这无数的小事情;想象这些事情非常困难,表达它们困难还要大些。手势有时和说话一样巧妙,再说,正是这些细节的真实使心灵容易接受伟大事件的强烈印象。”

三、演讲的特征

(一)社会实践性

演讲是一种实践性很强的社会活动,它不是茶余饭后的闲谈和私聊,它是出于社会现实的需要,旨在解答现实生活中的某一个问题。演讲者通过对社会现实的判断与评价,直接面向广大听众发表自己的主张和看法,抒发情感,表达爱憎。演讲者通过演讲帮助听众弄清复杂的社会现实,并达到鼓舞、说服听众的目的。因此,演讲不是个人的言语沟通的行为,而是一种具有较强现实性的社会实践活动。在人类发展历史的一些转折性时刻,不少杰出的人物往往通过演讲启迪和鼓舞民众,为民众指明了前进的方向。20 世纪 40 年代初,法西斯德国已经占领了大半个欧洲,紧接着又将侵略的目标锁定在隔海相望的英国。此时,在野 10 多年的丘吉尔临危受命,以战时首相的身份领导反德国纳粹侵略的战争。在不列颠战役进入高潮阶段时,他发表了名为《少数人》的著名演讲。这次演讲让士兵军心大振,百姓备受鼓舞,英国军民顶住了德军的狂轰滥炸,为最终战胜希特勒的法西斯政权奠定了基础。同样,20 世纪 30 年代,当罗斯福就任总统时,美国正面临经济危机的困境。面对几乎绝望的人民,罗斯福在就职演说中鼓励人民忍耐并支持他的领导:“首先请让我表明我的坚定信念:我们唯一不得不恐惧的就是恐惧本身——一种莫名其妙的、丧失理智的、毫无根据的恐惧,它把人转退为进所需的种种努力化为泡影。”罗斯福一针见血地揭示出当时美国社会普遍存在的悲观失望的心理,他号召人民克服内心的恐惧,坚定信念,用自身的努力摆脱危机。丘吉尔、罗斯福在演讲中解答了国民的困惑,提出了自己的政治理念,获得了人民的理解和支持。

(二)表达的艺术性

俄国作家列夫·托尔斯泰对什么是“艺术活动”有过这样的叙述:“在自己心里唤起并一度体验过的感情,并且在唤起这种感情之后,用动作、线条、色彩,以及言语所表达的形象来传达出这感情,使别人也能体验到同样的感情——这就是艺术活动。”和小说、戏剧、绘画、舞蹈这些创造性艺术形式相比,演讲属于现实活动的范畴,它的艺术性在于自身具有统一的整体感和协调感,即演讲中的各种因素(语言、声音、表演、形象、时间、环境)形成一种相互依存、相互协调的美感。同时,演讲不单纯是现实活动,它还具备戏剧、曲艺、舞蹈、雕塑等艺术门类的某些特点,并将其融为一体,形成具有独立特征的演讲活动。

演讲是演讲人将自己真实的感情及感受,利用经过加工的艺术化的语言表达出来的。演讲的有声语言表达虽不像朗诵、戏剧那样讲求丰富、多变,但是在语速、语调的处理上强调高、低、快、慢,讲求节奏的弛缓,同时,也要根据内容表达的需要在语速、语调上进行适当的艺术处理。演讲十分重视有声语言和体态语言的配合。“演讲”包括“演”与“讲”两部分,但“演讲”中的“演”并不等同于“演戏”的“演”,它是演讲者根据演讲内容的需要在自觉与不自觉中表现出来的姿态、手势、表情等,是一种感情到极致态势必然出现的无声语言,是与有声语言紧密联合、协调一致的,演讲者的喜怒哀乐、举手投足、一招一式、一颦一笑,都要做到与演讲内容浑然一体,给人艺术的美感。

古希腊哲学家亚里士多德说过:“一个充满了感情的演说者,常常使听众和他一起感动,哪怕他所说的什么内容都没有。”但是,在强调演讲的艺术性时,也要注意两个方面的问题:一是有的演讲者只“讲”不“演”,只注重演讲的实用性而忽略了演讲的艺术性,使演讲不伦不类,枯燥乏味,削弱了演讲的效果。二是有的演讲者一味过分地“演”,追求相声、评书、朗诵、故事等其他艺术表演技巧,冲淡了演讲的现实性、实用性和严肃性,显得滑稽、牵强,起不到演讲应有的作用。这两种倾向都必须在演讲实践中加以克服。

（三）演讲的宣传、沟通性

哲学家黑格尔有段名言："演讲家在演讲里的最高终极旨趣并不在于艺术的描述和完美的刻画，他还有一个越出艺术范围的目的，他的演讲的形式结构毋宁说只是一种最有效的手段，用来实现一种非艺术性的目的或旨趣。从这个观点来看，他感动听众，也不单是为感动而感动，听众的感动和信服也只是一种手段，便于达到演说家要实现的意图。所以对听众来说，演说家的描述也不是为了描述而描述，也只是一种手段，用来使听众达到某一种信念，做出某一种决定，或采取某一种行动。"黑格尔的这段话表明演讲的宗旨是通过宣传鼓动达到说服听众的目的。

政治演讲也好，学术演讲也好，往往都要具备强烈的宣传鼓动性。这是因为：一切正直的人们都有追求真善美的渴望，演讲者传播了真善美，自然会引起共鸣，激励和鼓舞听众；演讲者以自己炽烈的感情去引发听众的感情之火，容易达到影响听众的目的；演讲者的形象、语言、情感、态势以及演讲词的结构、节奏、情节等均能抓住听众；演讲的直观性使其与听众直接交流，极易感染和打动听众。

演讲是人际传播沟通的工具，任何思想、学识、发明和创造，都可以借助演讲这个工具来传播。演讲者以自己炽热之情点燃听众的感情之火，以自己的道理去说服听众认同自己的思想观念。在进行人际沟通与交流的同时，演讲人也将信息做了最有效的传播，从而使"听众达到某一种信念"。20世纪60年代，美国民权运动领袖马丁·路德·金为了争取非洲裔美国人的民主权利付出了巨大的努力，1963年8月28日他在华盛顿林肯纪念堂发表了著名演讲《我有一个梦想》。他在描述人人平等的愿景时，不断重复使用"I have a dream"这句话。该演讲具有强烈的鼓动性，直接促使美国国会在1964年通过的《民权法案》中宣布所有种族隔离和歧视政策为非法政策。

四、演讲的功能

演讲的场合和面对的听众不同，演讲的具体功能也不同。

（一）传播信息

这是一种以传达信息、阐明事理为主要功能的演讲。它的目的在于使人知道、明白。如美学家朱光潜曾任教于浙江上虞白马湖畔的春晖中学，他经常和青年学子们交流思想和学习体会，被誉为“青年导师”。在演讲“谈作文”中，朱先生结合自己多年的教学实际和写作经验，为学生们讲述了作文前的准备、文章体裁、构思、选材等内容，使听众明白了作文的基本知识。这类演讲的特点是知识性强，语言准确。

（二）说服公众

这种演讲的主要目的是使人信赖。它从传播信息类型的演讲发展而来。如恽代英在1923年发表的一篇演讲“怎样才是好人”，不仅告知人们哪些人不是好人，也提出了三条衡量好人的标准，通过一系列的道理论述，改变了人们以往的旧观念，帮助当时的年轻人树立现代的人文理念。演讲观点独到、正确，论据翔实、确凿，论证合理、严密，如同一盏明灯为那些正在苦苦追寻民主自由的新青年指明了方向。

（三）激发群情

这类演讲意在使听众激动起来，在思想感情上与演讲者产生共鸣，从而欢呼、雀跃。第二次世界大战时期临危受命的英国国王乔治六世伯蒂，自幼患有口吃毛病，远离公众，过着平静的生活。然而随着哥哥爱德华八世的逊位，他被拥戴为新的国王。此时，纳粹德国已占领法国，正隔海相望，虎视眈眈，将下一个侵略的目标对准了英国。为了鼓舞人民的士气，乔治六世克服了口吃的毛病，在1939年，通过广播发表了鼓舞人心的演讲，号召英国人抗击法西斯。这篇后人所称的“国王的演讲”成为第二次世界大战中激励英国人斗志的呐喊。

（四）动人心魄

与激发群情的演讲相比，这类演讲能使听众产生一种欲与演讲者一起行动的想法。第二次世界大战中，法国战败，法国人民的自尊心和自豪感受到沉重打击，为了挽救祖国，戴高乐将军在英国组建了自由法国政府,领导人们抗击德国法西斯。为了鼓舞人民的斗志,他在伦敦发表了著名的演讲《告法国人民书》,号召法国人民行动起来,拿起武器,投身到反法西斯的行列。这类演讲的特点是鼓动性强,多以号召、呼吁式的语言引导听众做某事。

(五)寓教于乐

这类演讲以活跃气氛、调节情绪、使人快乐为主要功能,多以幽默、笑话或调侃为材料。演讲者在这类演讲中往往会举很多的事例,引起人们的共鸣,让人们在笑声中获得启迪。它的特点是材料幽默,语言诙谐。央视前主持人崔永元曾在北大发表过"抓住每一个机会秀幽默"的演讲,他在演讲中提出"幽默代表一个人的人格魅力、性感度和气场"的观点,并且举了中外几个幽默的案例。这场演讲只有短短几分钟,现场的观众却被他诙谐的语言所感染,捧腹大笑。

第二节 口才概述

一、什么是口才?

林肯是位天才的演说家,他说过:"口才是社交的需要,是事业的需要。一个不会说话的人,无疑是一个失败者。"当代中国著名的演讲家邵守义有句名言:"是人才未必有口才,有口才必定是人才。"那么,什么是"口才"呢?简言之,就是说话的才能,是人们在口语交际的过程中,运用准确、得体、生动、巧妙、有效的口语表达策略,从而达到特定的交际目的,取得圆满交际效果的口语表达的艺术和技巧。口才不仅是"口"上的能力,还包含了身体语言、观察能力和思维能力。

口才是人们借助语言解决实际问题的能力,它包括两个部分:一个是单向的演讲口才;一个是双向的交谈口才。两类口才都是个人的思想品德、思维能力、知识学问、智商与情商、言语能力和风度气质的综合体现。北京航空航天大学的姚小玲教授曾这样总结口才:"德是口才的灵魂,才是口才的核心,学是口才的基础,识是口才的方向,胆是口才的条件,情是口才的保证,体是口才的前提。”

人的说话能力是天生的,只要没有生理疾患,都可以开口说话。然而,“能说话”和“会说话”是两回事,前者是指人的先天生理功能,后者是指人的后天表达能力。在现代人际交往中,每一个人不仅要会说话,还要说好话、有好的口才,它是包括表达、聆听和应变能力在内的综合素质体现,是要通过训练才能获得的能力。我国有句古话,叫作“一言知其贤愚”。好口才是一个人的思想、智慧、知识、见识、性格、气质等综合素质的反映,是一个人个性魅力的集中展现。

二、好口才必备的素质

“口才”是由“口”和“才”两大部分组成的。“口”指的是口头表达能力,而“才”则是通过口表达出来的知识、才学。好口才是“口”与“才”的完美统一。有口无才,便是山中竹笋,嘴尖皮厚腹中空;有才无口,则为茶壶煮饺子,满腹经纶却倒不出来。中国的先贤们将好口才的表现总结为“言之有物、言之有序、言之有理、言之有情”。当然,一副好口才不是天生的,它是经过后天的培养获得的。一般来说,口才好的人应该具备以下特征:

一是要敢说。不管在什么场合,讲话都不紧张,能把自己想说的,或准备好的讲出来。

二是讲话内容要充实。说话不空洞,逻辑清晰,有说服力、有感染力、有文采。

三是要会倾听。中国有句话叫作“会说的不如会听的”,可见听在人际交往中非常重要。只有学会倾听,才能把握住交谈方表达的主旨,准确应对,提高交谈的有效性。

四是要有一个好的记忆力。平时看到一个小故事,一句好诗,一句名人名言,要有意把它们记下来,以后在讲话时加以运用,使讲话有水平。

五是思维逻辑要强。语言是思维的外壳,想到的才能说到。所以,练口才还要练思维。

要达到以上的标准,就需要重点培养我们四个方面的素质:

(一)思想素质

言为心声。不同的世界观、人生观、道德观、生死观、苦乐观、审美观,常常支配着人的话语品位。如果说某人具有“良好的口才”,除了对其语言技巧的赞美之外,也包含着对其说话所表达出来的正确的观念、信念和人格品位的赞赏。

正确的观念、信念、人格品位,是良好口才不可或缺的深层基础。语言的艺术性完全是受观念、信念、人格品位支配的,其中,信念又显得特别重要。当一个人将自己确信的观点、原则和理论当作行为动力的时候,信念往往首先从语言上呈现出来。

(二)道德素质

道德素质与一个人说话的美丑优劣密不可分,说话在一定程度上也体现着一个人的道德水准。在生活中,任何一种行为都会直接或间接地与他人或社会发生关系,并受到一定社会规范的限制和协调。一个恪守社会道德规范的人在与人交流沟通的时候,必然会得到他人的认同,正如古人所说:“其身正,不令而行;其身不正,虽令不从。”

(三)心理素质

一个人的心理素质实实在在地决定着人的表达和反应,如同“心慌意乱,语无伦次”所说。而人们常说的“急不择言”就与心理素质有着深层次的关系。情绪紧张,不善于控制和调节情绪,易受周围环境干扰,就很可能使原本准备好了的话不能顺利讲出。第二次世界大战期间,荷兰流亡政府总理在一次会见丘吉尔时,刚见面就伸出手友好地说:“Goodbye!”丘吉尔愣了一下,回答道:“先生,我真希望所有政治性会见都如此简短而且切中要害。”这里除了表现出丘吉尔反应的迅速和善意的幽默外,也同时显露出了荷兰流亡政府总理紧张的心情。

(四)艺术素质

良好的艺术素质最能提升一个人的讲话水平。一个人说话的好坏,首要因素就是发音。发音清晰洪亮、吐字清楚、话音美妙动人,所讲的话就能吸引人,打动人。我国著名美学家张道一教授,虽然年过古稀,但音色仍然浑厚、圆润,且感情丰沛,每次讲话都能赢得长久的掌声。一次在江苏省美学学会年会上,他在开场白中说:“牛郎织女每年相逢一次,那是为了爱情,我们每年相逢一次,则是为了美学!”张教授的话既幽默,同时又很有激情,与会的专家学者被深深感染,掌声如雷鸣。

三、好口才的作用

丹尼尔·韦伯斯特(Daniel Webster)对口才的作用有独到的见地:如果有一天神秘莫测的天意把我其他的全部天赋和能力夺走,而只给我选择其中一样保留的机会,我将会毫不犹豫地要求将口才留下,如此一来我将能够快速恢复其余。有人说一个人的成功与否20%取决于他的智商,而80%取决于他的情商。影响情商的最重要的一种能力就是人际关系的处理能力。具备好口才的人说出来的话得体入耳,能够拨动人们的心弦,好像具有一种魔力,操纵着人们的情绪,正所谓“一人之辩,重于九鼎之宝;三寸之舌,强于百万之师”。中国历史上,毛遂自荐救赵于危、晏子使楚不辱使命、墨翟陈辞止楚攻宋等历史典故无不是好口才的重要性的印证。

口才是现代智能型人才的重要素质,思维敏捷、能言善辩往往会对事业成功起到一定作用。一个善于说话的人,首先必定具有敏锐的观察力,能深刻认识事物,只有这样,说出话来才能一针见血,准确地反映事物的本质;其次,还必须有严密的思维能力,懂得怎样分析、判断和推理,说出话来才能滴水不漏,有条有理;最后,还必须有流畅的表达能力。好的口才能让人在不同的场合中获得他人的认同。懂得语言艺术的人,懂得相处之道的人,不会勉强别人与自己有相同的观点,而是巧妙地引导他人贴近自己的思想。那些善于用准确、贴切、生动的话语来表达自己思想感情的人办事往往圆满,反之,不懂得语言艺术的人,往往使自己陷入困境。总之,口才在现代人的生活工作中发挥着重要的作用。

(一)帮助个人获得良好的人际关系

人际关系是人们在生产或生活中建立的一种社会关系。这种关系会对人们的心理产生影响,会在人的心理上形成某种距离感。在某一个具体的环境里,不同背景的人聚合在一起,相互之间存在一定心理上的距离感,同时也产生了各种关系。一个人如果要在这样的环境中获得他人的认可,首先要学会与人沟通交流。会说话的人,可以向他人清晰明确地表达出自己的意图,使双方相互了解,特别是通过语言表达自己对他人的善意和尊重,得到他人的信任。好的口才就像润滑剂,帮助人们处理好复杂的人际关系,为自己营造一个和谐、友善的工作、学习环境。

(二)帮助个人提高工作效率

本杰明·富兰克林说过:"说话和事业的发展有很大关系,因为这直接关系到别人的同情、合作和帮助。"现代社会是一个竞争与合作的社会。在分工越来越细致的今天,每个人可能都只是你所在单位这部大机器上的一颗小小的螺丝钉。要想使这部机器正常运转,零件之间的沟通配合至关重要。如果每个零件都各自为政,互不沟通,不相配合,那么结果可想而知。之所以有的人能在竞争中胜利,有的人在竞争中失败,除掉个人业务能力差异之外,很重要的原因就是口才。口才是容易表现的外显能力,可以随时展现,也可能随时获得认可。在工作中,每一个人所处的位置既是相对独立的,同时也与其他岗位相联系。口才好的人可以准确地向团队中的其他人传递信息,达成工作上的共识,不断完善工作方案,如果遇到问题也会及时获得他人的谅解和帮助,这是提升工作效率的很有效的途径。

(三)扩展个人发展空间

现代社会既是高度竞争的社会,也是充满机遇的社会。"工欲善其事,必先利其器。"在竞争与机遇并存的时代,口才作为一种表情达意、论辩是非、传递信息的重要工具,可以帮助个人扩大人际交往的空间,获取更多的信息,也可以不断扩展个人的发展空间。现代社会不仅需要我们做得好,也需要我们将自己的才华与能力充分展示出来,在获得更多社会认可的过程中,可以获得更适合个人发展的机遇。

(四)提升个体的自信心和创造力

一些人在公共场合多少会有不敢说话的弱点。"不敢说话"就是当着众人的面,或者是在人多的场合,不敢站起来把自己想说的说出来。这时往往会感到很不自在,很害怕,不能清晰地思考,更不能集中精力,甚至于忘了自己想要说的是什么。越在公共场合不敢说话,就越对自己缺乏信心,个体的创造力越受到压制。好的口才可以提升人们的自信,锻炼人的思维能力,激发个体的想象力,激活个体的创造力。

第三节　演讲与口才、朗诵和报告的辨析

在大多数情况下,人们习惯把“演讲与口才”作为一个固定的词组来使用,“演讲”与“口才”指的是不是同一件事情?演讲具有艺术性特征,那么,它与“朗诵”“报告”又存在什么样的联系?

一、“演讲”与“口才”的辨析

在实际生活中,“演讲”与“口才”是密不可分的,但是,它们的内涵又有所不同。

一是功用不同。“口才”特指人的口头语言表达能力,它是人的基本能力的一种,这种能力是后天养成的。“口才”是人的综合素质的体现,它帮助人们在与他人交流中获得更多的理解与支持,得到公众的认可,从这个意义上讲,可以将“口才”理解为人们自身必备的交际工具,它帮助人们更好地实现交流的目的。“演讲”是人们在特定场合面向特定人群所做的讲话,演讲者运用语言表达技巧,向听众表达自己的态度,宣扬自己的主张,从而达到感召听众、说服听众的目的。演讲以讲为主,演为辅,表达具有艺术性。

二是表达形式不同。口才的表达形式主要是口语,“能说话”“会说话”“说得好”是口才的典型特征,好口才的标准是言之有理、言之有物、言之有序、言之有文。而演讲除了需要具备口才之外,还需要运用肢体、表情等体态语言以及一些语言表达的艺术技巧,是较高层次的口语艺术。

“演讲”与“口才”在语言实践中又是密不可分的。首先,演讲者必须具备良好的口才,它是演讲的基础和必要条件,也是演讲成功的关键所

在。其次,演讲是锻炼口才的重要途径。经常开展演讲训练,不仅可以消除人们当众说话的紧张感和恐惧感,增强自信心,也可以养成良好的语言习惯,使口头表达自然流畅,语言精练生动。最后,良好的口才可以深化演讲的内涵,提升演讲的质量,加大其影响力。

二、“演讲”与“朗诵”的辨析

在实际生活中,一些人将朗诵和演讲混为一谈。演讲与朗诵虽然同是口头表达方式,同样运用口语、体态语言等表达元素,但演讲是人们介入社会生活实践的工具,而朗诵则是为了体现朗诵者对社会生活的理想和追求。两者的社会功能和目的不同,以致在表达内容、表达者身份、表达心态、思维方式、语言等方面也存在较大的差异。

首先,从性质上看,演讲是演讲者直接地表达自己的意见、观点和态度,达到思想传播与交流的目的的口头交际形式。而朗诵是人们在理解和感受某些文学作品的形象和感情的基础上,通过有声语言进行二度艺术形象创作的过程。演讲是直接的交际形式,侧重于应用性、真实性;朗诵是间接的再创造的过程,侧重于艺术性、虚构性,朗诵者通过营造艺术氛围给人带来精神的愉悦和审美的享受。演讲的主导思维是逻辑思维;朗诵的主导思维是形象思维。朗诵也有逻辑思维的因素,演讲也有形象思维的因素。

其次,两者实施的过程、方法和目的也存在差异。演讲一般事先确定题目和要讲的基本内容,但在实际演讲中内容往往会发生变化,演讲的成败依赖于演讲者的现场创作和即兴发挥。为了获取最佳的演讲效果,演讲者需要根据现场的情况调节自己的话题和内容。即便是相同的题目,由于演讲环境、听众的不同,演讲过程和具体内容也会有所变化。相反,朗诵的篇目和内容都是事先确定的,一经确定便不会出现大的变化,最多会在表演技巧上做一些小的调整。另一方面,朗诵的内容可以是朗诵者本人所写,也可以选他人的文稿。而演讲的内容虽然也可以取自他人,但最终必须转化为演讲者自己的观点。

再次,演讲的语言接近日常的口语,通俗易懂、简洁明快、形象生动。朗诵的语言多是规范化的书面语或典雅华丽的文学语言,讲求凝练、含蓄、深沉、优美,给听众带来美的享受。

最后,在语气、语调的运用和体态语言的运用上两者也有区别。演讲的语气、语调较随机,根据听众的反应进行调节,可弱可强,声音可大可小,体态语言的运用讲求自然、大方。朗诵主要以朗诵者个人的情感体验为依据,语调、语气的运用服务于朗诵作品的情感与主题的渲染,朗诵中的体态语言注重优美、大方。

三、"演讲"与"报告"的辨析

在日常工作中,会议上的报告、发言、讲话是常见的语言表达形式,它与演讲有相似的地方:都是单向语言交流,报告人在说,听众在听。但这种讲话主要是向听众陈述事实,阐发自己的意见和观点,不需要过多的语言技巧。如果语言技巧过多,反而让听众感到报告人华而不实,影响报告的公信力。相反,演讲既是以"讲"为主的宣传活动,也是以"演"为辅的艺术活动,光是"讲"很难感染人、打动人,需要发挥"演"的作用增强鼓动性。在内容的安排上,两者也有较大差异。报告和讲话的内容注重政策性、权威性和指导性,演讲的内容侧重典型性和鲜明性。

思考题

阅读下面材料,回答问题。

材料1:

白岩松身为央视新闻节目主持人和评论员,经常舌灿莲花,妙语连珠,让人拍手称赞。

一次,白岩松去南京进行新书签售,一位桂林女孩见到他后兴奋至极。她说:"白岩松老师,我能称呼您小白吗?我人生的最大理想今天实现了,我觉得我的青春都可以死了。"白岩松打趣道:"还是喊我老白吧,我印象中小白是《蜡笔小新》里的人物。从你身上,我发现了一个道理,那就是有些事不是因为可以看到希望才去坚持,而是坚持了才看得到希望。不过说句实话,其实见我很容易,和去动物园看猴子一样容易,希望你以后把自己的理想修改得更高一点。你的青春刚开始,联合国规定45岁以前还算青年，我还是青联委员呢。”

面对女读者的追捧，白岩松如果正儿八经地回答对方的褒奖，既不适合当时的现场气氛，又显得彼此之间充满差距。所以，白岩松一改以往严谨认真的说话姿态，借《蜡笔小新》里的“小白”巧拒对方的提议称呼，再一番恰当自嘲“见我很容易，和去动物园看猴子一样容易”，让人听来亲切随和。最后，他还不忘给女孩鼓舞，让她把理想定得高一点。在这样的氛围中，将“坚持了才看得到希望”的道理传授给读者，很容易让其接受，起到良好的效果。

问题：白岩松在回答年轻的女读者时不仅幽默，而且还巧妙地给这位读者上了一堂生动的人生课。你觉得他的口才具有什么样的特点？他是用什么技巧回答女读者的话的？

材料2：

周恩来的口才举世仰慕，被世界公认为“钢嘴”。他机敏的应变，渊博的知识，博得世人称赞，被当时的美国总统尼克松誉为“冠绝国际”。朱镕基面对几百位中外记者的轮番提问，泰然自若，谈笑风生。他气度轩昂，举止潇洒。答问时，要么正面对答，旗帜鲜明；要么旁敲侧击，巧发奇中；要么含蓄委婉，柳暗花明；要么诙谐幽默，绵里藏针……回答问题往往一语中的，弹无虚发；相互对话则娓娓道来，情动四海。那种刚柔兼济的谈吐，成竹在胸的机变，敏于思考的智慧，无懈可击的逻辑，在国内外引起了石破天惊的反响，为党和国家树立了庄严睿智的形象。

问题：在上述材料中，口才发挥了什么作用？

第二章　演讲的类型

要开化人的知识,感动人的思想,非演讲不可。

——秋瑾

在演讲活动中,演讲者的身份和演讲的目的多种多样,致使演讲类型繁多,异彩纷呈。由于着眼点不同,演讲分类的标准也是多种多样的。

一是从功能上划分,可以分为“使人知”“使人信”“使人激”“使人动”“使人乐”五种类型。“使人知”类型的演讲以传达信息、说明事理为主,演讲内容的知识性较强,语言表述准确,主要为学术演讲,如朱光潜先生的演讲《谈作文》。“使人信”类型演讲以传达独到个人观点为主,这类演讲使用的论据确凿、翔实,论证过程严密合理,如恽代英的著名演讲《怎样才是好人》。“使人激”类型演讲着重激发演讲者与听众之间的情感共鸣,从而达到宣传的效果,如马丁·路德·金在林肯纪念堂前的演讲中用了好几个“梦想”激发非洲裔美国人听众的自尊感、自强感,激励他们为“生而平等”而奋斗。“使人动”类型演讲的鼓动性强,多以号召、呼吁式的语言结尾。第二次世界大战时期法国戴高乐将军在演讲《告法国人民书》的结尾中呼吁法国人民和他一起加入到反法西斯斗争的行列:“我是戴高乐将军,我现在在伦敦,我向目前在英国土地上和将来可能来到英国土地上的持有武器的法国官兵发出号召,我向目前在英国土地上和将来可能不到英国土地上的军火工厂的一切工程师和技术工人发出号召,请你们和我取得联系。”“使人乐”类型演讲以活跃气氛、调节情绪为主,演讲材料幽默,语言诙谐,使人快乐。

二是从表达形式上划分,可分为命题演讲、即兴演讲、辩论演讲。命题演讲的主旨鲜明,针对性强,内容稳定,结构完整。即兴演讲是演讲人有感而发、时境感强、篇幅短小的演讲,如婚礼祝词、欢迎致辞、聚会演讲等。辩论演讲的特点是辩论双方针锋相对,短兵相接,辩论者要具备严密的逻辑和较强的应变能力。

三是从内容上划分,可分为:政治演讲,如外交演讲、军事演讲、政府工作报告、政治宣传;生活演讲,如亲情、友谊、迎送、答谢;学术演讲;法庭演讲;等等。

本章将重点介绍第二、第三个类型的演讲特征。

第一节　命题演讲

一、命题演讲的内涵

《现代汉语词典》中将"命题"解释为"出题目"。所谓命题演讲就是演讲者在他人拟定的题目或演讲范围内,经过一定时间的准备所做的演讲。虽然是受命演讲,但命题演讲所涉及的题目和内容往往是与现实生活有着紧密关系的,被邀请者或是某一领域的专家、权威,或是某一领域的从业者。命题演讲的目的性明确,举办者的要求也很具体,演讲者要受规定的题目和内容的限制,个人发挥的空间不大。演讲者一般有充分的时间进行准备,搜集材料,提炼观点。命题演讲又分为全命题演讲和半命题演讲两种形式。

(一)全命题演讲

全命题演讲指的是由他人拟定具体的演讲题目,一般是演讲活动的主办者根据自身某一阶段工作需要拟定,体现出举办者的意图。如 2023 年 8 月,上海普陀团区委主办了"学习二十大、永远跟党走、奋进新征程"——普陀共青团 2023 年主题征文演讲决赛,选手们通过一个个鲜活事例、一幕幕动人场景,展现了青年群体的担当和情怀,也让我们看到了青年们锐意进取、勇担时代重任的新气象、新面貌。

全命题演讲的特点是:主题鲜明,针对性强,演讲者容易把握演讲的内容,不易跑题。对于演讲的举办方来说,通过全命题的方式容易达到活动的目的,取得较好的预设效果。不足的地方是,全命题将演讲的内容与界限设定得太严格,演讲者个人的优势发挥受到限制,如果遇到不是十分熟悉的题目,演讲者理解和认识不深,难以讲出真情实感,影响演讲的效果。命题演讲的内容体现出某一单位或部门在某一阶段内的工作重心,为该项工作服务。

(二)半命题演讲

半命题演讲指的是演讲者根据演讲活动主办方给出的拟题范围,自己拟定题目所进行的演讲。这类演讲拟定了一个大的主题,给演讲者留下了很大的发挥空间。演讲者可以结合个人的经历和感受,从不同的角度来阐释演讲的主题。这类演讲有助于深化演讲主题,丰富演讲内涵,提高人们参与演讲活动的兴趣。

如,某市工会以“劳动美·中国梦·我与改革创新”为主题,面向全市职工开展演讲比赛活动。这次活动要求参加者围绕主题自行命题,讲述广大职工为实现中国梦立足岗位做贡献的先进事迹,讲述自己的生活、工作中发生的与改革创新相关联的感人故事,大力颂扬工人阶级的伟大品格和劳模精神,营造“尊重劳动、尊重知识、尊重人才、尊重创新”的良好气氛,引导广大职工自觉将个人梦和中国梦紧密联系在一起,激发劳动热情和创造潜力,为实现中华民族伟大复兴的中国梦贡献智慧和力量。这种半命题的演讲,既顺应了国家的方针政策,也结合了职工们自身的工作实际,不仅宣传了党和政府的政策,也激发了职工们改革创新的热情。

二、命题演讲的特点

命题演讲是一种较严肃的演讲,通常涉及重要的、为大众所关注的、关乎民生民计等主题。命题演讲就是要回答人们普遍关心的、急于得到答案或急需澄清的一些现实问题。与其他类型的演讲相比,命题演讲在注重宣传政策、传授知识、陶冶情操、启迪心灵的同时,还要求本着认真、求实和严肃的基本态度来从事演讲活动。命题演讲的目的与作用有别于其他演讲形式,同时也具有自身的一些特征。

（一）主旨的鲜明性

主旨的鲜明性是命题演讲的最基本特征。鲜明性是指演讲主旨要突出、论证要深入而全面，并以理服人。主旨是否鲜明是衡量命题演讲能否成功的重要标准之一。命题演讲大多数是演讲活动主办方给演讲者事先拟定好演讲内容，因此，演讲者在准备阶段就会围绕主题进行选材、安排结构、选择适当的语言表达方式，通过充分的准备，认真写好演讲稿，将演讲的主旨生动鲜明地表现出来。

如一位青年教师以《我愿做一支燃烧的蜡烛》为题做了场精彩的演讲。他紧紧围绕"燃烧自己，照亮他人；燃烧生命，得到永生"这个主旨，层层深入，阐释了自己对教师这一神圣职业的思考，与在场的听众产生共鸣，取得了很好的效果。

（二）题目的针对性

命题演讲总是会瞄准一些社会热点和难点问题，或针对人们思想中存在的某些倾向，或是国家政治、经济、教育引发的相关话题进行命题。演讲的主办方希望通过演讲这种形式，加深人们对这些热点、难点、思想观点的认识、把握，辨明是非，扶正祛邪，鞭挞丑恶，弘扬正气。因此，演讲者在演讲中针对性越强，鼓动性和宣传性就越明显，演讲的效果就越好。

（三）内容的稳定性

命题演讲的演讲者在事前都准备好了演讲稿，经过反复背稿、试讲、修正以后才正式登台。与即兴演讲、辩论演讲相比，命题演讲的内容较稳定，一般确定后在正式演讲时很少受临场时境的干扰。当然，也不排除在个别的演讲情境中，受到现场听众情绪和突发事件的影响，演讲者对演讲内容做局部的修改、调整。这种临时性的改动涉及的内容较少，事先确定的主题和基本的演讲结构不会变。

古人云："大凡临事无大小，皆贵乎智。智者何？随机应变，足以弭患济事者是也。"一次，一位诗人应邀到高校做关于诗歌艺术的演讲，演讲开始后，整个会场上的听众都被诗人澎湃的激情和优美的语言所感染和打动。突然，电路出现了故障，会场一片漆黑，音箱也停止了工作，听众开始出现骚动。这时,诗人也有些不知所措,是停下来还是继续讲?如果停下来,很可能就打乱了演讲的内容。诗人很快镇定下来,突然用最大的声量朗诵出顾城的名作《一代人》:“黑夜给了我黑色的眼睛,我却用它寻找光明。”听众们先是一愣,然后爆发出雷鸣般的掌声。电路故障很快被排除了,诗人又继续自己的演讲。他巧妙地借用一句经典的诗歌,暗合了当时的现场环境,又把听众的注意力重新引到演讲的内容中。

(四)结构的稳定性

命题演讲由于事先已确定了演讲的范围和题目,演讲者又做好了充分的准备,像怎样开头、怎样结尾,什么时候高亢急促、什么时候低沉缓和等都在事前做了设计,结构层次的安排上一般都是完整而缜密的。演讲本身具有一定的结构规范:称呼、是什么、为什么、怎么办。大多数情况下的命题演讲都是遵循这种规范性结构的。

三、命题演讲的基本要求

(一)充分了解和分析演讲对象

演讲是讲给别人听的,要想收到好的效果,演讲者首先要了解演讲的对象,有的放矢。演讲具有宣传、教育、鼓动的作用,但绝不是居高临下的说教。成功的演讲应该是把“讲话人”融入“听讲人”之中,尽量缩短“讲”与“听”之间的心理距离,消除隔阂,使双方在平等亲切的语境下交流思想和感情,这样才能让演讲者讲得有劲,现场听众听得有味。要做到这一点,演讲者就必须事先了解清楚听众的年龄结构、职业状况、文化层次、思想状态等,以便在准备的过程中设计好演讲的内容,选择恰当的材料,使用合适的表达方式,提高演讲的效果。比如,某位学者分别受邀去大学、政府机关为大学生和行政干部做《文化与创新》的演讲,虽然题目和内容都相同,但是,演讲对象不同。因此,在大学演讲时,这位学者的语言诙谐幽默,选用了青年人喜闻乐见的鲜活材料,激发了听众的兴趣,整场演讲气氛活跃,达到了预期效果;在机关演讲时,这位学者更多地结合国家的方针政策,对文化与创新之间的逻辑关系进行了深入分析,体现出较强的政策和理论水平，提升了机关干部的思想认识。

（二）不断深化和提炼主题

主题是一篇完整演讲的灵魂，与一般文章的主题相比，演讲的主题要更加鲜明，提倡什么、反对什么、讲什么道理、传达什么情况、介绍什么知识，都要交代得清楚明白。命题演讲具有很强的功利性和实用性，因此，主题的选择要从听众普遍关心、感兴趣的内容着眼，要善于从具体的问题分析入手，不断深化和提炼主题，使主题体现出鲜明性和时代性，让听众能够从演讲中真正得到启发和思考。

（三）精选新颖、典型的材料

主题是演讲的“灵魂”，材料是演讲的“血肉”。只有材料新颖了，才能给人耳目一新的感觉，才能达到理想的效果。当然挖掘新颖的材料也不是一件容易的事情，很多材料前人都已经用过了，是不是说我们就不能使用了呢？当然可以用，但使用的时候尽量从新的角度、新的视野去阐述，这样虽然材料是老材料，因为有了新的角度、新的理解，也会给人新鲜的感觉。优秀的文学作品往往因为其中某个“典型人物”给读者留下深刻印象，实际上演讲也如此。一篇演讲的正确观点和真知灼见，应该是能充分表现主题的、最新的、具有针对性的，应该是现实生活中涌现的具有现实意义的人和事，是能为听众接受、使听众信服的典型事例，这样的演讲才能吸引人、说服人。

第二节　即兴演讲

一、即兴演讲的内涵

即兴演讲又称即席演讲或临时演讲，它是演讲者在事先无准备的情况下，不凭借文字材料，根据眼前的情境、事物、人物有感而发，临场因兴而发表的演讲，即我们常说的“兴之所至，有感而发”。“兴之所至”是指演讲者在特定的景物、人物、气氛的激发下，产生发表演讲的兴致和欲望。

“有感而发”是指演讲者在所处的环境中有所感悟,产生了某种感触和思想。由于即兴演讲的灵活性及实用性,它在现代交际中深受欢迎。即兴演讲分为生活场景式演讲和赛场命题式演讲两类。

(一)生活场景式演讲

它是根据各种生活场合中的中心事件和听众对象即兴而发的,虽然看似没有什么讲话的限制,在讲的内容、形式上可以随意选择,但实际上并不是随心所欲,信口开河。因为这种即兴演讲总是在特定场合中,以特定的身份,针对特定事情和特定的听众对象而做。这类即兴演讲要注意几个方面:一是要把握好现场气氛,不同的场合有着不同的现场气氛,或庄重严肃,或轻松欢快,或喜庆热烈,或悲伤惋惜。即兴演讲的内容、语调、口气等都要和现场气氛相吻合,否则就会让观众产生反感。比如,在一些重大严肃的场合,演讲者切忌油滑;而在喜庆欢快的场合中可以恰到好处地使用一些幽默语言增加快乐的气氛。二是要把握好听众的情绪。有些场合的听众构成比较单一,背景基本相似,而很多场合中的听众在职业背景、文化教育程度、年龄构成、思想情感等方面差异较大,演讲者要格外注意听众构成的复杂性,在对问题的分析、判断及表述方式等方面都要慎重,尽量站在客观公正的立场来分析和阐释问题。每个具体场合中的听众都有一个主体,也就是主要听众,即兴演讲应重点考虑到这部分听众的情绪、态度和认知。三是要把握事情的实质。不同的生活场景都是以不同的事情为中心,不同的事情有不同的意义。事情本身的意义就规定了演讲的范围。比如:毕业典礼和欢送会,都是送别,但是,毕业典礼上的演讲主要体现出期望与鼓励,有惜别的淡淡愁绪,但更多的是对毕业生的祝贺和未来的憧憬。欢送会上的演讲所流露出的惋惜与不舍要多于毕业典礼上的演讲,同时要体现出真诚的期盼。四是要准确把握好演讲者的身份。在各种生活场景中的演讲,演讲者要搞清楚自己与听众之间的关系。比如,毕业典礼上的演讲者包括校领导、老师、学生代表三类人群,听众的主体是学生,因此,不同类的代表的演讲所站的角度不同,演讲的内容、表达的主题都不同。

如,1924 年 5 月 8 日,印度诗人泰戈尔在北京过了他的 64 岁寿辰,北京学术界为他举行了祝寿仪式。梁启超登台即兴演讲。因为泰戈尔想让梁启超为他起一个中国名字,所以,梁启超便从印度称中国为“震旦”,讲到从天竺(印度)来的人很多都姓竺,并将两个国名联起来,赠给泰戈尔一个新名叫“竺震旦”。由于话题选择得好,故整篇演讲生动活泼,情趣盎然,寓意深刻。

(二)赛场命题式演讲

它实际上是命题式的口头作文,讲什么不是由演讲者根据现场的气氛、中心事件和听众对象来决定的,而是临时从演讲举办方准备好的演讲题目中抽取的。虽然看似命题演讲,但对演讲者来说是临时性和陌生的,因此,我们将这类即兴演讲称为赛场命题式演讲。

这类演讲对演讲者审题、解题、现场发挥的能力要求较高。首先是审题,不同的演讲题目都包含着出题人的价值取向,演讲者要准确把握住出题人的意图就必须对题目的内涵与外延展开分析,恰到好处地把握住题目的实质。这类演讲的题目大致有两个类型:一个是论点式题目;另一个是论题式题目。前者将论点明确规定下来,演讲者没有选择的自由,不管你对该论点是否有相同的看法或感受,都只能调动自己的知识积累和生活经验去证明它,不能自我否定。如:“人生的价值在奉献”,该题目将人生的价值确定为奉献,演讲者无论认不认同,都只能以人生价值是奉献为论点开展演讲。而论题式题目只是规定了论述的范围,没有规定演讲者必须赞同或否定什么观点,可以根据个人的感受确定观点,较为灵活。如,把上面的题目改为“人生的价值是什么?”,演讲者可以根据自身的生活经验确定对人生价值的判断。但是,灵活性并不是说就可以随心所欲地表述,这类题目的立意要高,要体现出时代性和新鲜性。比如,一位演讲者在以《人生的价值是什么?》为题的演讲中,他从黄大年、南仁东两位新时期优秀科学家的事迹入题,再结合钱学森、邓稼先等老一辈科学家科学报国的故事,给出了“人生的价值是什么?”的答案,那就是“爱国报国”。

其次,审题就是深入思考和反复推敲演讲题目,以求理解其含义,弄清出题者的具体要求,确立演讲主题、阐述的角度及演讲的感情基调。这类演讲一般给演讲者一定的思考时间,在这段时间里,演讲者要对题目的内涵进行分析和定位,在此基础上确定演讲的主题及基本结构。由于命题演讲给出的准备时间很短暂,这不仅是对演讲者的分析判断能力的考验，还是对演讲者综合素质的考查。审题的基本要求是对题目中的每一个字、每一个词的含义及其相互之间的关系都要认真地推敲、揣摩、辨析，然后综合起来，从总体上把握题目的内涵。题目的关键之处称为“题眼”，审题抓住了题眼，就抓住了题目的核心与重点。在大多数情况下，题眼往往是由题目中的定语或状语来充当，如演讲题目“当你遇到挫折的时候”，这个题目的“题眼”是“遇到挫折”，是要演讲者阐述对挫折的认识，抓住这个“题眼”，然后给出自己的答案，这篇演讲就切题了。

二、即兴演讲的特点

即兴演讲是临时起意发表演讲，这类演讲要求演讲者具备较好的综合素养，它所体现出的特点与命题演讲存在很大的不同。

（一）有感而发

即兴演讲与命题演讲的最大不同点就是前者是有感而发，后者是做好充分准备。即兴中的“兴”是兴致和兴趣的意思，也就是说这类演讲一般是临时起意。如闻一多先生生前最后一次演讲是在李公朴先生的追悼大会上，事先组织者知道有不少国民党特务布置在会场的周围，为了安全起见，大家都劝说闻先生不要发表讲话。但随着追悼大会的进行，现场悲痛的气氛越来越浓烈，一向耿直的闻一多先生再也按捺不住自己的悲愤之情，走到前台发表了著名的即兴演讲。这次演讲点燃了现场师生的怒火，追悼大会之后举行了声势浩大的游行，震慑了反动派。

（二）时境感强

中国有句俗话：“到什么山，唱什么歌；见什么人，说什么话。”这句话的意思就是一个人说话时要考虑说话的对象和时境，说的话才能取得相应的效果。什么样的情境引发什么样的情感，抒发什么样的感情。喜庆的场面，演讲者要多说一些与气氛相一致的祝福的话；哀伤的场合，演讲的语言要沉痛肃穆。如，闻一多在《最后一次讲演》中提到李公朴先生被特务暗杀，悲愤之情难以言表：“反动派暗杀李先生的消息传出以后，大家听了都悲愤痛恨。我心里想，这些无耻的东西，不知他们是怎么想法，他们的心理是什么状态,他们的心怎样长的!(捶击桌子)其实很简单,他们这样疯狂地来制造恐怖,正是他们自己在慌啊!在害怕啊!”如果是在开业、投产、股票上市挂牌等商业活动上,演讲中要多说些吉祥如意的话,要多祝福、多鼓励。如河南开封市一家大型楼盘开业典礼上,一位到场祝贺的嘉宾被推举为代表发表祝贺演讲,这位嘉宾稍做准备,发表了热情洋溢的演讲。他说:“项目开工以来,各项工作进展顺利。随着销售卖场的开放,前来看房、参观的客户一直络绎不绝,它已经成为开封最具魅力的房地产楼盘之一。某华府位于开封新老城之间,郑汴一体化的开发前沿,具有广阔的发展前景和极大的增值潜力,对于周边板块的开发也起到积极的带动作用,我深信,有某地产的实力和品牌优势以及完善的开发运营体系,某华府一定能打造成开封市的经典样板示范楼盘。”这段演讲词既是对企业的赞誉,也是对企业未来发展的美好祝愿。在学生毕业典礼上,演讲者要给即将毕业的学生送上祝福和激励的话。2017 年 7 月,复旦大学校长许宁生对全体本科毕业生发表演讲,他在最后用了一段充满激情的话做结束语:“毕业万岁,青春万岁,梦想万岁,友谊万岁!”许校长的话刚落音,全场雷动。

(三)篇幅短小

即兴演讲的最显著特征是篇幅短小,一般时间在 3—5 分钟,甚至更短。由于临时起意、即兴发挥,演讲者很难构思出长篇大论来。即便有点准备,也是短时间的,只能打个腹稿,时间、地点都不允许演讲者做更为充分的准备,以致即兴演讲基本是主题单一,篇幅短小精悍。例如,瞿秋白同志曾经做过《关于如何做好北伐战争宣传报道工作》的即兴演讲,全篇仅有 26 个字:“宣传关键是一个‘要’字,鲁智深三拳打死镇关西,拳拳打在要害上。”他借用《水浒传》中的一段文字描写为例,用最简洁的语言将宣传工作的要义简明生动地表现出来,这比那些铺陈叙述要有力得多。

另外,发表即兴演讲的场合大多数是生活中的某一个具体场合,要求演讲者在很短的时间里根据特定场合和对象,就地取材或借题发挥临时进行演讲。所以,这种情景之下,也很难长篇大论,这不符合具体场合的要求。

三、即兴演讲的基本要求

即兴演讲没有太多的时间准备，这就要求演讲者要快速构思，巧妙立意，把听众自然带入到演讲之中，使演讲更有现场感、更有活力，让演讲充满睿智和情趣。如何能做到成功地即兴演讲呢？

（一）紧扣主题

在即兴演讲中，要做到不枝不蔓，紧扣主题。即兴演讲受时间限制，给演讲者准备的时间和演讲的时间都很有限，因此，演讲者的主题多是有感而发。对那些临时确定的主题，演讲者需要以敏捷的思维，迅速围绕主题，从记忆的储存库里选取那些最能说明主题又符合时境的材料，并快速组织，通过演讲传递给听众。成功的即兴演讲，常常要借助即兴情感的推动，把演讲者的感知、体验和理解联结在一起，将现场场景、气氛、主题、时境所提供的特定条件，跟自己记忆中与演讲主题有内在联系的各种事例、故事、话题、格言警句、诗词歌赋等材料结合起来，通过组合改造、类比生发来开拓丰富主题，充实演讲内容。

1927 年 1 月，鲁迅先生前往厦门中山中学参观，后应师生之请为大家做了一个简短的演讲。鲁迅从对该校校名中的"中山"二字的阐释开头："今天，我能够到你们这学校来，实在很荣幸。你们的学校，名叫中山中学，顾名思义，是为纪念孙中山。中山先生致力国民革命四十年，结果，创造了中华民国。但是现在军阀跋扈，民生凋敝，只有'民国'的名目，没有'民国'的实际。"鲁迅先生从学校的名字中的"中山"二字入题，阐发了中山先生的革命主张，批判当时的军阀对中山先生的背叛，激发青年学生为完成中山先生未竟事业而奋斗的革命热情。

（二）抓住由头

抓住由头就是在即兴演讲的时候要抓住一些能够由此生发开的人或事，"缘事而发"，以此展开演讲。"由头"往往蕴藏在即兴演讲的具体情境中，包括演讲的地点、时间、人物、事件、景物等，只要我们善于捕捉，善于生发，即兴演讲的质量和水平便会大大提升。学会抓住由头的重要一点是要善于观察,"缘事而发"的"缘"就是顺着事物的本身找与主题关联的东西。1951年6月,著名人口学家马寅初先生出任北京大学校长,在就职大会上他向北大全体师生发表了即兴就职演讲。马先生曾在北大任教,此次以校长身份重返北大感慨良多,在演讲的开头他这样说:"北京大学是我的娘家,回到了娘家,见到了红楼,我心中就有说不出的感情。"他以演讲的地点为由头,由此说开,让在座的师生感到亲切,一下子拉近了自己与他们的距离,为下面的演讲做了很好的铺垫。

(三)快速组合

演讲者在确定了主题之后,要快速围绕演讲的主题,将自己平时积累起来的有关材料组合起来,为阐述主题做支撑。快速组合的关键是从记忆中调取出来的材料要与主题有必然的联系,而且材料与材料之间要形成逻辑链。比如,演讲题目为"人生的价值在奉献",演讲者首先要使从记忆中调取出来的人或事都体现出奉献精神,这样才符合演讲主题的要求。调取出来的材料并不是都可以用到演讲中的,要快速判断典型材料及决定使用的材料之间的逻辑关系。选择好材料之后,要快速将这些材料用某种语言表达形式和顺序组合,然后向听众开始演讲。快速组合能力不是天生的,它需要在日常生活中加以锻炼。比如,要加强材料的积累,要培养丰富的想象力和良好的口头表达能力等。比如,在一次以"师德"为主题的即兴演讲中,一位演讲者的脑子里马上出现了"师者,所以传道受业解惑也""蜡烛""路灯""春蚕到死丝方尽"等材料。然而,这些材料虽然都是赞美教师这个职业的常用词语和诗句,但它们之间的逻辑关系并不是很清晰。以"蜡烛"和"春蚕"比喻教师的奉献精神未尝不可,但是,新时代呼唤的不仅是燃烧自己、照亮别人的奉献精神,更需要像"路灯"那样,不断充实自我、忠于职守、不图名利在黑夜里给他人照亮前进之路的当代奉献精神。通过快速的分析,演讲者将这四个材料按照逻辑顺序快速组合,先是以古人对"师者"的认识入题,再对传统观点的局限性进行分析,最后提出,在当代的教育理念中,"蜡烛"与"春蚕"精神要有新的内涵,光像蜡烛一样燃烧自己,照亮别人,但毁灭了以后还如何照亮他人?在此基础上应该更多地提倡"路灯精神"。这篇演讲不仅材料丰富,而且将材料进行了梳理比较,按照不同的历史时代进行组合,产生了新意。

(四)言简意赅

即兴演讲是因兴而发,受场合、事件、内容、时间所限,不允许演讲者做长篇大论的发言,言简意赅就成为即兴演讲的一个主要特征。言简意赅的关键是要求演讲者能够抓住主题,围绕主题选材、组织结构、不枝不蔓、语言精要、要言不烦,做到言之有物,意味无穷。

"言简"但意不能简。"文章最忌随人后",即兴演讲也是如此,要讲出新意,讲出别人没有表达过的观点和道理,讲出那些人们正在思索、还没有能够清楚表达出来的内容。要善于抓住生活现象的某一点,触类旁通,引申扩展,让听者有所思、有所悟。要做到"言简",在演讲中就不应说空话、套话,句子不宜过长,修饰语不宜过多,要锤炼词句,做到含而不露。有一次,梁启超到清华大学做即兴演讲,他一开头就直奔主题:"问诸君:'为什么进学校?'我想人人都会众口一辞地答道:'为的是求学问。'再问:'你为什么要求学问?''你想学些什么?'恐怕各人的答案就很不相同,或者竟自答不出来了。诸君啊!我请替你们总答一句罢:'为的是学做人。'"梁启超一连用了几个设问句干脆利索地将自己的演讲主题提出来。

第三节 辩论演讲

一、辩论演讲的内涵

所谓的辩论,就是运用事实或道理做根据,通过逻辑推理,论证自己所持观点的正确性,揭露对方所持观点的虚妄性。辩论双方经过推理、论证、反驳,最后或者证明了某种观点的荒谬性,否定该观点,或者证明了某种观点的正确性,肯定这种观点。辩论演讲是由两方或两方以上就某个事件、问题产生不同意见,展开面对面的语言交锋。辩论演讲的形式包括实用辩论与形式辩论、日常辩论与公务辩论、政治辩论与外交辩论等。

(一)实用辩论与形式辩论

实用辩论具有十分明确的实际功用目的,其辩论目的是解决实际生活和工作中的相持不下的争议，辩论结果则直接关系到参加者本人或其代表的一方的利益。实用辩论产生的背景是每个人所处的社会环境、生活经历和单人的社会角色不同，或社会的发展引起社会观念的变化更新，人与人之间或不同群体之间站在不同的立场上，有着不同的思想观念和认识。实用辩论又分正规辩论和非正规辩论。正规实用辩论有正规名称和严格的组织形式及程序，如毕业论文答辩会、法庭辩论、竞岗辩论等。非正规辩论则要随意得多，日常生活中随时可以见到，多是关于生活事物中的是非曲直。

形式辩论又称为赛场辩论，它是有组织地按照一定规则进行的一种模拟辩论活动。这种辩论侧重参与者智慧与口才的比试，以培养参与者的应变能力与口才为目的。辩论双方围绕同一个论题当面交锋，各自论述自己的观点与见解，批驳对方的论点。赛场辩论中观点上的是非无足轻重，辩论技巧与水平的发挥至关重要。这类辩论对辩论的话题、时间、地点、竞赛规则、程序及评判标准都有严格的规定。论题有正反两种选择：正题是原命题，作为正方的论点；反题则作为反方的论点。辩论赛双方各由四名选手（一辩、二辩、三辩、四辩）组成，参赛双方事先对命题有所准备，比赛分为程序发言和自由辩论两个阶段。在程序发言中，一辩表明立场，二辩、三辩做进一步论述，四辩做总结陈词。自由辩论则由双方辩手轮流发言。在赛场辩论中，辩论双方唇枪舌剑，针锋相对，攻守兼备，具有很强的观赏性和吸引力。这种形式的辩论深受青年学生的欢迎。无论是正方论点还是反方论点，都有一定的合理性，因此，辩论双方运用各种辩论技巧，充分阐明自己观点的正确性，批驳对方观点的不合理性，你来我往，给观众留下了深刻印象。

（二）日常辩论与公务辩论

日常辩论是指在日常生活、工作中，针对一些事情或问题进行不正式的争论。这些争论往往是双方对人和事的看法不同造成的。参与争论的人数、争论发生的时间、地点不定，有的论题也不是十分确定，具有很大的随机性与偶然性。其中，地点不定是日常辩论的显著特征。街头巷尾、茶楼酒肆、公共场所等等，都是日常辩论的场所。老舍先生的著名话剧《龙须沟》中有段母女之间的辩论，反映出新旧时代观念的变化与冲突：

大妈:这么大的姑娘,满世界乱跑,我看不惯!

二春:年头儿改啦,老太太!我们年轻的不出去,事儿都交给谁办?您说!

尽管是简单的一问一答,却反映出了社会发展过程中观念变化的大问题。日常辩论在日常生活中随时随地都有可能发生,它是一种即兴的、无准备的辩论。

公务辩论包括法庭辩论、谈判辩论等。公务辩论一般事先要有所准备,要求所使用的材料丰富,遣词造句以及逻辑性要强,辩论词的结构要严密,各段之间的衔接照应要自然,具有说服力,这些特点在法庭辩论中尤为重要。

(三)政治辩论与外交辩论

政治辩论是政治活动的一种,是辩论双方为了本政治集团的利益企图说服对方而进行的辩论。在中国古代的战国时期,大量的谋士到诸侯各国宣传自己的政治主张,或是代表某一诸侯去说服另一国的诸侯。三国时期的诸葛亮为了联吴抗魏,在东吴之地舌战群儒,更是政治辩论的绝佳典范。在一些国家,政治辩论是政党之间进行角逐的重要手段。美国历史上,作为民主党代表的道格拉斯与作为共和党代表的林肯就废除奴隶制的问题进行了七次辩论,当时有近 1.5 万人从美国各州赶到边远小镇费里波特聆听他们的辩论。20 世纪 30 年代初,保加利亚国际共产主义运动活动家季米特洛夫被诬告为德国国会大厦焚烧案的主犯而被捕,希特勒党徒在莱比锡法庭对他进行了所谓的审判。在法庭上,季米特洛夫面对敌人的指控毫不畏惧,以大量的事实揭露了德国法西斯的阴谋,把法庭变成了宣传共产主义思想的讲台。

外交辩论是指国与国之间在交往过程中,就某些问题所展开的辩论。它以维护和捍卫本国尊严和利益为原则。与其他辩论相比,外交辩论涉及国家利益和国与国之间的关系,因此更加注重措辞与态度。要做到既不伤对方的脸面,又充分表达自己的观点,话语交锋中需要度量与技巧,辩论之中留有回旋的余地。

二、辩论演讲的特点

(一)同一性

世界万物都是矛盾的统一体。同一性是指矛盾着的对立面相互之间不可分割的联系,是对立面之间相互联结、相互吸引、相互渗透的倾向,它也是两种事物或多种事物能够共同存在,具有同样的性质的基础。事物的矛盾性必须以事物的同一性为前提,如果离开了相互依存的矛盾统一体,就无所谓矛盾性可言。辩论也是一样,要构成双方或多方的辩论,就必须以某一论题为辩论的共同焦点,辩论双方围绕这一焦点去组织论点和论据,进行判断和推理,展开反驳和论证。只有围绕这个焦点,双方的辩论才能集中到一个话题上,在辩论中辨别真伪,分清是非。如果辩论双方各有各的话题,各有各的辩论方向,你说你的话题,他说他的话题,双方根本构成不了辩论。因此,辩论演讲的核心是辩论双方要围绕同一个话题展开辩论,如果一方聚焦不准,就会出现"跑题"现象。

(二)对抗性

一般的演讲都是演讲者个人在没有语言交锋的情况下独立完成的,即便有互动,也只限于与听众之间的情感交流,现场出现演讲者与听众发生直接语言交锋的情况极少。辩论演讲则不然,这类演讲的主体不是一个,而是由两个或两个以上的演讲者组成,这些演讲者在某个问题上由于认知的差异,出现不同的观点、看法,并针对这一问题展开演讲,其目的就是明辨是非,找出真理。没有对抗,就没有辩论。辩论的对抗性表现为,一是论点的对立性,二是言语的冲突性。在同一时空中,辩论双方对一个问题持相反的观点,这就构成了矛盾,形成对抗的可能。

辩论演讲的目的不仅是要阐明自己观点的正确性,同时也要使对方接受自己的观点。因此,对抗性在辩论演讲中不是一成不变的,对抗的目标也会随着辩论的开展而转移。比如,当一方的某些观点被对方接受了,这方面的对抗性就消失了,双方对抗的内容可能转移到其他方面。所以,辩论双方应该注意,如果在论题的某些方面已经达成共识,就不要再在这点上花工夫,而要将时间和精力转移到双方认知上尚存在分歧的论题上,自始至终保持己方观点的对抗性。当然,在辩论演讲中,也会出现辩论的一方被另一方驳倒、完全放弃己方观点的情况。

(三)应变性

在辩论演讲中,演讲者很难在辩论之前将所有的辩词都事先准备妥当,即便像赛场辩论准备时间比较长,但是,辩论的一方并不知道对方会抛出什么样的观点,因此,随机应变是辩论演讲的一个显著特点。在辩论中,任何一方的人员都要全神贯注听取对方的发言,要迅速捕捉到对方口语表达或逻辑上的错误,快速做出反应,展开对对方的反驳,直击对方的要害,阐释自己的道理,捍卫己方的观点。辩论中往往是你一句,我一句,你来我往,短兵相接,摆事实,讲道理,以理服人。

在一场论题为《愚公应该移山还是应该搬家》的辩论中,正反方有段辩论:

> 反方:我们要请教对方辩友,愚公搬家解决了困难,保护了资源,节省了人力、财力,这究竟还有什么不应该?
>
> 正方:愚公搬家不失为一种解决问题的好办法,可愚公所处的地方连门都难出去,家又怎么搬?……可见,搬家姑且可以考虑,也得在移完山之后再搬呀!

反方提了个看似非常简单又节约成本的办法:搬家。就事论事,理据充分。正方没有一味否定,而是顺势肯定"愚公搬家不失为一种解决问题的好办法",但马上就抛出"愚公所处的地方连门都难出去,家又怎么搬?"的诘问,在以事实否定了反方的观点后,提出了"先移山,后搬家"的观点,让对方哑口无言。如果正方被反方提出的"搬家"建议牵引住,正方就会陷入反方设计的"圈套"中。

(四)平等性

辩论是以探求真理、发展真理为目的的思想和语言的交锋,所谓"真理面前人人平等"说的就是在辩论中双方的地位、身份、职业虽然不同,但双方在辩论中是完全平等的。具体来说,包括双方的人格和姿态上的平等。

人格上的平等是指辩论双方在辩论时坚持以理服人,就事论事,不能优越感十足,更不能依仗气势,以对方的口误或品行做攻击点。任何命令的语词、指责的口气在辩论中都是十分无知和可笑的。尊重对方的人格是辩论双方应持有的基本态度。不论双方观点如何尖锐对立,都不能揭人之短。只有尊重别人,才能获得别人对自己的尊重。若拿别人的隐私或生理缺陷攻击别人,反而会暴露和损害自己的利益。在辩论中,尊重对方的人格也是一种理智的态度。自以为是的态度不是一个具有良好的修养和气度的辩论者应该具有的态度,只有尊重对方,倾听对方的论述,才有利于对己方论点论证过程的深化,有利于说服对方与听众。

姿态上的平等指的是在辩论中辩论者要保持优雅的姿态和优美的形象。这种姿态和形象同样是建立在尊重对方的基础之上的。讲求姿态的平等首先要心怀坦诚。辩论者要真诚地面对对方,不虚伪,不掩饰。只有心底坦荡,才能拥有愉悦、轻松、处变不惊的心境与神情,才能做到晓之以理、动之以情。其次,雍容大度、虚怀若谷、豁达谦逊的姿态能让辩论者显示出温文尔雅、端庄大方的气质。在辩论中,自信而不跋扈,义正词严而不冷嘲热讽,这才是一个成功辩论者应有的气度。

三、辩论演讲的基本要求

有人说:没有辩论的世界是冷清的,没有辩论的理论是僵化的,没有辩才的人是平庸的。辩论演讲以深邃的思想给人以启迪,以精彩的语言给人以高层次的审美享受。要想在辩论中获得成功,必须要做到以下要求。

(一)广泛的知识积累

辩论不仅是双方思想的碰撞,也是个人综合素质的较量。辩论与其说是舌战,不如说是知识的较量。

在1997年之前,我国内地的很多商品要从香港转口。四川有家酒厂生产的葡萄酒打入了法国市场,但是从香港转口时,港方要按洋酒征税。

当时按照土酒征80%的税，按照洋酒要征300%的税。无论厂家如何解释，港方坚持称葡萄酒属于洋酒范畴，谈判一度陷入僵局。此时，厂方一位年轻人现场说出了一句唐诗“葡萄美酒夜光杯，欲饮琵琶马上催”，并以此为据，说中国1300多年前的唐朝就开始生产葡萄酒，比西方酿酒的历史要长得多。因此，中国产的葡萄酒是真正的土酒而不是洋酒。港方最后只好接受这个理由，按80%的比例来征税。这个小故事说出了一个道理：辩论所说的以理服人的“理”不单单是抽象的道理，还包括那些具有说服力的证据。一个人只有平时博览群书，博采众长，知识积累才会越多，辩论的时候才能胸有成竹，博古通今，旁征博引，让自己的思路开阔起来，表达自如，占据上风。

（二）思维清晰，逻辑严密

辩论演讲要求演讲者具有严密的逻辑思维能力，无论是论点的提出、论据的使用还是论证的过程都要严密，不给对方留下可攻击的地方。

在进行辩论演讲时，演讲者对自己提出的论点要胸有成竹，在表达观点时要旗帜鲜明，绝不能模棱两可，含糊不清，如果连自己的观点都不能鲜明地提出来，辩论最终是要失败的。要证明一个观点的成立，关键要看你的论据是否有力，论据是否能说明论点的成立。论据在辩论中起着支撑论点的作用，如果说论点是辩论的灵魂的话，那么论据就是辩论的血和肉，它证明和丰富着论点。论证是辩论演讲者使用论据证明自己观点成立的一个过程。这个过程一定要严密，要令对手无懈可击。在辩论中，双方处于对立状态，针锋相对，寸理必争。要想驳倒对方，必须不断寻找对方的漏洞和薄弱环节。在辩论中，一定要注意论证的逻辑性和严密性，不给对方留下可乘之机。

要做到辩论中逻辑严密，首先要分析对方的观点和自己观点之间的逻辑关系，知道了双方在观点上的逻辑关系也就确定了对方观点的要害之处。在表述自己的观点时，必须讲究逻辑层次。辩论时应层次分明，第一点讲什么，第二点讲什么，第三点讲什么，清清楚楚，明明白白。其次，在辩论中要善于归纳，用简明扼要的语言阐明自己的见解，切忌不得要领地说一大堆无关紧要的话，只有这样才能在辩论中占据有利位置。同样，辩论中也要用简明的语言归纳对方的见解，否则会被对方的观点牵着走，迷失自己的方向。只有善于归纳,才能在辩论中紧紧抓住对方的要害,有针对性地攻击对方,让对方陷入被动的局面。归谬法是归纳法的一种,它是沿着对方的逻辑把其观点推向极端,揭示其中的荒谬性,将对手的观点彻底否定。在辩论中恰当使用归谬法,可以将对方本来不明显或者小的逻辑错误放大,这样,可以取得出奇制胜的效果。当然,归谬法的使用要注意适度性,如果运用不当,会给人以强词夺理的感觉。

俄国著名的文学批评家赫尔岑有一次参加一个晚会,晚会上演奏的轻佻音乐使他非常厌烦,他不得不用手捂住耳朵。主人向他解释:"演奏的是流行歌曲。"赫尔岑反问一句:"流行的乐曲就是高尚的吗?"主人听了很是吃惊:"不高尚的东西怎么能够流行呢?"赫尔岑笑着说:"那么,流行性感冒也是高尚的了?"在这段辩论中,晚会的主人说"不高尚的东西怎么能够流行呢?"这句话等于说"凡是流行的都是高尚的东西"。赫尔岑却假定其真,导出"流行性感冒也是高尚的了"这一十分荒谬的结果,由此将隐藏在对方话中不明显的荒谬性揭示出来。

(三)灵活应变,临场不乱

辩场如战场,无论辩论者事前做了多么充分的准备,辩论中难免有意外事情发生。辩场常常是风云突变,防不胜防,辩论者要处变不惊,灵活应对各种突发情况。在辩论中针对意外情况,如果迅速应对,借势反戈一击,往往会受到意想不到的效果。苏联外长维辛斯基出身于贵族家庭,是国际上著名的能言善辩的外交家。一次,在联合国大会上,英国工党的一名外交官向他挑衅说:"你是贵族出身,我家祖辈是矿工,我们俩人究竟谁能代表工人阶级呢?"维辛斯基不慌不忙地从座位上站起来,走上讲台,十分平静地扫了对方一眼,仅用了一句话作答:"对的,我们两个都当了叛徒!"这句应对简直妙不可言,在意料之外,又在情理之中,一箭双雕,既揭露了英国工党已经背叛了工人阶级的事实,也表明了自己的政治立场。

临场应变不在于辩论者如何长篇大论,也不在于如何振振有词,而在于词锋锐利,抓准对方弱点要害顺手反戈一击,使对手毫无还手之力。有的辩论者一碰到别人向他发难,或面红耳赤、张口结舌,或心慌意乱、烦躁不安,自己先乱了方寸,最后只能被对方攻得毫无还手之力。在一次外交活动中,一位外国记者试图向周恩来总理打听我国人民币的发行总量,周总理当即回答道“18 元 8 角 8 分”。原来这是人民币所有面值的总数。面对对方的突然发问,周总理的回答不仅风趣灵活,而且严守了国家机密,也给外国记者一个台阶。

第四节　政治演讲

一、政治演讲的内涵

政治演讲是指人们针对国家内政事务和对外关系,表明立场、阐明观点、宣传主张的一种演讲,它在政治生活中扮演着重要的角色。一位外国学者谈及政治演讲的重要性时说:“一些政治家的演讲过了几百年大家还记得,例如美国总统林肯,谈到林肯我们自然而然地会想到平等和自由,他的演讲也许没太多技巧和风格,但行事作风大家铭记于心,思想层次已被传达。”政治演讲内涵丰富,适应面广,如施政演讲、就职演讲,各级领导宣传大政方针和实施计划的演讲,人们在政治集会上代表一定阶级、政党或个人发表的演讲等,都属于政治演讲的范畴。从广义来讲,军事演讲和以思想政治教育为目的的演讲也都属于政治演讲。这些演讲与一般政治演讲相比在内容和针对性方面有其自身的特殊性,因此在实际学习中一般将它们分开论述。

二、政治演讲的特点

(一)旗帜鲜明的政治观点

政治演讲的目的在于宣传政治见解和主张,借以说服和鼓动听众,使其接受并付诸行动。因此,好的政治演讲,总是具有巨大的思想容量、精辟的政治见解、旗帜鲜明的立场观点。不仅如此,好的政治演讲的观点总是先进而健康的,符合历史发展的规律,起着推动社会前进的积极作用。例如,2023 年 10 月 18 日上午,习近平在北京人民大会堂出席第三届“一带一路”国际合作高峰论坛开幕式并发表题为《建设开放包容、互联互通、共同发展的世界》的主旨演讲。“当前,世界之变、时代之变、历史之变正以前所未有的方式展开。中国正在以中国式现代化全面推进强国建设、民族复兴伟业。我们追求的不是中国独善其身的现代化,而是期待同广大发展中国家在内的各国一道,共同实现现代化。世界现代化应该是和平发展的现代化、互利合作的现代化、共同繁荣的现代化。前行道路上,有顺境也会有逆流。我们要坚持目标导向、行动导向,咬定青山不放松,一张蓝图绘到底。中方愿同各方深化‘一带一路’合作伙伴关系,推动共建‘一带一路’进入高质量发展的新阶段,为实现世界各国的现代化作出不懈努力。”接下来习近平主席宣布了中国支持高质量共建“一带一路”的八项行动,引起了强烈的反响。

(二)严密的逻辑性

充满激情的雄辩,严谨有力的论证,这是政治演讲的又一显著特征。特别是在辩论型政治演讲中,要克敌制胜,单靠在演讲中宣扬真理是不够的,还要求演讲者具备辩证的思维、严密的逻辑、高明的策略和犀利的语言等素养。为了较好地实现政治演讲的目的,演讲者要对自己所表达的观点深思熟虑,在提出问题的前提背景、分析问题的材料依据、解决问题的方法步骤等方面,要布局合理,结构严谨,概念明确,判断恰当,推理合乎逻辑,始终保持思维论断的确定性和明确性,使演讲具有很强的说服力和“不可战胜的逻辑力量”。有人在评价列宁的演讲时说:“列宁演讲中的逻辑好像许多万能的触角,从各方面把你钳住,使你无法脱身,你不是投降就是完全失败。”政治演讲的严密逻辑能牢牢地抓住听众的思想,让听众无法拒绝演讲者的观点。帕特里克·亨利在弗吉尼亚州议会上的演说中最后有段话:

> 假如我们想得到自由,也就是说要拯救我们为之长期奋斗的神圣而珍贵的权利,不卑怯地放弃我们已投身多年并发誓不达目的决不罢休的崇高斗争的话,我们必须战斗!我再重复一遍,主席先生,必须战斗!拿起武器,诉诸万军之主,这才是我们唯一的出路。

在这段话中,帕特里克·亨利向听众表明了“我们必须战斗”的充足理由,体现出强烈的论证性和雄辩的说服力。

(三)强烈的鼓动性

政治演讲要具有刚劲强烈的鼓动性,才能感染听众。特别是在一些政治集会的场合,演讲的内容往往意义重大,为人们所共同关注。演讲者或动员,或宣传,或批驳,或声讨,不仅旗帜鲜明、观点明确、逻辑严谨、论证有力,而且感情真挚,以情动人,以引起听众的强烈共鸣,产生“共振效应”,因而极富鼓动性和号召力。1942 年 2 月 1 日,毛泽东同志在中央党校开学典礼大会上做《整顿党的作风》的演讲,他在讲话中对教条主义者进行了毫不留情的批判:“那些将马克思列宁主义当宗教教条看待的人,就是这种蒙昧无知的人。对于这种人,应该老实地对他说,你的教条一点什么用处也没有。”毛泽东同志痛恨党内的教条主义及其执行者,引起了那些深受教条主义危害的同志们的共鸣。

政治演讲的鼓动性不是游离于演讲内容以外的豪言壮语,也不是脱离实际的声嘶力竭的呼号,而是说出了演讲者自己的政治观点、真知灼见和真情实感。还是以帕特里克·亨利的演说为例。在演讲中,亨利态度严峻,言辞激烈,语调坚决,运用了一连串的反问句和排比句,气势恢宏,充满了爱国者的热情和赤诚。最后,他发出震撼人心的呼吁:“我不知道别人将如何行事,但对于我来说,不自由,毋宁死!”他的凛然正气,引起了现场人们的强烈反响。有一位参加会议的代表说,他的演说“给人的印象是如此的强烈,如此的惊人,会议厅里没有人鼓掌,鸦雀无声。这样过了几分钟之后,一部分人从座位上跳起来,在他们兴奋的脸上可以看出这句话:‘拿起武器!’他们的眼睛里闪耀着爱国热情的火花”。这段话形象生动地写出了亨利演讲的强烈的鼓动性。

三、政治演讲的基本要求

(一)政治观点明确

政治演讲的核心就是宣扬政治观点和理念,演讲者在演讲中要将个人或自己所代表的政治集团的政治主张清晰明确地表达出来，让听众清楚地了解这些政治主张的具体内涵，并与之产生共鸣。政治演讲中，如果政治主张含混不清，就难以产生鼓动的效果，甚至会遭到听众的抵制。

政治演讲的效果不在于篇幅的长短，也不在于辞藻的华丽。这类演讲的目的首先是要将演讲者的政治主张清晰准确地传递给听众，其次是要充分阐明自己政治主张的理由与依据，最后要不断强化所提政治主张的必要性。1955 年 4 月，周恩来总理率团参加在印度尼西亚万隆举行的亚非会议，作为刚刚成立的社会主义国家，中国与会受到国际社会关注。当时，参会各国的情况复杂，社会制度存在差异，在一些重大国际问题上的主张也不尽相同。在会上，绝大多数国家的代表表达了对和平友好的诉求，但有的国家代表攻击共产主义，有的则表示了对中国的疑虑。针对这种情况，周恩来总理决定放弃准备好的演讲稿，只将原稿油印散发给大家，在正式会议上，他做了一个临时补充的发言。在演讲中，他开门见山地指出："中国代表团是来求团结而不是来吵架的。我们共产党人从不讳言我们相信共产主义和认为社会主义制度是好的。但是，在这个会议上用不着来宣传个人的思想意识和各国的政治制度。"在发言中，周恩来强调"求同"而不是"立异"，主张不同思想意识和社会制度的存在并不妨碍国家间的团结，并表示中国愿与亚非各国在和平共处五项原则的基础上建立正常关系。周恩来总理的演讲阐明了新中国的政治主张及外交原则，赢得了与会各国代表的高度认同和尊敬，扭转了外界对新中国的偏见。同时，中国政府提出的"和平共处五项原则"促进了此次会议出台《关于促进世界和平与合作的宣言》，该宣言成为当今世界各国普遍认可和遵循的外交原则。

（二）要有雄辩的气势

唐朝大诗人杜甫有"高谈雄辩惊四筵"的诗句。这里的"雄辩"指的是辩论的说服力和感染力，通俗地说就是如何能把话说得更有气势，让人更爱听，更能让人信服。雄辩体现了演讲者的综合素养，它是智慧的角逐和话语的较量。雄辩不仅需要满腔热情、灵活机智的应变能力，还需要激昂动情的谈吐。政治演讲涉及的内容多为内政事务和对外关系，政策性与原则性比较强，因此，要得到公众的认同和支持，演讲者就必须具备雄辩的气势，能够控制住演讲现场的局面，同时，也能让现场的听众被自己的演讲感染，双方在思想和情感上面产生共鸣，从而理解和接受演讲者的政治主张。"事实胜于雄辩"，任何狡辩和诡辩在事实面前都是苍白无力的。在瑞士日内瓦召开的联合国第60届人权会议上，美国政府竟然向大会提交了所谓的"中国人权问题报告"，该报告歪曲事实，罔顾中国近年来在人权领域取得的巨大成就，无端攻击中国政府。一方面，中国政府冷静应对，正式发布了当年的《美国人权状况白皮书》；另一方面，出席会议的中国大使沙祖康代表政府在会议上发表了辩论演说，驳斥美国政府的荒谬，并以大量事实为依据，揭示美国在人权上的虚伪。他在演讲中说："我们对美国代表团的无端指责并不感到奇怪。奇怪的是，他对自己国家和在国际上侵犯人权的行为只字不提，仿佛美国是世界上的楷模。事实上，美国以种族歧视、警察暴力、虐待囚犯闻名于世，可以说打破了世界纪录。"沙祖康大使一方面列举了一系列美国国内侵犯人权的事实；一方面又陈述了中国近些年来在人权领域取得的巨大成就。一正一反的事实充分说明了到底哪个国家的人权才是"糟糕"的。沙祖康大使的演讲也获得全场热烈的掌声。

(三)要具备缜密的逻辑

演讲需要逻辑，对于政治演讲尤其重要。斯大林曾这样描述列宁的演讲："当时使我佩服的是列宁演讲中那种不可战胜的逻辑力量，这种逻辑力量虽然有些枯燥，但是紧紧抓住了听众，一步一步地感动听众，然后就把听众俘虏得一个不剩。"作为一个伟大的革命者，列宁发表了大量的政治演讲，他通过演讲宣传革命理论和主张，极大地鼓舞了民众的革命士气。列宁不仅是位伟大的革命家，也是一位伟大的思想家，他具有深厚的哲学基础，他的演讲体现出严密的逻辑性，环环相扣，有理有据，即便是他的政敌也无法从他的演讲中找出漏洞进行攻击。缜密的逻辑需要培养。一是要加强相关领域的理论修养；二是要善于观察事物，勤于思考；三是要学会抽丝剥茧的分析方法，要善于从复杂的事物中分析出事实的真相。著名语言学家吕叔湘和朱德熙先生说过："要把我们的思想正确地表达出来，第一件事情是要讲逻辑。"

英国前首相卡梅伦过去并不善于言辞，但从政后，演讲成为他工作必不可少的一项内容。为了能让卡梅伦在演讲中清楚地表达自己的政治见解,减少说话的失误,他的妻子萨曼莎为他设计了一套演讲策略:无论遇到什么样的演讲话题,都一定要先从个人谈起,再到社区,再到国家。这套策略保证了卡梅伦在演讲中

第五节　经济演讲

一、经济演讲的内涵

随着现代社会的高速发展,经济已经渗透到生活的方方面面。现代经济的发展一方面要求企业家不断扩大自己的横向联系和纵向联系,以便顺利地传递信息、指挥生产和开展经营活动;另一方面,也要求政府的经济主管部门、企业家、经济学家将经济的政策和导向、经济发展的走向和经营理念、经济运行状况分析等信息及时传递给公众。经济演讲是满足以上要求的重要途径。

经济演讲的演讲者都是经济领域的专业人士,演讲的内容包括对国家经济政策的解读、经济发展趋势的预测、经营理念和经营策略的分享、经济问题的反思与对策、经济领域学术问题的讨论等。经济演讲具有较强的实用性和前瞻性,其中的观点对经济工作具有指导和借鉴意义。这类演讲大致可分为政策解读型、公关型、总结型、动员型、经验介绍型等。政策解读型是指政府的官员或经济领域的专家对国家现行的经济政策进行宣讲或分析,让公众能够及时了解国家经济政策的走向和内涵,帮助个人或单位适应国家经济发展的需要。公关型是指企业家洽谈贸易,阐述本企业的对外政策,宣传本企业的发展优势和产品特色等,通过演讲,让更多的消费者和公众了解、熟悉和接受公司的运营理念、产品、服务等,为企业塑造一个良好的品牌形象。总结型是指企业领导在大会(如理事会、董事会)上汇报工作并分析评价工作成绩等。这类演讲是向内部成员通报工作运营情况,同时,也会结合具体事实和数据分析问题与经验,提出今后工作的设想。动员型是指经营单位的领导向职工解释生产计划以及计划实施的意义和效益,以便最大限度地调动职工的积极性。这类演讲

重点阐述计划的意义及可操作性，让职工充分认识到计划的价值和意义，从而自觉地执行计划。经验介绍型是指演讲者围绕产品质量、销售、管理等经济活动所进行的科研探讨，多是在企业间相互交流的场合发表的演讲。

二、经济演讲的特点

（一）内容的政策性

经济演讲的内容从大的方面讲涉及国家的经济政策、方针及相关法律法规；从小的方面说，它涉及某一经济领域的发展走向以及具体的经济实体自身的经营模式、策略和理念。这些内容都具有强烈的政策色彩，从经济演讲中，我们往往会获得很多政策信息，从而知道我们的经济工作。2023 年 11 月 16 日上午，国家主席习近平向在旧金山举行的亚太经合组织工商领导人峰会发表题为《同心协力　共迎挑战　谱写亚太合作新篇章》的书面演讲。关于外商投资的政策习近平主席指出："我们将不断完善外商投资权益保护机制，进一步缩减外商投资准入负面清单，全面保障外商投资企业国民待遇，持续加强知识产权保护。我们将努力打破制约创新要素流动的壁垒，深化数字经济领域改革，促进数据依法有序自由流动。同时，推出更多'暖心'举措，优化外国人来华和停居留政策，着力打通大家在华使用金融、医疗、互联网支付等服务的堵点，为外国工商界朋友来华投资兴业提供更好保障。"这些优质服务政策将吸引更多外商来华投资发展。

2023 年世界互联网大会乌镇峰会开幕式上习近平主席指出："2015 年，我在第二届世界互联网大会开幕式上提出了全球互联网发展治理的'四项原则''五点主张'，倡导构建网络空间命运共同体，这一理念得到国际社会广泛认同和积极响应。当今世界变乱交织，百年变局加速演进，如何解决发展赤字、破解安全困境、加强文明互鉴，是我们共同面临的时代课题。互联网日益成为推动发展的新动能、维护安全的新疆域、文明互鉴的新平台，构建网络空间命运共同体既是回答时代课题的必然选择，也是国际社会的共同呼声。我们要深化交流、务实合作，共同推动构建网络空间命运共同体迈向新阶段。"习近平主席的这一重要论述，是对构建网络空间命运共同体理念的丰富和发展，为加快把互联网打造成为推动发展的新动能、维护安全的新疆域、文明互鉴的新平台，让数字文明造福各国人民，提供了根本遵循。

（二）材料的真实性

经济演讲服务于经济效益。因此，演讲的各部分和所有论点都要深思熟虑、严密论证，所提建议以及号召应具有充分的根据，除了出于某种策略考虑外，引用的数据要求准确无误，且有说服力。演讲中提出的目标要明确而具体，最终都要在工作中得到落实。例如，经济演讲既要有鼓动性，能鼓舞士气，使大家看到希望，又要实事求是地把经济运行中的困难和问题告诉公众，让他们对经济现状有清醒的认识，从而能够根据演讲的内容及时调整经济行为和策略。如果演讲者有意隐瞒相关经济数据，或者使用了不当的材料，就会造成判断上的失误，误导公众，产生不良的后果。有的演讲者对演讲中的一些问题进行分析并得出的结论往往存在巨大争议，原因就是他所依据的事实与事件的真相大相径庭，拼凑一些似是而非的材料，在演讲中贩卖所谓的"认知"，哗众取宠，误导公众。

经济是现代社会中最重要的组成部分之一，它无时无刻不在影响着大众的生活。特别是政府部门的官员和行业、学术界中的代表性人物，他们发表的经济演讲都会给公众带来巨大的影响。正因为如此，这类演讲对于事实、数据等材料的选用和引用都有较高要求，演讲中使用材料的正确与否直接影响到演讲结果。朱镕基同志在任国务院领导的时候，经常就国内的经济问题发表演讲，他在演讲中表达出的真知灼见对国家出台相关经济政策、稳定市场起到了巨大作用。朱镕基长期在经济部门工作，养成了调查研究的工作作风。1991 年他就任国务院副总理，当时国内存在着"房地产热""股票热""开发区热"，银行贷款倍增，到了 1994 年，国内通货膨胀的压力越来越大。在此关键时刻，朱镕基在同年底的全国经济工作会议上发表重要演讲，他引用了大量国家统计局公布的调查数据，以此说明通货膨胀的严峻性，与会者听到当年的全国商品零售物价指数涨幅高达 27.1%、消费者物价指数涨幅达 24.1%时，都很震惊。朱镕基在演讲中要求各地要"一起使劲抑制物价上涨"，坚信只要抓住关键问题，

"物价问题、通货膨胀问题就一定能够解决"。此后,全国各地对部分商品的价格采取了严格管制措施,各家银行开始收回房地产、开发区建设、股票市场的贷款,通货膨胀的压力开始逐渐舒缓。演讲中的一组组惊心动魄的真实数据,让官员们震惊了。随后,国务院出台的一系列平抑物价、抑制通货的举措在各地推行下去。

(三)信息的广泛性

信息是经济活动的反映,经济活动是信息的结果。信息在经济领域中起着越来越重要的桥梁作用。它沟通经济实体、经济单位之间的联系,能起到启迪、诱发、激励、协调经济生产的作用。在经济管理中,信息也起着上情下达、反馈控制的作用。因此,经济演讲特别重视信息的传播。一方面,它要通过准确的信息传播促进经济活动的开展;另一方面,它又出于以盈利为目的的策略考虑,对于部分信息实行严格的保密,一些经济演讲中对于这些信息采取回避的态度。各类经济活动既是信息的载体,也是信息传播的途径。经济演讲属于经济活动的范畴,同时也是传播各类信息的重要渠道。经济演讲中涉及大量的信息,这些信息不仅为听众提供了具有价值的参考,而且支撑了演讲的观点,让听众信服。2016 年 12 月,在第十五届"中国企业家领袖年会"上,与会的企业家就互联网问题发表了主题演讲。在演讲中,有企业家对互联网行业出现的一些新的业态进行了详细介绍,让大众对互联网有了更深的认识。比如,什么叫"DT"时代?什么是 IOT?大数据时代的特征是什么?"物联网+"的内涵是什么?在演讲中企业家们将信息产业的最新成果及发展趋势向听众传播,一方面增加了公众对信息产业的认识,另一方面也普及了互联网知识,让更多的人关注信息技术的变革,推动整个产业的转型发展。

三、经济演讲的基本要求

经济演讲具有很强的政策性和专业性,因此,经济演讲要做到以下的要求。

（一）熟悉和了解国家的经济政策和法规

在经济演讲中，演讲者所发表的个人见解是建立在对国家政策和法规熟悉和理解的基础上的。演讲者提出的观点要与国家政策与法规相符合，是对国家政策与法规的深度解读和宣传。这就要求演讲者在平时要认真学习这些政策法规，吃准吃透政策的精神，结合自己所从事的经济领域工作实践，把个人的认识和思考融汇到演讲中，这样才能获得公众的认可，才能真正为经济发展服务。如果对国家的重大经济举措没有认真学习和领会，只是从某些教条理论出发，就容易歪曲国家的政策，误导听众。

（二）要善于分析材料

对经济问题的判断需要建立在大量的真实有效的材料分析基础上，经济演讲涉及政策问题，因此，演讲者要对掌握的相关材料进行分析、归纳，找出规律，用以支撑演讲的观点。善于分析材料的主要表现是：要核实材料的准确性，特别是数据，它直接影响到对经济活动走向的判断。要把好经济数据的来源关，以政府权威部门和专业的业务部门提供的数据为主。同时要注意，演讲中使用的材料不是越多越好，要选用那些典型的、具有说服力的新鲜的材料。

中国人民银行前行长周小川在 G30 国际银行业研讨会上发表了《多方合力推动增长》的演讲。他在演讲的一开头就使用了一系列的国际统计数据："过去几年来中国经济增速持续放缓，自此前高于 10%降至 2012 年的 8%左右以后，继续降至 2016 年的 6.7%。但今年以来经济增长动能有所回升，上半年 GDP 增速达 6.9%，下半年有望实现 7%。推动经济增长的动力主要来自家庭部门消费的快速增长，1—8 月社会消费品零售总额同比增长 10.4%，消费对象逐渐从传统的商品转向服务，因此服务业发展加快，第三产业增加值占 GDP 比重从 15 年前的约 40%上升为当前的 55%。经济增长促使就业整体保持稳定，1—8 月新增城镇就业约 1000 万人。这也是中国庞大的人口规模需要保持的就业增长速度。同时，CPI 同比增长 1.8%，PPI 增长 6.3%，名义 GDP 增速达 9.5%。"这些材料来自国家统计局发布的权威数据，他重点突出了第三产业的发展数据，以此说明中国经济发展模式正在发生深刻变化，这种变化成为中国经济发展的新增长点,以此呼应演讲主题。

(三)语言以解说为主

所谓解说就是用明确的语言把事物的形状、性质、构造、成因、关系、功用等解释清楚;把人物的经历、特点等表达明白。经济演讲中演讲者常要将经济发展的现状、行业运行的情况、经营理念和策略、经济发展趋势的预测等向听众介绍。这些内容主要依赖解说进行,特别是关于经验介绍和科学总结更要求做详尽的解说,多举实例,尽可能把经验上升为理论,从中找出规律性的东西,以便推广。如上例中周小川在谈到“去杠杆”的问题时说:“从货币供应和信贷数据看,今年初以来,中国已进入去杠杆进程,广义货币供应量 M2 增速持续放缓,当前已低于 9%。整体杠杆率开始出现下降。虽然幅度不大,但趋势已经形成。金融危机以后,中国开始实行积极的财政政策和货币政策应对危机,所以在 2009 年后的两年内中国债务占 GDP 的比重大幅上升,但这是值得的,因为中国经济很快从危机中恢复。现在,中国需要将杠杆率降下来。”他使用了一些具体数据来说明中国政府在“去杠杆”的问题上已经做出了积极的努力,并取得了相应的效果。

第六节　礼仪演讲

一、礼仪演讲的内涵

礼仪演讲是指在公众节假日或国家、社团、个人的重要仪式或庆典上发表的演讲,它是表达情感、调节人际关系的重要手段。礼仪演讲主要包括凭吊和庆贺两种类型,在传达情感的同时,也体现出应有的礼仪。在上述演讲中,演讲者常常借对死者的哀悼或对喜庆的祝贺,以真挚感情打动听众,起到宣传和交际的作用。

如恩格斯在著名的演讲《在马克思墓前的讲话》中,首先对马克思的逝世表达出了无比的悲痛:“这个人的逝世,对于欧美战斗的无产阶级,对于历史科学,都是不可估量的损失。这位巨人逝世以后所形成的空白,不久就会使人感觉到。”然后他用简短的文字概括了马克思的伟大贡献，向他表达了崇高敬意。在演讲最后，他说：“马克思是当代最遭忌恨和最受诬蔑的人。各国政府——无论专制政府或共和政府，都驱逐他；资产者——无论保守派或极端民主派——都竞相诽谤他，诅咒他。他对这一切毫不在意，把它们当作蛛丝一样轻轻拂去，只是在万不得已时才给以回敬。现在他逝世了，在整个欧洲和美洲，从西伯利亚矿井到加利福尼亚，千百万革命战友无不对他表示尊敬、爱戴和悼念。而我敢大胆地说：他可能有过许多敌人，但未必有一个私敌。”这是对马克思在人类发展历史上做出的卓越贡献的最高评价。这类在葬礼上的演讲在寄托哀思的同时，还对逝者进行评价，以激励后人。

庆贺演讲的适应面则更为宽广，一般是在重大活动开幕、婚礼、寿诞、立功受奖、佳节纪念等场合发表庆贺演讲，演讲内容热情洋溢，在祝贺的同时，演讲者会对相关的人和事进行回顾与展望。2023 年元旦之际，国家主席习近平向海内外华人华侨以及全世界人民发表了新年贺词。在演讲中，习主席首先向大家表示新年的祝贺：“大家好！2023 年即将到来，我在北京向大家致以美好的新年祝福！2022 年，我们胜利召开党的二十大，擘画了全面建设社会主义现代化国家、以中国式现代化全面推进中华民族伟大复兴的宏伟蓝图，吹响了奋进新征程的时代号角。”习主席回顾了 2023 年中国社会取得的重要进步，同时，展望了今后的美好愿景，让全国人民和世界对中国的未来充满信心。1946 年 12 月 1 日，是朱德同志六十岁诞辰，中共中央在延安举行了祝寿活动。在祝寿大会上，周恩来同志发表了激情澎湃的演说，他称赞朱德“举世人民公认你是中华民族的救星，劳动群众的先驱，人民军队的创造者和领导者”，“你为党为人民真是忠贞不贰，你在革命过程中，经历了艰难曲折，千辛万苦。但你永远高举着革命的火炬，照耀着光明的前途，使千千万万的人民，能够跟随着你充满信心向前迈进”，“你是那样平易近人，但又永远坚定不移，这正是你的伟大！对人民你是那样亲切关怀，对敌人你又是那样憎恶仇恨，这更是你的伟大”，“全党中你首先和毛泽东同志合作，创造了中国人民的军队，建立了人民革命的根据地，为中国革命写下了新的纪录。在毛泽东同志旗帜之下，你不愧为他的亲密战友，你称得起人民领袖之一”，“你的革命历史，已成为二十世纪中国革命的里程碑”。这段贺词实事求是地对朱德同志的丰功伟绩的回顾和总结,是对朱德同志历史贡献的恰如其分的评价。

二、礼仪演讲的特点

(一)感情色彩强烈

礼仪演讲最显著的特点是感情色彩强烈。如在凭吊演讲中,演讲者的语调沉缓悲切,感情深重,与丧事的悲痛气氛相协调。而在庆贺演讲时,演讲者情绪昂扬,语调高亢热烈,与喜庆的欢乐气氛相统一。不管是悲是喜,演讲者的感情总是明显外露,声情并茂;表达充分而自然,扣人心弦;在修辞上,比较接近文学语体。

历史上,出色的凭吊演讲很多,感情的表达方式各有千秋。闻一多先生在李公朴的追悼会上发表了著名的《最后一次讲演》。原本他是不打算说话的,但是,追悼会上悲愤的气氛和特务的卑劣行径让他再也无法压抑心中的怒火,闻一多先生义无反顾走向前台发表演讲。他的演讲一开头就连用了几个反问句和感叹句来表达愤慨:“这几天,大家晓得,在昆明出现了历史上最卑劣最无耻的事情!李先生究竟犯了什么罪,竟遭此毒手?他只不过用笔写写文章,用嘴说说话,而他所写的,所说的,都无非是一个没有失掉良心的中国人的话!大家都有一支笔,有一张嘴,有什么理由拿出来讲啊!有事实拿出来说啊!为什么要打要杀,而且又不敢光明正大地来打来杀,而偷偷摸摸地来暗杀!这成什么话?今天,这里有没有特务?你站出来!是好汉的站出来!你出来讲!凭什么要杀死李先生?杀死了人,又不敢承认,还要诬蔑人,说什么‘桃色事件’,说什么共产党杀共产党,无耻啊!无耻啊!这是某集团的无耻,恰是李先生的光荣!李先生在昆明被暗杀,是李先生留给昆明的光荣!也是昆明人的光荣!”这段演说词充满着对反动势力的强烈憎恨和对逝者李公朴先生的无限敬仰和思慕之情。闻一多的演讲一下子点燃了与会者的怒火,追悼会后爆发了大规模示威游行。再如,林肯《在葛底斯堡国家烈士公墓落成典礼上的演说》,仅仅10个句子,感情深厚,思想集中,措辞精练、朴实、典雅。

(二)演讲礼节规范

礼仪演讲是在特定的社交活动中进行的,特别要注意礼节规范,不可贸然行事。表情、态度、动作都要有讲究,要适应现场气氛,尊重民族习惯和民间风尚,彬彬有礼。礼仪演讲的特定内容决定了它有较为固定的结构形式。如祝酒词,一般开头说明祝酒缘由,结尾借酒祝贺,最后举酒干杯。

2022年9月30日,国务院在北京人民大会堂举行国庆招待会,热烈庆祝中华人民共和国成立73周年。国务院总理李克强致辞。他在开头说:"今天,我们欢聚一堂,共同庆祝中华人民共和国七十三周年华诞。七十三年来,中国人民在中国共产党领导下发奋图强,战胜各种艰难险阻,国家发展成就举世瞩目。在这里,我代表党中央、国务院,向全国各族人民致以节日祝贺!向港澳同胞、台湾同胞和海外侨胞致以亲切问候!向关心支持中国现代化建设事业的国际友人表示衷心感谢!"这段话将祝酒的缘由表达出来。最后,他说:"现在,我提议:为庆祝中华人民共和国成立七十三周年,为伟大祖国的繁荣富强和各族人民的幸福安康,为中国人民同世界各国人民的友谊与合作,为在座各位身体健康、阖家幸福,干杯!"整个讲话只有几分钟,礼节周全,用语规范,尽显大国总理的风范。

(三)要不断深化主题

礼仪演讲不是单纯地为纪念而纪念,为庆贺而庆贺,常常由此及彼,借题发挥,通过凭吊或庆贺达到某种目的。例如,1947年10月10日,冯玉祥出席了在美国哥伦比亚大学教职员俱乐部举行的中国学生欢迎庆祝会,冯玉祥应邀上台发表演讲。冯玉祥说:"今天我们能来纪念中华民国……的生日,是因为孙中山先生提倡革命,武昌起义,推翻清朝,我们才成为民国。什么叫民国,就是真正民主的国家,今天我们是不是真正的民主国家了呢?我想大家都知道得很清楚。"他先是缅怀孙中山领导革命、创立民国的伟绩,然后话锋一转,矛头直指时弊和当时政府的腐败劣绩,并热情激励大家争取民主的胜利:"我们今天纪念先烈,要对得起流芳万古的秋瑾女士、黄花岗烈士、滦州起义的烈士和所有的烈士们,必须自己勉励自己,有'舜人也我亦人也'的精神,去努力,去奋斗。最后一句话,你们的决议案好极了,可是我还有一个建议请求你们尽量宣传,每一个人抱定一个志愿,写一千封信到国内去,把国内的同胞都唤醒过来,做到孙中山先生所说的'唤起民众',那我们民主胜利的成功就更快了。"在这篇演讲中,冯玉祥并没有脱离演讲的主题,演讲的头尾都是围绕"民国"展开论述,但是,他并没有按照一般的逻辑展开对"民国"历史的回忆、对"民国"缔造者的歌颂等等,而是结合现实抨击当政者的腐败无能,将主题深化,让在座的青年留学生了解祖国社会的现状,激发他们争取民主、自由的勇气与热情。

深化主题不是"跑题",而是借题发挥,由此及彼,演讲的内容层层深入,从现象分析入手,揭示出事物的本质现象。上例中冯玉祥对"民国"的解释就是从它的本义入手,再结合现实的社会情况,揭露了当时"民国"政府的腐败无能,唤醒民众追求真正的"民国"精神的热情。主题被不断深化,但是,始终围绕着演讲的话题展开。整个演讲不枝不蔓,既回顾历史,又呼应现实,由此及彼,由外及里,视野开阔,发人深省。

三、礼仪演讲的基本要求

礼仪演讲的场合有自身的特殊性,因此,演讲者要注意以下方面内容。

(一)熟知不同场合的礼仪

礼仪演讲是在不同的仪式和庆典上发表的演讲,除演讲的内容外,最重要的就是要注重这些场合的礼仪。如果不注重场合的礼仪,就会让在场的人员产生反感,演讲的效果会受到极大的影响。遵循不同场合的礼仪,既是对来宾的尊重,也是礼仪演讲的重要一部分。

美国前国务卿基辛格对周恩来总理的演讲礼仪倍加推崇,他在回忆录中这样描绘:"他面容瘦削,颇带憔悴,但神采奕奕,双目炯炯,他的目光既坚毅又安详,既谨慎又满怀信心。他身穿一套剪裁精致的灰色毛料服装,显得简单朴素,却甚为优美。他举止典雅庄重,使人举座注目的不是魁伟的身躯,而是他外弛内张的神情,钢铁般的自制力,就像是一根绞紧了的弹簧一样。"在基辛格的记忆中,周恩来总理衣着得体、举止端庄、神情淡定,尽显大国总理的风采。这里提到的是演讲的仪态礼仪,不同的场合对仪态礼仪的要求也有所不同。比如:参加某个重大活动的开幕式或启动仪式,要着正装,演讲中的语气与遣词造句都要与现场的气氛相吻合，注意礼貌用语。2008 年北京奥运会上，时任国际奥委会主席罗格致辞，在开头，他对中国举办奥运会表示祝贺和感谢："中华人民共和国主席先生，刘淇先生，奥组委的成员们，亲爱的中国朋友们，亲爱的运动员们：长久以来，中国一直梦想着打开国门，邀请世界各国的运动员来北京参加奥运会。今晚，梦想变成了现实，祝贺北京！"在最后，他再一次对主办方表示感谢，邀请主办国的首脑宣布运动会开幕："当我们把奥林匹克梦想变成现实之时，我们要诚挚地感谢北京奥组委，感谢他们不辞劳苦的工作。我们还要特别感谢成千上万、无私奉献的志愿者们，没有他们，这一切都不可能实现。北京，你是今天的主人，也是通往明天的大门。感谢你！现在，我荣幸地邀请中华人民共和国主席先生宣布第 29 届现代奥林匹克运动会开幕。"在罗格的演讲中，他一次次感谢运动会的举办方，礼貌地邀请主办国国家首脑宣布开幕，这些都体现出国际奥委会对主办国的尊重和感谢。

（二）注重语言表达的分寸

在出席各种仪式或典礼的时候，演讲者要注意语言表达的分寸，不能过于拔高，也不能太平淡无味。过于拔高有吹嘘之嫌，平淡无味体现不出仪式或庆典场合的气氛。拿捏好语言的分寸是礼仪演讲的重要一环。1949 年 12 月，毛泽东同志应邀访问苏联，正好赶上苏联领导人斯大林的七十岁生日，毛泽东出席了庆典活动，并第一个发言，他说："我这次有可能参加庆祝斯大林同志七十寿辰的盛会，衷心至为愉快。斯大林同志是世界人民的导师和朋友……他发展了马克思列宁主义的革命理论，并对于世界共产主义运动的事业作了极其杰出和极其宽广的贡献。中国人民在反抗压迫者的艰苦斗争中，深切地感觉到斯大林同志的友谊的重要性。在这个盛会上，我谨以中国人民和中国共产党的名义庆祝斯大林同志的七十寿辰，祝福他的健康与长寿，祝福我们伟大友邦苏联在斯大林同志领导下的幸福与强盛，并欢呼世界工人阶级在斯大林同志领导下的空前大团结。"毛泽东将斯大林视为"世界人民的导师和朋友"，并称赞他"发展了马克思列宁主义的革命理论，并对于世界共产主义运动的事业作了极其杰出和极其宽广的贡献"。苏联是当时世界公认的无产阶级革命的旗帜和领导，斯大林又被各国无产阶级政党视为继列宁之后的世界革命的导师。因此,毛泽东给予斯大林如此高的评价是基于大家共同的认识,也是基于苏共的历史的贡献和地位。因此,毛泽东发表的这段讲话,既是出于一种礼貌和尊重,也体现了中共对苏共在世界社会主义事业领导地位的认可。

再如,2005 年神舟六号载人航天飞行代表团访问澳门,时任行政长官何厚铧在欢迎晚宴上发表了演讲,他给予英雄的航天员们很高的评价:"你们以彪炳的功勋又一次雄辩地证明,中国人完全有能力在自己的土地上,以和平的目的和手段,摘取尖端科技的明珠,为人类的福祉做出卓越的贡献。"他把航天员们的壮举与国家的进步与发展联系起来,盛赞他们的成功是"彪炳的功勋"。这种评价既恰如其分,又具有一定的高度。

思考题

阅读下面材料,回答问题。

材料 1:

1927 年 3 月 1 日,中山大学举行春季开学典礼,鲁迅应邀发表了即兴演讲"中山大学开学致语"。

中山大学开学致语

鲁迅

中山先生一生致力于国民革命的结果,留下来的极大的纪念是:中华民国。但是,"革命尚未成功"。

为革命策源地的广州,现今却已在革命的后方了。设立在这里,如校史所说,将"以贯彻孙总理革命的精神"的中山大学,从此要开始他的第一步。

那使命是很重大的,然而在后方。

中山先生却常在革命的前线。

但中山先生还有许多书。我想:中山大学与革命的关系,大概就等于许多书。但不是死书:他须有奋发革命的精神,增加革命的才绪,坚固革命的魄力的力量。

现在,四近没有炮火,没有鞭笞,没有压制,于是也就没有反抗,没有革命。所有的多是曾经革命,将要革命,或向往革命的青年,将在平静的空气中,度着探求学术的生活。

但这平静的空气,必须为革命的精神所弥漫;这精神则如日光,永永放射,无远弗到。

否则,革命的后方便成为懒人享福的地方。中山大学也还是无意义。不过使国内多添了许多好看的头衔。

我先只希望中山大学中人虽然坐着工作而永远记得前线。

问题:这篇即兴演讲有哪些特点?它的主题是什么?

材料2:

这是一篇命题演讲的演讲稿。

我的梦想

梦想是我们给自己铸造的一座城池,是我们奋斗的最远的目标。马丁·路德·金慷慨激昂的演讲——《我有一个梦想》,让每一位听众心潮澎湃。他的梦想是如此的伟大,而我的梦想没有他那么的伟大,但是我坚信每一个人的梦想都是神圣的、值得尊重的。

我的梦想是能够在我50岁的时候修建一所希望学府,这是一所集小学到高中的信息化教学的学校,在这里全部实行信息化教学,老师都是硕士学位以上的优秀的老师,教学内容与世界接轨,教学方法以体现学生的个人素质为主。我希望通过修建这样一所学校,能够让更多的穷苦孩子走进明亮的教室,能够让更多的孩子接受好的教育,能够让他们发挥自己的优点,挖掘自己的潜能,能够让他们与社会的差距缩短,能够为他们提供一个实现梦想的平台,能够为社会增添一片爱的云朵,让社会充满着爱心。

也许有人会质疑,你的梦想是真的吗?我可以很诚恳地告诉你这是真的。因为我曾是一个不幸的孩子,但是正是在很多好心人的帮助下,我成为一个幸运的孩子。所以我应该用自己的实际行动回报社会,让爱心的圣火继续传递下去。只要每一个人能献出一点爱,这个世界将更加的温暖。我会为自己的梦想而努力奋斗,努力学习,从各方面提升自己的能力,在专业领域中能够占有一席之地,为自己的梦想打下坚实的基础。

天行健,君子以自强不息。青春无畏,行者无疆。让我们扬起生命的航帆,向梦想进军!

问题:通过阅读,请分析,演讲内容与主题是否一致?这个演讲的结构特点是什么?

第三章　演讲主体

我们最好的思想，最深厚的感情，只能被最美妙的语言表达出来。若是表达不出，谁能知道那思想与感情怎样好呢？这是无可分离的、统一的东西。

——老舍

演讲的主体就是演讲人。在演讲活动中，存在着主、客体两大组成部门。主、客体在同一的时空环境中相互交流，共同完成演讲的过程。在这个过程中，作为主体的演讲人是这个过程的主导者，他决定着演讲的成功与否。演讲能力是现代社会中人们的一项重要能力，但是，演讲能力不是天生的，它是通过后天的努力、培养、训练获得的。要成为一个合格或成功的演讲者，不仅要提升个人的综合素养，同时也要接受专业的技能培训，持之以恒，才能成为一名优秀的演讲人。

第一节　演讲主体的素质

演讲既具有艺术性，也具有专业性。在日常生活中，说话容易，但登台演讲难。要成为一名合格的演讲人，首先应具备从事这项活动的专业素质。这些专业素质包括思想、道德、心理、文化等方面，当这些方面的素质达到一定的标准和水平时，演讲者就具备了演讲的基本条件，为今后的演讲实践活动打下了坚实基础。

一、先进科学的思想素质

大多数演讲者演讲的目的是教育人、启迪人，提高听众的认识、文化水平。演讲中，演讲者会结合自身的体验和感受，向听众传递正确的观点和思想。这就要求演讲者本身必须具备高尚的道德情操、先进科学的思想，只有这样，演讲者才能高瞻远瞩，演讲才能拥有远见卓识，识前人所未识，讲前人所未讲。在鼓舞、启发、感染听众的同时，也能在听众中传播新的思想、知识和理论。

任何类型的演讲都具有社会性，也就是具有社会目的。这个目的可以归纳为宣传观点、变革社会和表达感情等三方面。演讲作为一种现实的社会实践活动，是由于社会生活的需要而产生的。因此，演讲也就必然对社会生活产生反作用，以适应社会生活的需要。演讲的作用和效果与演讲者自身的思想素质息息相关。德国著名哲学家黑格尔在《美学》中对这一关系做过精彩的论述，他说："一般说来，演讲家在演讲里的高旨趣并不在于艺术性的描述和完美的刻画，他还有一个越出艺术范围的目的，他的演讲的形式结构毋宁说只是一种有效的手段，用来实现一种非艺术性的目的或旨趣。从这个观点来看，他感动听众，不单是为感动而感动，听众的感动和信服也只是一种手段，便于演说家要实现的意图。所以，对听众来说，演讲家的描述也不是为描述而描述，也只是一种手段，用来使听众达到某一信念，做出某一种决定，或采取某一种行动。"黑格尔认为所有的演讲都是演讲者为了实现自己的某一意图而采取的一种手段，他揭示了演讲的本质。正因为演讲者的目的是"使听众达到某一信念，做出某一种决定，或采取某一种行动"，所以，演讲者自身的思想素质在一定程度上影响着听众的认知和态度。

人类历史上许多著名的演讲家，如马克思、恩格斯、德摩西尼、西塞罗、林肯，无一不是伟大的思想家，他们的演讲也无时不在闪烁着真理、科学、智慧的光芒。特别是在一些特殊的历史时期，当人们彷徨、迷茫之际，这些伟大的历史人物用他们先进的思想和坚定的意志鼓舞和启发着民众，让民众在黑暗中看到希望和光明。1941 年 6 月 22 日，德国对苏联发动了闪电战，仅仅十日，苏军在战场上损失惨重，大片国土沦丧，很多人陷入恐惧和慌乱之中。同年7月3日,苏联领导人斯大林向全国人民发表了“苏维埃保卫者的坚定誓言”。斯大林并没有遮掩军事上的失利,反而在演讲的一开头就把当时的严峻形势告诉公众:“希特勒德国从6月22日起向我们祖国发动的背信弃义的军事进攻,正在继续着。虽然红军进行了英勇的抵抗,虽然敌人的精锐师和精锐空军部队已被击溃,被埋葬在战场上,但是敌人又向前线投入了新的兵力,继续向前进犯。希特勒军队侵占了立陶宛全境、拉脱维亚的大部地区、白俄罗斯西部地区、乌克兰西部一部分地区。法西斯空军正在扩大其轰炸区域,对摩尔曼斯克、奥尔沙、莫吉廖夫、斯摩棱斯克、基辅、敖德萨、塞瓦斯托波尔等城市大肆轰炸。我们的祖国面临着严重的危险。”但是,他在演讲中一面客观分析了苏军前期失利的原因,一面又结合历史指出德国法西斯军队不像他们自己吹嘘的那样是无敌的军队,他说:“历史表明,无敌的军队现在没有,过去也没有过。”接着他又分析了这场战争的性质、双方的力量对比、战争的发展趋势等。在大量的事实面前,斯大林向全国人民表达了必胜的决心和力量:“我们的力量是无穷无尽的。趾高气扬的敌人很快就一定会相信这一点。同红军一道对进犯我国的敌人奋起作战的,有成千上万的工人、集体农庄庄员和知识分子。我国千百万人民群众都将奋起作战。莫斯科和列宁格勒的劳动者已经开始成立,有成千上万人的民兵队伍来支援红军。在我们反对德国法西斯主义的卫国战争中,在每一个遭到敌人侵犯的城市里,我们都应当成立这样的民兵队伍,发动全体劳动者起来斗争,挺身捍卫自己的自由、自己的荣誉、自己的祖国。”斯大林的演讲以科学的辩证唯物主义和历史唯物主义思想为指导,既没有刻意隐瞒事实,也没有悲观失望。他客观全面地分析了国际与国内形势,极大地鼓舞了苏联军民的士气,他的演讲成为苏联战胜德国法西斯的宣言和旗帜。

“要给别人一杯水,自己先得有一桶水。”在科技高速发展的今天,新知识、新学科、新理论不断涌现,演讲者更需要努力学习,迅速掌握各种新思想、新科学和新方法,以此充实和提升自己的演讲水平,给听众带来更多的思想启发。

二、高尚自律的道德素质

人贵有德。道德意识是人的内在律条，对人的思想和行动起到导向、约束和规范的作用。具有高尚的道德会让人赢得社会的尊重，同时，个人的道德行为对整个社会起到示范与教育的作用。高尚的道德素养是演讲者必备的基本素质，演讲者自身的道德素养决定了演讲的品质。道德的观念从来都是从人的内心中迸发出来的，演讲者必然将自己对道德的认识与理解融入演讲的内容中，悄然地影响听众的认知与判断。

古人说："其身正，不令而行；其身不正，虽令不从。"在生活中，任何一种行为都会直接或间接地与他人或社会发生关系，并受到一定社会规范的限制和协调。演讲也是如此。作为演讲主体的演讲者，更应以一个具有高尚道德水准的形象出现在公众面前，带头恪守社会道德规范。演讲者的道德素养包括四个方面：一是政治道德。即应当有高度的政治觉悟、良好的政治品质、坚定的理想信念。二是职业道德。演讲者必须遵守自己从事职业的道德，如医德、师德等。三是社会公德。演讲者的言行举止要遵守社会公德。四是伦理道德。演讲者必须具备高尚的伦理观、恋爱观、婚姻观，以此才能把正确的伦理观念传播给听众。演讲者要给予他人以道德的启示，首先自己要成为道德的楷模。

中央宣传部、中央文明办会组织全国道德模范到各地巡讲。这些来自各行各业的道德模范用质朴的语言讲述着他们的故事，他们平凡而伟大的先进事迹深深地感染着每一位听众。道德模范们的演讲没有华丽的辞藻和过多的语言技巧，然而，他们的演讲传递出了道德的力量，这种力量如同春雨滋养着人们的心灵，让人们看到了生活中的真善美，从中得到了教育和感化。2017 年 9 月 24 日，中央宣传部授予安徽省蚌埠市公安局特警张劼"时代楷模"的荣誉称号。2016 年 1 月初，他在处置一起重大危害公共安全的警情时，面对犯罪嫌疑人即将点燃汽油桶和液化气罐的危险，奋不顾身，控制住嫌疑人。但是，部分泄漏的汽油和液化气爆燃，张劼与紧随其后的队友被爆燃气浪冲倒烧伤，伤情达深二度。张劼的父亲也是一名老公安，也曾为保护人民的生命安全身负重伤，荣立一等功。在巡讲会上，张劼父子两代人讲述了他们对警察这份职业的热爱，用自己的亲身经历告诉大家人的生命的真正价值是什么。听众们从他们身上感受到了英雄的高尚品质和丰富的情感世界，也加深了对责任二字的认识和理解。

道德素养是后天培养的。树立正确的道德观，首先要加强学习，分辨是非，坚持真理，敢于鞭挞丑恶，伸张正义。其次要培养个人的涵养，做到心胸坦荡、光明磊落。如果一个演讲者心胸狭隘、自私自利、蝇营狗苟，那他说话就会气短。只有胸怀宽广、为人坦荡、光明磊落的人才会出言陈词掷地有声，用自己的情怀感染听众。周恩来总理是伟大的政治家。他一生清廉，为人刚正，既受中国传统文化熏陶，又接受了系统的现代教育。他胸怀坦荡，视野开阔，无论是在国内还是在国外的外交舞台上，他的演讲都给人们留下了深刻影响。尼克松是第一位访华的美国总统，在中国访问的时候，他被周恩来身上伟大的精神气魄和宽广的胸怀所折服。他在自己的回忆录《领导人》一书中写道："周恩来是一个具有献身精神的人，一个博学多才的人，一个拥有强大民族自信心的人。"周恩来总理自身内在的道德修养蕴含了他的人格魅力，他在任何场合中的演讲都会让听众感受到他高尚的道德情操。

三、自信坚韧的心理素质

演讲者面对听众都要承受一定的心理负担，有时也会出现心理失衡的现象。这就要求演讲者加强心理训练，培养良好的心理素质，在演讲时做到：既热情果断，又镇定自若；既侃侃而谈，又收放自如。良好的心理素质是演讲成功的根本保证，如果不敢面对听众，或是在听众面前失去了章法，语无伦次，演讲还如何能够打动听众？如何去宣传与鼓动公众？

著名心理学家马斯洛认为，良好的心理素质表现在十个方面：具有充分的适应力；能充分地了解自己，并对自己的能力做出适度的评价；生活的目标切合实际；不脱离现实环境；能保持人格的完整与和谐；善于从经验中学习；能保持良好的人际关系；能适度地发泄情绪和控制情绪；在不违背集体利益的前提下，能有限度地发挥个性；在不违背社会规范的前提下，能恰当地满足个人的基本需求。对演讲者来说，演讲的心理素质是指演讲者面对听众时表现出来的比较稳定的心理特点和个人综合素质。每一个演讲者的心理特点和综合素质不尽相同,这种不同是由演讲者的演讲实践的多少和感知的深浅的不同造成的。也就是说,演讲者的心理素质尽管不能完全排除遗传因素的影响,但主要是通过演讲实践,不断积累经验逐渐形成的。演讲者可以通过系统、有意识的训练和培养,再加上不断实践,逐渐提高演讲心理素质。演讲者的心理素质一旦形成就比较稳定,在较长时间里保持某一种心理状态。

人们从事任何一种劳动,尤其是精神劳动,都伴随着一定的心理活动,并且对心理素质提出一定的要求。演讲作为一种精神活动自然也不例外。但是演讲又是一种较为特殊的精神劳动。演讲者面对着广阔的社会现实生活,面对着从各种渠道源源而来的各种信息,面对着特定场合下的特定听众群体,面对着随时有可能发生变化的现场情境而从事演讲的实践,这就不能不伴随着高度紧张的心理活动。因此,只有具备了良好的演讲心理素质,才能审时度势,镇定自如地发表适时、适度、顺理成章且深刻感人的演讲,实现演讲的预定目的。

演讲心理素质是由两个方面决定的:一个是演讲处境;另一个是演讲过程。两者之间相互联系又相对独立,共同构成演讲心理产生的客观条件。

所谓演讲处境,就是指演讲者演讲时所处的境况,既包括宏观的社会语境,如历史时代背景、当时的政治气氛、演讲涉及的事件和中心议题,也包括具体的演讲环境,如场地的周边环境和条件、听众的情绪和期望、演讲者所处的地位等。无论什么类型的演讲,都是在一定的时空环境下进行的。演讲的现实性规定了它不能离开所处的时代背景,必须顺应时代的精神和当时的政治气氛,演讲的话题必须与时代背景、政治气氛相适应。同样,每一次演讲都离不开具体的场地和周边环境,不同的演讲所处的场地和环境是不同的。而且,演讲现场的听众层次不同,思想情绪各异,他们的期望、要求以及对演讲者的态度也不相同,甚至会截然相反。位居台上的演讲者在演讲中占据主导地位,相对于演讲者平时的生活状况来说发生了很大变化。环境和听众都是陌生的,演讲过程具有不可知性。在这种环境下,演讲者尽管做了充分的准备,但要真正赢得听众的信任与认同,还需以高超的应变能力,调整演讲的内容,更清晰、更深切地表达出自己的思想。演讲是一项复杂而艰巨的精神劳动,客观上要求演讲者具备特殊的心理素质。

演讲过程是决定演讲心理的另一因素。从心理学的角度来分析，这个过程分为三个阶段：演讲的动因阶段、演讲的创作阶段和演讲的实践阶段。这三个阶段相互联系，又各自独立，有机地统一于整个演讲过程之中。不同的演讲阶段对演讲者的心理素质提出了不同的要求，演讲者必须顺应这些要求，在自己原有的心理状态的基础上，加强训练和培养，达到各个阶段的心理素质要求，从而实现演讲的目的。演讲的三个阶段都要由演讲者独立完成，他人是无法替代的。首先，演讲的动因发自演讲者的内心，产生发表演讲的冲动与要求，达到了有话要讲、不吐不快的地步，这点在即兴演讲中体现得最为明显。其次，演讲的准备也主要依靠演讲者自己完成，包括搜集资料、确定主题、撰写演讲稿等。最后，演讲者要亲临现场，当众发表演讲。这三个阶段中的每一个阶段都对演讲者的心理素质提出了不同的要求，如在动因的酝酿阶段，要求演讲者具有敏锐的感受力；在创作阶段，要求演讲者具备良好的感知能力，能够抓住问题的本质；在实践阶段，演讲者要具备坚韧自信的心理素质。

演讲需要具备两个核心的心理素质：一个是自信；一个是坚韧。

自信是人们在适应社会生活过程中的一种自然心境。人们能够用所掌握的有限经验从容应对陌生环境的挑战，即是自信。自信不是自大，也不是自傲，而是适度的自我肯定。自信的人能乐观对待自己所持的观点，并不因外界因素的影响而改变自己的立场。人要不断地否定和肯定自己才能进步，而否定的最终目的是向肯定方向发展。自我肯定，保持坚定的信念，往往是事业成功的关键。缺乏自信几乎是每一个演讲者都要遇到的问题。美国第 16 任总统林肯以演讲著称，但刚开始时他同样很不自信。据他的法律合伙人郝恩登回忆："刚开始，林肯总感到手足无措，让自己去适应周围的环境好像是一件很棘手的事情。他力图去改变这种过分的胆怯和不安，但往往会适得其反。每当这个时候，我都会很同情他。当他开始演讲时，他的声音颤抖、刺耳，令人不悦。他的举止、神态，他的暗无光泽且皱的脸，他的古怪的姿势以及拘谨的动作——所有这一切都好像对他不利。"除了不自信，林肯还有些口吃。为了在政坛上有所作为，他一遍遍地朗读莎士比亚的剧本练习口语；他会找各种机会当面给人读书；他会跑到海边对着大海发表演讲。靠着后天的努力，林肯终成大器。

坚韧是指个人在遭遇身体及精神困难、压力时,坚持而不放弃的忍受力;面临危机时体现出的精神的坚定、坚强的耐受力、勇气和后劲。这种心理状态对于演讲者来说必不可少。因为,演讲是一项复杂的精神活动,具有极大的不确定性和挑战性。演讲能力不是天生的,它的形成也不是一蹴而就的,它需要长期、系统、艰苦地努力才能获得。戴尔·卡耐基说过:“意志薄弱的人会因失望而中途放弃,而那些坚持不懈的人则会突然地、不知何种原因就取得巨大的进步。”任何学习都不是一帆风顺的,而是在逐渐的量变中突然产生质的飞跃。看似突然,实际这是坚持的结果。学习演讲的路从来都是坎坷的,要想在演讲上有所作为,没有任何捷径。林肯曾对自己说:“决不放弃,哪怕是失败一百次。”精诚所至,金石为开,只要你心无旁骛、一心一意,终会成为一名优秀的演讲者。

四、深厚广博的文化素质

有人说:演讲家是杂家。从某种意义上来看,这种说法的确很恰当。“给人一杯水,自己要有一桶水。”演讲的目的是传播新的思想和理念,启发听众,提高听众的认知力。古今中外的演讲家无一不是学识渊博的,他们之所以能旁征博引,妙语惊人,之所以能把生动、具体、精彩的事例自如地组织到演讲中,就因为他们博览群书,知识宏富。在当今科技高速发展时代,各种科学高度分化和高度综合,演讲者如果不了解新知识,跟不上现代科学文化发展的步伐,就不会使演讲充实、新鲜、生动。因此,演讲者要有丰富的学识,不仅是传道、授业、解惑的需要,也是演讲成功的基本条件。

《易经》中说:“观乎天文,以察时变;观乎人文,以化成天下。”演讲者的文化素养决定着演讲的主题的确立、凝练和升华。主题是演讲的灵魂,它直接反映出演讲者是否具有敏锐的观察力和分析力,能否抓住事物的本质。德国哲学家黑格尔曾说过:“一篇演讲的真正的感动并不在于演讲当前所针对的那个目的,而在个别事例可以纳入的法律、规则、原则之类普遍规范。这些规范作为国家的现行法规,或是作为伦理的、法律的或宗教的箴规、情操、教义等等,原已采取普遍的形式而独立存在。”黑格尔所说的“普遍规范”的一种“普遍的形式而独立存在”,就是事物规律性和本质性的东西,也就是真理。对真理的揭示是建立在一定知识积累的基础上,通过运用相关的理论知识,联系相关的学科知识,对事物的现象进行分析,由表及里,找出规律和本质性东西。我们常说:“仁者见仁,智者见智。”所谓的“智”就是指人的“意识”,从哲学的角度说,物质决定意识,意识对物质具有反作用。每个正常的人都具备一定的认识能力,但人与人之间的认识能力具有差异性。爱因斯坦曾说过,你能不能观察到事物的属性和本质,取决于你使用什么样的理论,理论决定你能够观察到的一切事物。也就是说,一个演讲者所拥有的知识积累的广度与深度决定了他的认识能力的高下,也就决定了演讲能否具有真知灼见。“听君一席话,胜读十年书。”一场高水平的演讲不仅给听众带来精神的愉悦,更开阔了他们的视野,启发了他们的认识。这才是演讲的核心价值所在。歌德说过:“人不光是靠他生来就拥有的一切,而是靠他从学习中所得到的一切来成就自己。”只有不断学习,积累知识,提升文化素养,最终将知识转化为能力,才能实现自己的人生价值。

广博的知识塑造了人们的世界观、人生观、思维方法,也塑造了人们的精神气质和品格。演讲的文化素养的核心是人文素养,它是指人所具有的社会历史、科学文化、文艺美学、社交礼仪等人文学科的知识和由此反映出来的精神在心理上的综合体现。它是人们在长期的学习和实践中将上述那些知识内化而成的相对稳定的内在气质和品格。人的人文素养包括三个层次:一是基本层,就是人性。体现出来的气质特点就是对人的幸福与尊严的追求;崇尚自由意志和独立人格;有责任心和耻辱感;具有个人的见解和自制力;逻辑思维清晰,言行得当等。二是发展层,即理性。体现的精神特质是具有理性思维,见解独到;注重德行修养,具有超功利的价值取向;做事目标明确,有较强的责任心;关爱生命与自然,积极乐观。三是高境界层,就是超越性。体现出的精神特质是具有丰富的心智生活,具有理想主义情怀;自觉践行社会的核心价值,意志坚韧;尊重文化的多样性,宽容大度;思维敏捷深刻,具有创新思维。人文素质是从第一层向第三层逐渐提升的,演讲者也应遵循这个规律,有意识地加强文化修养,提升自身的思想内涵,做一个有智慧、有良知、有品位的人。“历史是时代的见证,真理的火花,记忆的生命,生活的老师和古人的使者。”在人文知识的涵养下,演讲者可以从历史和现实的对比中找出事物发展的规律,以历史观照现实。“科学是人类智慧的最高成果。”科学是关于自然、社会和思维的知识体系,是社会发展的动力。科学赋予演讲者理性的力量,让演讲充满智慧,启迪听众的思想。艺术能帮助人们认识社会、人生和自我,丰富人的精神世界。同时,艺术能给人带来娱乐、享受和美感。将艺术融入到演讲中,既增加了演讲的感染力与表现力,又给听众带来精神的愉悦、心灵的畅快、情绪的激动,让人的身心得到放松。“不失足于人,不失色于人,不失口于人。”(《礼记》)演讲是最讲究礼仪的。演讲者的一举一动、一言一行都直接暴露在众目睽睽之下。演讲者在不同的场合面对不同的人群,无论是仪表装束,还是言行举止,都要与演讲的环境相适应。恰如其分的礼仪,既体现出对听众的尊重,也会增加演讲的效果。

第二节　演讲主体的能力构成

能力,通常指完成一定活动的本领,包括完成一定活动的具体方式和所需的心理特征。要顺利完成某种活动,单凭一种能力是远不够的,必须靠多种能力的结合。我们把多种能力的有机结合称为才能。人的素质是指构成人的基本要素的内在规定性,是人们从事各种社会活动所具备的主体条件。素质和能力既有联系,又有区别。它们的联系是两者都是在人的认识活动与实践活动中形成与发展的;它们的区别是素质是人在其活动过程中所塑造成的内在升华,而能力是人在其活动过程中实在的呈现。教育部前部长袁贵仁在其著作中指出:“能力和素质相比,素质更根本。素质是能力的基础,能力是素质的表现,能力的大小是由素质的高低决定的。有了较高的素质,就会在认识世界和改造世界的活动中表现出较强的适应力和创造力。”演讲主体的能力构成包括表达、观察、材料搜集分析、现场调控等方面。

一、表达能力

演讲的核心就是表达。演讲者通过口语和体态等表达方式与听众进行交流、沟通。演讲的表达过程是演讲者将演讲内容传达给听众的过程。

演讲者事先准备的内容是待传递的信息,演讲者的口语和体态语是信息传递的载体。演讲者依赖口语和体态语将信息传递出去,听众也依赖演讲者的口语和体态语来接收信息。演讲,作为以口语为主体的信息传递过程,离开了演讲者的口语和体态语,就无存在可言。同时,演讲是一种具有较强审美价值的艺术化的宣传教育形式,其表达既要具有准确性,又要具有艺术性。如果不重视演讲的表达艺术,即使内容再好,演讲也难以成功。

(一)口语表达

口语表达能力是指用口头语言来表达自己的思想、情感,以达到与人交流的目的的一种能力。口头语言比书面语言起着更直接的、更广泛的交际作用。演讲的核心就是“讲”,因此,演讲者的口语表达能力直接关系到演讲的效果。一个演讲者能写好演讲词,但不一定就能当众讲得好。一个优秀的演讲者,既要有文才,又要有口才。如果一个演讲者虽然有超凡的智慧,有深刻的思想,自己又能写出文采飞扬的演讲稿,但真正面对听众时讲话拖泥带水,语言枯燥无味,则再好的内容也无济于事。古今中外许多有志从事演讲的人,都在口语表达上刻苦磨炼。如古希腊时期最著名的演说家德摩西尼幼年丧父,巨额财产被监护人侵吞。他成年之后,决心向法庭提出控诉。为了克服从小就有的口吃和咬字不清等毛病,他到海边对着波涛练嗓子,把小石子放在口中来纠正发音,攀登高山以增加肺活量,对着镜子练习姿势。经过勤修苦练,终于成为一位演说家。他不仅夺回了自己的财产,而且积极投身政治,鼓舞和领导雅典人民进行了近30年反对马其顿王国的斗争。

口语表达和书面表达的对象不同。口语表达的对象是听众,说话的针对性比较强,随时都可以了解到受话者的反应。它要求说话的人边讲述,边观察,边判断,综合分析,快速地做出反应。这与把自己要说的话写成文章,让读者去阅读是不同的。口语表达时,说话者与听话者共处同一时空,交互性较强,如果不掌握一些口语表达技巧,就很难和现场的听众产生思想与情感的交流,也很难达到演讲预设的效果。黑格尔在他的巨著《美学》中说:“演讲家不能只针对我们的科学的或其他单凭知解力的思维来说话。他要说服我们相信某些信念,为了达到这个目的,就要设法影响整个的人,如情感和观点等……所以,他不能单凭逻辑推理和下结论的方式去满足我们的知解力,而是也要激发我们的情感和情欲,震撼我们的心灵,充实我们的认识。总之,通过心灵的一切来感动听众,说服听众。”黑格尔将演讲的本质归结为两点:一是“说服”;二是“激发”。前者需要逻辑来支撑,后者则需要语言的表现来实现“感动听众,说服听众”的目的。

口头表达从构思、选词到转化为语言的过程很短促。一旦转化为语言就是最终的形式,转瞬即逝,不能修改。而书面表达则有足够的时间来推敲,可以反复修改。口头表达的这一特点决定了说话人必须思维敏捷,反应迅速,判断准确,要善于调动全部的语言资源,马上找到恰当的词,脱口而出。我们来看一个案例。国内一位市长到访德国的马尔巴赫市。德方在举办欢迎晚宴的当晚,大雨滂沱。这位市长临时修改了讲话稿,结合当时的天气,发表了简短而精彩的演讲:

女士们、先生们:

今天,我很高兴在这里见到了许多老朋友,又结识了许多新朋友,并且一起庆祝我们的签字仪式。刚才,佐尔格和我谈到,在德国,结婚遇到下雨预示着会有好兆头。那么开普勒市长当年访问铜陵时适逢下雨;今天我们签字,雨婆婆再度光临。如果说协议标志着一种结合的话,这雨将是我们两市的好兆头!

在此,我再一次邀请马尔巴赫人访问我们的城市。希望大家认识中国、了解中国。在许多人眼里,中国是一个神秘的国度。我相信,凡是和我们接触过的人都会感受到:中国人是多么的生动。

最后,让我端起这金色的葡萄酒,在席勒的故乡,用他的著名诗歌《欢乐颂》里的一段话,为我们签订的盟约干杯!

“巩固这个神圣的团体,凭着这金色的美酒起誓:对于盟约要矢志不移,凭星空的审判者起誓。”

谢谢大家!

这段即兴演讲从外面下的雨起头,原本是不理想的天气,但这位市长记起当年德国朋友在中国遇到下雨天气时宽慰他说:“结婚遇到下雨预示着会有好兆头”,反而称道下雨,并且把两个友好城市的缔结喻为“结婚”。时过境迁,当年的情景又在德国出现。这位市长由此发出感慨:“这雨将是我们两市的好兆头!”一下子将会场的气氛推向高潮。结束语更加巧妙。席勒是德国的大作家,是德国人的骄傲,马尔巴赫市又是席勒的故乡。这位市长熟谙这一文化历史背景,巧妙地用席勒诗歌《欢乐颂》里的一段话作为结束语,不仅增添欢乐气氛,更表达了双方将按照协议规定共创美好未来的信心与决心。这篇演讲由特定情境入手,敏感地抓住了现场的某些元素,有感而发,制造出欢乐、轻松、幽默的现场气氛。试想:如果这位市长只是照本宣科、按部就班地念演讲稿,从礼节上说毫无问题,但现场的气氛就要大打折扣。而案例中的这位市长具有良好的文化修养和口头表达能力,现场发挥,超越了两国文化的障碍,增进了宾主双方的友谊。

口头表达使用的语言多为口语,使用范围广,使用频率高,与书面语言相比,具有鲜明的广泛性和群众性。口语是人们日常生活中交流思想、表达情感的主要工具。对于本民族的口头语言,就是不识字的人也大都能听懂。因此,演讲者要善于吸收和使用本民族的大众语言,将这些语言内化为个人的语言积累,演讲中灵活使用,既能让演讲通俗易懂,也会增加一些意想不到的效果。抗战时期,西南联大著名教授刘文典一次给学生做《红楼梦》的学术演讲,因为听众中有很多其他专业的学生,所以,刘文典避开那些艰涩的专业用语,而是用很通俗的语言进行演讲。据他的学生回忆,那次演讲一开头,他说:“只吃仙桃一口,不吃烂杏一筐!仙桃只要一口就行了啊……我讲《红楼梦》嘛,凡是别人说过的,我都不讲!凡是我讲的,别人都没有说过!今天给你们讲四个字就够了!”于是,他拿起笔,转身在旁边架着的小黑板上写下“蓼汀花溆”四个大字,然后有滋有味地讲起来。很难想象这是一位著名的古典文学教授所说的话,但是给许多学生留下深刻的印象,以致几十年后还能让人想起。这就是口头语言的魅力,它虽然朴实无华,却可以承载丰富的蕴意。

(二)体态表达

演讲中,除了口头表达能力之外,还要配合以体态表达。体态表达是用身体动作来表达情感、交流信息、说明意向的沟通手段。包括姿态、手势、面部表情和其他非语言手段,如点头、摇头、挥手、瞪眼等。人们在表达时,可以借助声音和表情等多种手段表达复杂的情感。口头语言容易触发受话人的情感。说话人不仅可以用声调和节奏强调最有意义的词,而且可以借助表情、手势、姿态或动作表情达意。口头表达借助这些辅助手段所构成的生动形象的情景和它所收到的效果,往往是书面语言无法达到的。面部表情、身体姿势、肢体动作和体位变化等这些体态语言,也是人们揣摩说话人内心世界的主要根据。体态语言是人们在长期的交际中形成的一种约定俗成的自然符号,它与不同的文化背景相关。比如在印度,点头表示不同意,摇头表示同意。在现实生活中,体态语言使用极其广泛,有时能够达到一种无声胜有声的表达效果,留给听者很大的想象空间。心理学家得出一个有趣的公式:人的情感表达=7%语气词+38%声调+55%体态。这表明,人们获得的信息大部分来自视觉印象。因而美国心理学家艾德华·霍尔曾十分肯定地说:“无声语言所显示的意义要比有声语言多得多。”

演讲者在演讲中除了运用有声语言外,还需借助如表情、手势、动作等体态表达来补充有声语言的不足,传递特定的信息,以加深印象,从而收到良好的演讲效果。在演讲中,体态语言与有声语言同样重要。有人做过这样的估计,在人们的各种感官中,听觉和视觉的作用占 90%以上,其中视觉的作用又特别显著,大约有 87%的感觉印象来自于眼睛。体态语言直接作用于人们的视觉器官,所以演讲者的举手投足、一颦一笑都会被听众密切注视。体态语言是表露人的内心感情的语言,具有表意性。恰当的体态语,会让听众从中得到丰富的信息,增进演讲主客体之间的沟通。眼睛、微笑、姿态是演讲人最重要的三种体态表达方式。

苏联作家费定说:“眼睛的表情,远比人类烦琐的语言来得丰富。”眼睛被人喻为“心灵的窗口”,人们内心的思想感情可以通过这个“窗口”折射出来。它是一种非常复杂、深刻、微妙和富有表现力的语言。在演讲中,有的人由于羞涩等原因,不好意思直视听众,低着头,像一个犯了错的人;还有的人演讲时两眼望着天花板,与其说是演讲,不如说是背书,给人以傲慢无礼的感觉;还有的人两眼飘忽不定,只管按照自己设计好的内容演讲,从不在乎听众的反应,完全沉浸在自我的表达中。采取上述这些演讲方式不仅无法掌握听众的情绪、态度,更无法与听众进行思想情感的沟通与交流,甚至让听众产生反感。因此,演讲中演讲人的眼睛要注视听众,一边演讲,一边用眼光扫视听众,这不仅是在沟通,也是在传递演讲者的情感。演讲者的眼光所到之处,就是个人的情感传达之处。2010 年 10 月,时任国务院总理温家宝出席在布鲁塞尔召开的第六届中欧工商峰会。此次会议的两年前,欧洲爆发金融危机,给欧洲经济造成很大冲击。中欧之间的经济合作被视为提升欧洲经济的重要途径。此次会议上,与会者特别是欧洲国家工商界的代表对温总理的讲话特别期待。在座的一位欧洲知名企业家说,温家宝总理在演讲时的语调并不高亢,但简洁有力,他知道听众都想听听中国领导人对中欧合作的态度和方案。演讲中,温总理的目光透着坚毅和沉着,预示着经济复苏的信心和决心,使所有的与会者深受鼓舞。

微笑是一种良性的脸部表情,能反映出一个人的内心世界,是自信的标志,礼貌的象征,涵养的外化,情感的体现。在演讲中微笑可以象征性格开朗与温和,可以建立融洽的气氛,消除听众的抵触情绪,可激发感情,缓解矛盾。曾在美国哈佛大学担任校长三十年之久的叶洛特博士说:“微笑是人际交往成功的催化剂。”法国作家诺阿诺·葛拉索说:“笑是没有副作用的镇静剂!”微笑是一种世界通用语,演讲者友好、和谐的微笑首先会给听众留下可亲可近的印象,能让听众从情感上接受演讲者,为下面的演讲做好铺垫。演讲中,演讲者面带微笑,体现出平等、协商的态度,听众就很容易接受演讲中的内容和观点。微笑是美好感情的自然流露。真诚的微笑,不仅表明演讲者的教养和信心,同时也表明对听众的友善与信赖。在演讲中,微笑始终是一种特别有效的交流与交际工具。

演讲者的姿态包括手势和站姿两个方面。手的姿态是表达形体语言和思想感情的有力手段。手势是富有生命力的,一个鲜明有力的手势,能给人以经久难忘的印象。心理学家詹姆斯认为:在身体的各部分中,手的表达能力仅次于脸,讲话中的无意识冲动也往往可以从手的动作、位置、紧张程度等方面看出来。手势语言一般可分三类:表达演讲者的情感,使其形象化、具体化的手势为“情意手势”;用来指示具体对象的,即“指示手势”;用来模拟状物的,即“象形手势”。手势语言没有固定的模式,演讲者的手势是受演说的内容、听众的情绪、场上的气氛支配的,是演讲者内心情感的自然流露。1949 年 9 月 21 日,毛泽东同志在全国政协会议第一届全体会议上发表了《中国人民站起来了》的著名演讲。在演讲的最后，他按捺不住内心的激动，挥动右手发出了豪迈的宣言："让那些内外反动派在我们面前发抖吧，让他们去说我们这也不行那也不行吧，中国人民的不屈不挠的努力必将稳步地达到自己的目的。"他的这一形象被永远地定格在中国历史的记忆中。俄国著名作家高尔基在他的回忆录《列宁》中这样描述列宁演讲时的手势："列宁的左手大拇指习惯地插背心肩口，较多地用右手做动作，不过初讲时他的动作也极少，讲到后来时，就越来越多地用两只手做动作，尤其是讲到激愤、鼓舞等重要关口，还喜欢把身体迅速前倾，用手急剧地有力地向前一挥，用这一特有的典型手势来加强演讲的色彩和力。"列宁演讲中的手势已经与他的演讲融为一体，是重要的组成部分。这些手势就是演讲的语言，它们不仅使演讲人的情感具化，而且深化了演讲的内容，提升了演讲的效果。当然，也要注意到做手势是为了帮助表情达意，如果达不到这个目的，就纯属画蛇添足了。

俗话说："站如松，坐如钟。"这是对人的站姿的要求。演讲者的站姿既能显示出演讲者的风度，也能传递演讲者的思想情感，以此增进与听众的交流。演讲人一般是站在台上演讲，体态要端正庄重，要挺胸抬头，给人以成竹在胸的自信感。站立的姿势适当，演讲者会觉得全身轻松、呼吸自然、发音畅快，特别有助于提高音量。做慷慨激昂的演讲时，也只有站姿，才能使身姿、手势自由地活动和造型，把自己的形象充分地显露出来。我国当代著名演讲家曲啸说："听众就是演讲者的镜子，而且是多棱镜，从各个角度来反映演讲者的形象。演讲者的体态、风貌、举止、表情都应该给听众以协调平衡以至美的感受。要想从语言、气质、神态、感情、意志、气魄等方面充分表现出演讲者的特点，也只有在站立的情况下才有可能。"高尔基在谈列宁演讲的站姿时说："他的演说和谐、完整、明快、强劲，他站在讲台上的整个形象——简直就是一件古典艺术品：什么都有，然而没有丝毫多余，没有任何装饰。"对于一些时间较长的演讲来说，可以采取坐姿和站姿结合的方式，这样既可以减少演讲者的劳累、不适，也能形成一种动静相济的效果。说到底，演讲的技巧在于"亲切、简短、坐着说"。

二、观察能力

演讲者所表达的观点和主题不是别人授意的，也不是照抄照搬他人的，而是自己思想的表达。一场精彩的演讲，除了演讲人高超的演讲技巧之外，最关键的是演讲主题的新颖和深刻，这是吸引听众、受到听众欢迎的主要因素。这样的演讲不仅能让听众获得精神上的愉悦，也能让听众有所思、有所悟，对他们的生活、学习、工作都有很大的帮助。演讲人的思想和观点不是凭空想象的，而是建立在对现实生活敏锐和细致的观察之上的。他们的演讲来源于现实生活，再经过观察、分析和提炼，最后的内容又高于生活。生物学家达尔文曾说过："我既没有突出的理解力，也没有过人的机智。只是在觉察那些稍纵即逝的事物并对其进行精细观察的能力上，我可能在众人之上。"演讲人就需要这种敏锐的观察能力，它贯穿于演讲的整个过程。比如，在演讲的准备阶段，如果演讲人具备了敏锐的观察力，他就能从普普通通的生活中获取大量的典型材料，并能加以分析和判断，从中发现规律性的东西，这样，不仅会丰富演讲的内容，而且也必定会反映出生活的本质和社会的主流，启发和感染听众，促使他们不断思考。

（一）观察力的内涵

观察力是人的智力结构的一个重要组成部分，它是人们发现客观事物典型特征的知觉能力，是一种稳定的个性特征。一个人的观察力直接影响到人的认识活动的深度、广度和效果。观察力最可贵的品质是能从平常的现象中发现不平常的东西，从看似无关的事物中发现相似的地方或因果关系。每个人的观察力存在差异性，既有先天的因素，也有后天的原因。如视觉的敏感性、听觉的灵敏性、嗅觉与触觉的细致性不同，这些多是由人的感官结构和机能特点决定的。但是，观察力的培养主要靠后天的努力。古今中外，但凡事业有成者无不具有超乎寻常的观察力，他们善于从大量重复出现、别人熟视无睹的现象中获得灵感，促成科学或艺术上的某些突破。如英国物理学家威尔逊被五彩缤纷的云霞所吸引，发明设计了研究核物理的实验室"云雾室"；牛顿从苹果落地的现象中发现了万有引力。三国时著名文学家曹植与友人杨德祖在信中谈论创作中的感受时说:“夫街谈巷说,必有可采,击辕之歌有应风雅,匹夫之思,未易轻弃也。”这里说的是创作与观察的关系,同样适用于其他的人类活动。

观察是人们认识生活的基础。要认识和把握生活的内在规律和联系,必须深入其中去观察、体验和感悟。“静观默察,烂熟于心,然后凝神结想。”鲁迅先生认为“凝神结想”建立在“静观默察”的基础上,也就是说一人的观点和思想来源于对生活的观察,没有通过观察形成的观点和思想无异于闭门造车,与现实之间存在着巨大距离。“观”就是看,“察”兼有“看”与“调查”的意思。观察的本质意义就是调动人的各种感官持久地、有目的有计划地去接触、认识、思考客观事物。艺术大师罗丹说:“所谓大师,就是要用他们自己的眼睛去看别人见过的东西,在别人司空见惯的东西上发现出美来。”不断地、深入地观察和体验,就能从细微之处找出差异、获得灵感。演讲的本质就是演讲人通过阐述和宣传自己的主张和意见来感召听众,从而主、客体间产生共鸣。要达到“感召”听众、产生共鸣的演讲效果,首先演讲人所阐述的观点要能揭示出某些本质性的东西,给听众以启迪,其次才是演讲的技巧。

(二)观察力的特点

观察力具有以下特点:

一是目的性。观察的目的性,包括观察对象的明确性、观察要求的条理性、观察步骤和方法的具体性。一个人在进行感知时,如果没有明确的目的,那只能算是一般感知,不能称作观察。只有当那种感知活动具有明确的目的时,它才能算是观察。观察是一种有意识、有目的、有组织的知觉能力。它建立在一般知觉能力的基础上,它是人类心理活动的有意性达到一定水平时产生的高级知觉活动能力。它不是单纯的知觉,而是包含着理解、思考,有目的、有计划的知觉。它是人的多种知觉的综合。人的观察力存在着个体差异,表现在类型、能动性、深刻性、反应性等方面,如有人属主动观察型,有人属被动观察型等,这些差异与人的先天素质和后天实践活动及培养都有密切关系。

明确观察的目的不仅是保证观察的科学性和规范性,而且包括提高观察的效率。观察主体根据自身的需要确定观察对象、要求和方法,同时将观察目标进行分解，根据不同特点和要求分别采用直接、定性、定量等方法进行观察，以获得所需的结果。直接观察法是指对所发生的事或人的行为的直接观察和记录。在观察过程中，观察主体所处的位置是被动的，对所观察的事件或行为不加以控制或干涉。定性观察只是要求对物质的组成有所了解，仅涉及性质的判定。定量观察是对物质的组成以及各物质的含量的调查。定量要具体到数值，一般比较精确，而定性就模糊许多。不同的调查对象和不同的调查目的决定了不同的调查方法，只有目标明确，方法得当，观察才能获得应有的效果。毛泽东早在读书期间，就利用假期深入湖南长沙、安化、浏阳等地开展考察，近距离观察中国农村社会的基本形态。当中国革命转入低潮时期，毛泽东同志再一次深入湖南农村的田间地头，为中国革命寻找新的道路。他先后写下了《中国社会各阶级的分析》《湖南农民运动考察报告》《中国佃农生活举例》等著名的调查报告，在认真观察、分析、思考的基础上，提出了建立农村革命根据地和农民武装的必要性，成为指导中国革命的崭新理论。中国共产党以此为思想指引，通过二十多年的艰苦卓绝的斗争，最后取得全国革命的胜利。

二是条理性。观察是一种复杂而细致的工作，漫无条理地开展工作难以奏效。观察必须全面系统、有条不紊地进行。这是认识事物的基本规律，也符合事物本身的结构特征。

条理性的具体表现为：一是可以按事物出现的时间顺序，由先到后进行观察；二是按事物所处的空间顺序，由远及近或由近及远地进行观察；三是按事物本身的结构顺序，由外到内，也可以由内到外，或者由上到下，由左到右，可以由局部到整体，也可以由整体到局部进行观察；四是按事物外部特征顺序，由大到小或者由小到大进行观察。若输入的信息具有系统性、条理性，就便于对它进行加工编码，从而提高活动的速度与正确性。如果一个人做事杂乱无章，那通过他所获得的信息也就必然是杂乱无章的。这样，他的智力活动要在一堆乱麻中理出一个头绪来，必然要花费较多的时间和精力，甚至还可能影响到智力活动的正确性。

三是理解性。理解性就是人们以已有的知识经验为基础去理解和解释事物。理解性是以知识经验为基础的，有关知识经验越丰富，对认识的对象的理解就越深刻、越全面，获得的认识也就越完整、越正确。观察力包含两个必不可少的因素：一是感知因素（通常是视觉），二是思维因素。思维的主要作用是可以帮助观察主体去理解和解释观察到的事物的内在联系和内在特征，提高观察的有效性。理解性的观察可以使我们及时地把握观察到的客体的意义，从而提高我们对客体观察的迅速性、完整性、真实性和深刻性。

在观察过程中，观察主体运用基本的思维方法，对事物进行有效的比较分类、分析、综合，找出它们之间的不同点和相同点，这样，就容易把握事物的特点和规律。考察事物的各个方面、各个部分、各种特征以及由此所连成的整体，就会使我们易于把握事物的整体和部分的关系。

四是敏锐性。敏锐性是指迅速而善于发现容易被大家忽略的信息，并且从这些信息中得到启发和感悟。牛顿根据苹果坠地发现了万有引力规律，瓦特通过长期的观察与实践，对原有的纽可门蒸汽机进行了三次革新，使蒸汽机得到更广泛的应用，成为改造世界的动力。在现实生活中，人与人之间的观察力千差万别，同是一个问题，有的人一眼看出问题的要害和内在联系，有的人则相反。敏锐性的强弱是观察力强弱的一个重要指标。

敏锐性与一个人的兴趣往往是密切相关的。不同的人在观察同一现象时，会根据自己的兴趣而注意到不同的事物。兴趣可以提高人们观察力的敏锐性。达尔文曾经谈到自己和一位同事在探测一个山谷时，如何对某些意外的现象视而不见："我们俩谁也没有看见周围奇妙的冰河现象的痕迹；我们没有注意到有明显痕迹的岩石，耸峙的巨砾……"显然，作为生物学家的达尔文对各类生物的观察力是非常敏锐的，但对于近在咫尺的地质现象却没有什么兴趣，所以，再独特的冰河现象他和同事也视而不见。观察力的敏锐性也是和一个人的知识经验密切相关的。一个知识渊博、经验丰富的人，他在错综复杂的大千世界中，自然容易观察到许多有意义的东西；相反，一个知识面狭窄、经验贫乏的人，当他面对大千世界时总有目不暇接的感觉，尽管目之所及的东西很丰富，他们却很难发现其中的奥妙。当然，知识对观察的敏锐性也有消极作用。有些人常常凭借知识对一些事物进行主观臆断。歌德就曾说过："我们见到的只是我们知道的。"

五是准确性。所谓的准确性是指在观察事物的时候要求精确细致。

也就是说,既能注意到事物比较明显的特征,又能觉察出事物比较隐蔽的特征;既能观察事物的全过程,又能掌握事物的各个发展阶段的特点;既能综合地把握事物的整体,又能分别地考察事物的各个部分;既能发现事物相似之处,又能辨别它们之间的细微差别。一个具有精确观察力的人,他在观察事物的过程中,就会避免那种简单的、传统的、老一套的方式,而是选择那种不寻常的、不符合常规的、复杂多变的创新方式,这往往是富有创造力的表现。

上述这些观察力的特点体现于观察活动的始终,各种观察力的品质在具体的实践中发挥各自不同的作用。观察的目的性保证观察实践能够按照一定的方向和目标进行;观察的条理性是观察活动不可缺少的心理条件,循序渐进有助于我们获得系统化的知识;观察的理解性可以帮助我们加深对由观察得到的知识的理解;观察的敏锐性可以帮助我们获得某些看来平淡无奇,实际上意义较大的知识;观察的准确性可以帮助我们对所得到的知识进行深刻准确地领会,不至于似是而非,以假乱真。在观察实践中,我们必须把观察力的各种品质结合起来,才能按照预定的目标去获得系统的、深刻的、真实可靠的知识。

(三)培养演讲者观察力的方法

观察能力与个体的生理条件有密切关系,但对于一个身心健康的人来说,除了先天的因素外,后天的培养和锻炼才是根本。演讲人要养成观察各种社会现象的习惯、兴趣和能力。通过直接体验,积累对社会的感性认识。为了有效地进行观察,更好地锻炼观察力,必须要掌握良好的观察方法。

1. 确立观察的目的

对一个事物进行观察时,要明确观察什么,怎样观察,达到什么目的,做到有的放矢,这样才能把观察的注意力集中到事物的主要方面,以抓住其本质特征。目的性是观察力的最显著的特点,有目的观察才会对自己的观察提出要求,获得一定深度和广度的认识。只有进行有目的的观察,客观事物才能通过感官进入人的大脑中,进而形成表象,帮助人们开展有效的思维想象去反映生活和表达思想感情。只有带着目的性的观察才是有效的观察,才能尽快提高自己的观察力。澳大利亚科学家贝弗里奇说:

“培养那种以积极的探究态度关注事物的习惯,有助于观察力的发展。”科学研究如此,演讲活动也是同样的道理。每个演讲人都有自己专长的领域,长期持续地关注这些领域的发展变化,不断更新自己的知识储备和观念,演讲人就能更全面、更准确地把握住事物的本质规律。

2. 制订观察计划

“凡事预则立,不预则废。”(《礼记·中庸》)在观察前,要对观察的内容做出安排,制订周密的计划。如果在观察时毫无计划,漫无条理,那就不会有什么收获。因此,我们进行观察前就要打算好,先观察什么,后观察什么,按部就班,系统进行。观察的计划,可以写成书面的,也可以记在脑子里。在制订观察计划之前,首先要清楚自己希望工作达到什么样的目标,最好能够精确地定义你的目标,这个定义要包括时间标准、最终目的、实现效果等要素。戴尔·卡耐基说:“一个人不能没有生活,而生活的内容,也不能使它没有意义。做一件事,说一句话,无论事情的大小,说话的多少,你都得自己先有了计划,先问问自己做这件事、说这句话,有没有意义。你能这样做,就是奋斗基础的开始奠定。”有计划、有步骤的观察要求在观察之前对观察事物有一定的了解,知道哪些是观察的重点,哪些地方采用什么样的方法,这些内容都要在制订的计划中反映出来。

3. 培养观察兴趣

每个人由于观察敏锐性的差异,在同一件事物的观察上出现不同的兴趣,注意到不同事物或同一事物的不同特点。因此,培养观察兴趣是培养观察能力的重要前提条件。为了锻炼观察能力,必须培养每个人广泛的兴趣,这样才能促使人们津津有味地进行多样观察。同时,还要有中心兴趣。有了中心兴趣,就会全神贯注地对某一领域进行深入的观察。培养观察兴趣是提高观察能力的前提。有了兴趣,观察客观事物就会有一种内驱力,会主动、自觉、积极地进行观察。兴趣强烈可以观察到许多细节,兴趣弱则只能获得肤浅的印象,毫无兴趣甚至没有印象。在弗莱明发现青霉素之前,很多细菌学家也都遇到葡萄球菌被其他菌杀死的现象,但是他们对这一现象司空见惯,没有兴趣深究其中奥秘,因而坐失良机。良好的习惯的养成,靠明确观察的意义,靠提高观察兴趣,靠持之以恒的毅力。

4. 透过现象探求本质

观察力是思维的触角。演讲者要善于把观察的任务具体化,善于从现象乃至隐蔽的细节中探索事物的本质。所谓“见微知著”就是依恃细腻的观察,发现那些能代表整体、反映本质的细枝末节。一个事物有许多细枝末节,它们往往能代表、反映整体,透露事物的本质。所以,我们观察时要善于探幽察微,捕捉细节。观察不能浮光掠影,一定要入“目”三分,锐意搜寻,在常人难以察觉的微小差异和变化中去观察生活。杜甫诗句:“芹泥随燕嘴,花蕊上蜂须。”诗人能看见燕嘴上的芹泥,蜂须上沾带的花蕊,这是何等细致的观察!朱自清要求“剥开来细细看,一言一动之微,一沙一石之细都不轻轻放过”。唯有如此,才可以辨出许多新异的滋味。演讲往往就是要抓住这些细节,从细微之处入手,以小见大,抓住本质和有价值的东西,给听众以启发。

5. 多角度的观察

不同事物有不同的特点,同一事物也有许多的特征。宋代画家郭熙在《林泉高致》中谈到对山的观察,他说:“山近看如此,远数里看又如此,远十数里看又如此,每看每异,所谓山形步步移也。山正面如此,侧面又如此,背面又如此,每看每异,所谓山形面面看也。如此,是一山而兼数十百山之形状,可得不悉乎!”又说:“山,春夏看如此,秋冬看又如此,所谓四时之景不同也。山,朝看如此,暮看又如此,阴晴看又如此,所谓朝暮之变态不同也。如此,是一山而兼数十百山之意态,可得不究乎?”正所谓“横看成岭侧成峰,远近高低各不同”。苏轼的诗启示我们,观察的角度不同,“庐山”的面目就不同。观察的角度一变,一些平凡的事物、司空见惯的事物也就能被我们发现新意。

美国内战结束之后,约翰·艾伧与自己的老上司陶克将军竞选国会议员。在竞选演讲中,约翰·艾伧按照一般的竞选要求,不断地向听众陈述自己的政治见解以及今后的施政计划;而陶克为了唤起选民的信任,在演说中将自己曾经的战斗经历讲述出来:“诸位同胞,在17年前的昨天晚上,我曾带兵在茶卒山与敌人激战,经过激烈的血战后,我在山上的树丛里睡了一个晚上。如果大家没有忘记那次卓绝的战斗,请在选举中,也不要忘记那些吃尽苦头、风餐露宿而屡建战功的人。”陶克将军的这番话打破了传统选举的模式,采用了述说个人历史的方式让选民们换一种角度来了解他、支持他，最后，陶克将军赢得了选举的胜利。演讲就是要让听众了解到鲜为人知的一面，如果只从一个角度或只从正面观察，得出的印象不免单调。多角度或者说变换角度的观察，常常使人获得一种“柳暗花明又一村”的认识，给人带来新鲜感，使演讲找到一个有力的“支点”，产生“四两拨千斤”的效果。

三、材料搜集分析能力

如果说主题是演讲的灵魂，那么材料就是演讲的血肉。一个演讲者要想使自己的演讲精彩丰富，就必须占有大量的材料，从材料中提取观点，以材料支撑观点。在日常生活中，如果看到和遇到适合演讲用的材料，就随时抄录下来，时间长了就积累了很多材料，然后筛选出一部分作为演讲的材料。大凡有影响的演讲家，都很注意日常积累、搜集资料，使他们的演讲生动丰富，有血有肉，易于被听众接受。试想：如果平时不注意搜集积累材料，临时抱佛脚，只能把那些妇孺皆知、街谈巷议的东西拿出来给大家听，东凑西拼，牵强附会，即便演讲有些新观点，但是没有材料支撑，听起来寡然无味，怎么能引起听众的兴趣？更有甚者，有的演讲者照搬照抄他人的演讲内容，改头换面，味同嚼蜡。成功的演讲必然要占有大量生动、新鲜、典型的材料，这些材料不仅是思想产生的基础，也是说明观点、表情达意的载体和依托。戴尔·卡耐基说：“你应尽可能占有更多材料，更多信息。这会让你信心百倍，对演讲内容触摸得更真切，并影响着你的思想、心理，以及演讲中的举止行为。”

搜集和分析材料的能力是指运用一定的专业方法获取材料和分析材料的能力。材料分为系统性和非系统性两大类。系统性的材料是指那些已经经过加工，并且明确了用途和目的的材料。对于演讲来说，系统性的材料主要为书面材料，这些材料只要加以搜集整理即可使用。非系统性的材料是指那些没有经过加工的、散落在社会的各个角落的材料，对于演讲主体来说，搜集这些材料需要长时间的积累和个人的经验来完成。

(一)材料的类型

材料本身是一个内容庞杂的集合体，来源广泛，形式也多种多样。有稳定不变的,也有流动多变的;有直接的,也有间接的;有表象与本质一致容易提取的,也有表象复杂而不易提取的。对于演讲来说,它所需要的材料大体分为三类:直接材料、间接材料、创见材料。

1. 直接材料

直接材料就是演讲者在日常的工作、学习、生活及社会活动中的所见、所闻,是演讲者亲身经历或耳闻目睹的一些事件、言论、感受,也就是演讲者自身通过对社会生活的观察、体验、感受、调查、研究所得到的第一手材料。每一个演讲者都是生活在大千世界之中,生活在芸芸众生之间,每天能够从不同的渠道获取到大量鲜活、生动、直观的各种类型的材料,这些材料虽然没有经过加工,比较庞杂,但是,它会给演讲提供最新鲜的材料,给听众带来不一样的视听享受。林肯常常戴着一顶当时流行的高帽子,别人是为了好看,而他却赋予帽子又一个功能——装材料。林肯有一个习惯,日常生活中喜欢将一些他认为有用的材料记录和抄写下来,他随手将这些材料抄在碎纸片、旧信封、包装纸上,然后把这些东西放到自己的帽子里临时储存,回到室内,再将它们拿出来分门别类地摘抄到专门的本子上。日积月累,林肯积累了大量的材料,每当演讲时,他就会从记录本中挑选一些合适的材料,而且总能给听众耳目一新的感觉。有人在演讲中,习惯用一些过时的、别人已经耳熟能详的材料,演讲也就没有什么新意。其中一个重要原因,就是演讲者对客观世界缺乏直接、真切的感受和了解,对演讲中需要阐述的问题缺乏实际体验。演讲无论长短,深入实际,掌握第一手材料,对事物建立起一个具体的、带有感性特点的认识,这是演讲成功的重要因素之一。它可以帮助演讲者挖掘和捕捉到新颖的材料,从而启发演讲者的思考。美国当代历史学家塔贝尔女士曾经应约为一家杂志社写一篇关于大西洋电报公司的历史短文。为了这篇短文,她专程赴伦敦采访这家公司的欧洲区域经理,得到了很多有价值的材料。但她并不满足,又去大英博物馆参观了解各式各样电报机的发展历史。在调研的基础上,又阅读了大量关于电报历史的书籍,甚至跑到伦敦郊区的制造工厂参观正在建设的电缆工程。她搜集了数倍于可能使用的材料,目的是写文章的时候能够得心应手、游刃有余,能够站在更高的角度来审视写作的对象。同理,演讲者掌握的直接材料越多,就越能使演讲更充实、更生动、更具有真实性。

索琼娜·特鲁斯是19世纪美国的一位女性奴隶,在纽约州奴隶制废除后被解放,她周游全美国发表演讲,为女性的权利抗辩。1851年她在俄亥俄州妇女权利大会上发表了著名的演讲“难道我不是个女性?”演讲中,索琼娜·特鲁斯以自己亲身经历过的困难,对奴隶制和性别歧视进行了猛烈批判:“没人帮我推车,或是掘沟,也没人给我任何最好的地位!难道我不是个女性吗?看着我!看着我的手臂!我一直在耕作收割,男人都不能超过我!难道我不是个女性吗?我可以做的和男人一样多,也可以吃的和男人一样多,而我也同样能经受住鞭子!难道我不是个女性吗?我生了13个孩子,也眼看着大多数被卖作奴隶。当我为我母亲去世而哭泣时,没有人注意到!难道我不是个女性吗?”索琼娜·特鲁斯既是一位女性,也是一名奴隶,她受到了双重的压迫。演讲中,她一一列出自己过去曾遭受的苦难,用无可辩驳的事实提出了自己的论点,那就是她既然能和男性一起竞争,那为何不能拥有同样的权利?这篇演讲虽然很短,但成为历史上最著名的演讲之一。今天读来,我们仍然会被演讲中谈到的野蛮的奴隶制下的妇女的苦难所震撼。

2. 间接材料

间接材料是指从报纸、杂志、书籍、广播、电视、网络等渠道收集到的材料。间接材料是由他人整理加工好的现成的资料,比较成型。使用间接材料既可以节约时间,也可以吸收他人的观点,丰富演讲内涵。任何一位演讲者都是生活在一定的时空中,都受到一定的时间、空间限制。人的精力和时间是有限的,不可能事事都亲自体验和观察,演讲所需的大量材料还要通过对间接材料的使用来解决。间接材料的优点是范围广、内容丰富,它可以弥补演讲者在某些方面经历的不足。但是,间接材料也有缺陷,一是这种材料是由他人整理加工,加工时必然带有加工者主观的色彩,所以,在使用这类材料时要进行甄别。另外,间接材料具有公共性,其中一些材料缺少新鲜性和独特性,演讲者在使用时要考虑到这些因素的存在。

某公司曾举办过一次以“节约”为主题的演讲比赛,有一位选手在演讲中使用了一则关于国外公司的案例:“为了节约用水,该公司的员工在抽水马桶里放三块砖,以减小冲水量;笔记用纸正面写完后,裁成四段订成小册子,反面再做便条纸使用;一只手套破了只换一只,另一只破了再换;员工上班时,如要离开工作岗位三步以上,一律自觉地跑步。”这部分资料是演讲者从企业管理的书籍里找到的,并非本人杜撰。这些间接材料的使用让听众对“节约”在企业运行管理中的价值和意义有了更深刻的认识和感受。在演讲中,演讲者使用间接材料最多的类型是数据,因为真实可靠的数据最有说服力和震撼力。如,以歌颂公安干警为主题的演讲中,开头就可以使用一组令人震惊的数据:“新中国成立以来,全国公安机关共有1.6万余名民警因公牺牲、30余万名民警因公负伤。2020年,全国公安民警因公牺牲315人。2022年,牺牲308人。每天全国就有1名公安民警因公牺牲。数字是枯燥的,但这些数字却准确地揭示了我们人民警察做出的巨大贡献和牺牲!”这组数据直接引用于官方的文献,属于间接材料,真实可靠。在数字面前,根本不需要演讲者进行刻意的感情渲染,就能让听众对公安干警的奉献精神肃然起敬。

使用间接材料需要注意两个问题:一是要把握好间接材料的来源。间接材料存在于各种载体中,良莠不齐,真假并存,甚至以讹传讹。因此,把握好获取间接材料的渠道和源头是使这类材料真实可信的基本保证。一般情况下,多选用些正规媒体、正式出版物、官方文献中的材料,确保间接材料的真实有效。二是要对准备使用的间接材料进行必要的鉴定,确保材料内容的可信度,使这些材料真正能为演讲主题的深化服务。

3. 创见材料

所谓的创见材料就是指演讲者在大量的直接材料和间接材料的基础上,经过归纳、分析、研究所获得的材料,它是演讲者思考的结果,带有很强的主观色彩,同时也具有独特性。这种材料是演讲者自己头脑中产生的,它是思想的火花和灵感,稍纵即逝。所以,当演讲者闪现出这些思想火花的时候,要马上将这些内容记录下来。日积月累,这些创见材料不仅丰富了演讲者的资料库,而且由于它们的独创性,充分体现了演讲者个人的思想认识,往往给人耳目一新的感觉。唐朝诗人李贺身体很瘦小,经常带着一名书童,骑着一匹弱马,在郊外闲游,看到漂亮的风景,即景生情写下几句,放到书童背上的锦囊中。傍晚回家就立即拿出这些锦囊佳句整理成篇,每天都有新作品问世。李贺及时地将个人突发的思考和情致记录下来放入锦囊,这些材料又经过加工成为新的诗作。演讲者也应该学习李贺的这个办法,随身携带纸笔,当灵感来临的时候,迅速捕捉到,形成文字记录下来。长此以往,这类材料越积越多,有助于演讲的个性化风格的形成。

(二)材料搜集的方法

搜集演讲材料的办法主要有两种:一是广泛搜集;二是专题搜集。

1.广泛搜集

广泛搜集是指演讲者在日常生活中将那些对自己以后演讲有作用的材料随时搜集起来。这类搜集没有主题,也没有范围,是一种广泛的材料储备。广泛搜集应在"问、听、记、访、查"上下功夫。

第一是问。提问请教是学习知识、搜集材料的重要手段。演讲者要敢问,消除害羞心态,既不耻"下"问,又敢于"上"问。要会问,提问前想清楚问什么事、问什么人、用什么方式问,做到有的放矢、有备而问;要善于引导、调动提问对象,营造良好的交流氛围,做到打开"话匣子",问到点子上,问出真材料。毛泽东同志著名的文章《论持久战》是在延安抗日战争研究会上他的演讲稿的基础上整理而成。为了做好这次演讲,毛泽东特意组织了一个"战争论研究小组",小组成员既包括具有丰富战争经验的军事干部,也包括理论素养深厚的文职人员,毛泽东同志与大家一起研讨,对一些现实问题进行集体研判。他与小组成员广泛交流,向每一位成员谦虚学习,这对他深入探析"持久战"的内涵起到了很大的帮助。

第二是听。所谓的听就是要善于聆听不同人的意见和建议,善于捕捉日常生活中听到的有用的信息,做一个有心人。街头巷尾,茶余饭后,人与人之间不断在进行交流,交流之中必然传递各类信息,只要注意聆听,就会发现这些信息流中有不少是可用的材料。有人说:"倾听是人的本能,通过倾听来接受外界的信息;倾听是你了解认识这个世界的重要途径。"在聆听中,我们会从他人那里获得更多的信息和思想,让自己的听觉触角深入到我们平时关注不到的地方。老舍先生为了搜集写作材料,经常去北京城最低等的茶馆喝茶。那里会聚了三教九流,城内大大小小的事情都是茶客们闲聊时的谈资。老舍泡上一壶茶,一坐就是半天,时不时和茶客们搭搭话,听到了许多他在书斋中根本无法接触到的人和事。通过听获得的这些鲜活生动的写作素材不仅扩大了他的写作领域,而且使他的作品具有深厚的现实主义基础,产生了巨大的艺术感染力。

第三是记。所谓的记就是记录和抄录,马克思和恩格斯这两位伟人给我们树立了很好的榜样。马克思“只要有一点可能,他任何时候总要工作的。就是去散步,他也要带一本笔记簿,并且时时在上面写点什么”。恩格斯也是这样:“他在船上每天写日记,记录了太阳的位置、风向、海潮的变化等等。这本日记一定还保存在他的文稿里,因为性情激烈、生龙活虎般的恩格斯也以少女般的细致而有条理见称,他总是非常勤勉地将什么东西都抄录下来并保存起来的。”记录我们的所见所闻,既可以培养个人的观察能力,也是搜集材料的有效方法。

第四是访。即调查走访。没有调查就没有发言权。走访调查是获取实实在在的感性材料、获取真真切切的情感体验的有效手段。走访调查既要有面上的总的看法,又要有点上的具体例子。注意面上,不是走马观花,浮光掠影,要透过感性材料,获得理性把握,把握事物的整体性,把握工作的规律性;注意点上,不是钻牛角尖,不是机械地凭一点所得,夸大或缩小整个现象,要通过点上的现象证明、丰富、促进面上的经验。

第五是查。即通过各种媒体查阅资料,利用现代信息技术搜索信息。从古至今,人类积累了丰富的各类资源,并以各种形式保存。演讲者应该善于利用这些人类宝贵的精神财富,在日常工作学习中,有意地对自己感兴趣的材料进行查阅和搜集整理,到了演讲的时候,就可以积极“拿来”,为己所用。信息时代,网上无所不有。利用网络不失为一种好的搜集材料的方法。

总之,通过上述几种方法,可以帮助演讲者养成自觉搜集材料的习惯,日积月累、持之以恒、厚积薄发,等到用时,方才游刃有余。

2. 专题搜集

专题搜集是在确定了演讲的内容或题目后,形成一个专题范围,有目标、有计划、有针对性地开展材料搜集。专题搜集有两个内涵,一是演讲人在演讲实践中长期关注某一方面内容,逐渐形成自己的演讲主题。这类演讲者在日常材料搜集中,主要围绕自己擅长的题材搜集材料。二是演讲者接到临时性的演讲邀请,按照举办方给出的演讲题目搜集材料,以完成相关的演讲任务。专题搜集的关键是要确定搜集的目标,划定搜集的范围,形成系统的材料库。

国内知名的演说家蔡顺华长期从事演讲工作,他的代表性演讲包括

《口才提升执行力、战斗力》《政府公职人员行政能力提升》《求职成功的智慧与技巧》《口才的魅力与修炼》《口才助你成功》等，这些演讲大多是围绕口才与职业能力之间的关系展开的。他曾经是一位优秀的中学教师，专职从事演讲工作后，他围绕上述主题开展资料的搜集整理，经过不断地打磨，这些演讲已经成为品牌性演讲，获得了社会的广泛认可。

(三)材料的分析和选用

分析能力又称逻辑思维分析能力，是指把一件事情、一种现象、一个概念分成较简单的组成部分，找出这些部分的本质属性和彼此之间的关系，单独进行剖析、分辨、观察和研究的一种能力。分析能力的核心是人们能够根据已经积累的经验和相关情况，有效选择材料以帮助目标的实现。

材料的分析就是对搜集的信息进行理解、归纳、分类、存储、记忆、鉴别、遴选、分析综合、抽象概括和表达等。材料分析都是在大脑中实现的，在这一过程中，各种搜集到的材料在大脑中运转、迁移，甚至以记忆的方式注入于大脑中。材料的分析能力包括材料的理解力和综合力两部分内容。所谓的理解力是指演讲者能够洞观材料的本质意义。理解是有选择性的，不同的人对同一材料会做出不同的解释或结论，演讲者会依据自己的理解对搜集的材料进行选择、组织并解释，使之成为演讲的有机组成部分。综合力是深入到材料的每一个层次，对资料进行重新组合，寻找共同规律，并在此基础上进行合理的推断。在对材料进行分析的基础上，就进入了选用材料的阶段。选用材料要遵循以下原则：

一是选择能反映主题的材料。演讲中选用材料的第一个标准就是材料要能表现和说明主题。在选用材料时一定要从主题出发，不要滥竽充数，不要不忍割爱。有些演讲者喜欢从兴趣出发，不管这个材料能不能说明主题，信手拈来，放到演讲中去，不但不利于主题的说明，反而妨碍了主题的表达。甚至有些材料与主题无关，牵强附会，放到演讲中只能冲淡主题，破坏演讲的整体性。比如，在一次题为《君子不器》的演讲中，由于演讲者对演讲的题目把握不准，在材料的使用上出现了偏差。所谓“君子不器”是说君子不能像器具那样，作用仅仅限于某一方面的才能，应该多才多艺。演讲者对主题把握不准确，他在选材时把一些励志故事放了进去，让听众有点摸不到头脑。

二是要选择典型性材料。典型性就是指具有规律性、普遍性、能说明问题的材料。选择典型性材料与选择个别性、特殊性材料相比,前者更具有说服力,对演讲的主题具有支撑作用,而后者是个别性材料,对演讲的主题缺乏支撑作用,可能会给人留下偏颇、极端的印象。1941年“皖南事变”之后,陈毅同志就任新四军代军长一职,他的就职演讲的主题是“人民的军队是任何反动派也消灭不了的”。在演讲中,他选用了两个材料:一是大革命失败的时候,朱德总司令只带了八百多人上井冈山,只用了十多年时间就发展成五十万人的大军;二是他自己领导的南方各省游击队,当初只有两千多人,到后来由于各种原因减员,实际只有二百多人,三年之后,以此为基础的新四军却发展为九万多人。这两个材料在我军发展历史上极具代表性,也最能说明问题,它们充分证明了人民军队是不可战胜的,强有力地支撑了他演讲的主题“人民军队是任何反动派也消灭不了的”。陈毅的演讲不仅有力地回击了国民党顽固派,同时也让刚从血泊中站立起来的所有新四军指战员受到了鼓舞,振奋了精神。正如陈毅所言,新四军不仅没有垮,相反,到抗日战争结束时已发展到三十多万人。

三是选择真实可信的材料。演讲不像文学创作那样可以虚构一些内容,演讲使用的材料来不得半点虚假,必须是真实、可信的。把道听途说、似是而非甚至杜撰的材料用到演讲中,不仅会让听众产生厌烦的情绪,破坏演讲的整体效果,而且还会让演讲者失去听众的信任。

四是选择新鲜的材料。对于演讲材料而言,新与旧是个相对的概念。一般来说,发生时间越近的材料就越新鲜,发生时间越久远的材料就越陈旧。有些材料虽然发生的时间比较久远,但是它们是过去没有发现或者少有使用的,这样的材料也是新鲜的。听众都有“喜新厌旧”的心理特征,材料越新鲜,时代感越强,离听众的生活就越近,演讲的可听性越强,也越能激起听众的兴趣。如果我们在演讲中能够为听众提供很多大家闻所未闻的新材料,为听众打开一个从未见过的新世界,这样的演讲谁还能拒绝?比如,学校举办演讲比赛常以“学习”为主题,这类演讲过去常用我国古人的“头悬梁”“锥刺股”等故事做例子,不能说这些例子不典型、不准确,但这些材料用得太多了,便没有新鲜感,而且“悬”与“锥”这些做法显然与现代社会的价值观念有冲突。因此,与其用这些被人重复使用的材料,不如把自己身边正在发生的新人新事运用到演讲中,那样更容易让人接受,也更容易让听众产生共鸣。

当然,一些常见的材料用在不同主题的演讲中,往往会产生不同的效果。比如,在讲"爱岗敬业"的主题时,经常举20世纪五六十年代的全国著名劳模掏粪工人时传祥的例子,这个例子用在这类主题演讲中屡见不鲜。但如果在论及"人人平等"的话题时巧妙地使用这个事例,则有新意。在旧社会,像时传祥这样出身于底层、从事被当时人们视为最低贱职业的普通劳动者是没有任何权利可言的。而在共产党领导的新社会里,人人平等,每一个人的劳动都得到了充分尊重。时传祥不仅成为全国知名的劳动模范,而且受到国家最高领导人的关心。用一个大家很熟悉的例子,站在另一个角度就能发现其中蕴含的新意。

四、现场掌控能力

内外兼修是一名优秀演讲者应该具备的基本素质,它要求演讲者既要有丰富的内在涵养、文化底蕴、知识储备、综合能力,同时还要具备独特的气质和亲和力、感染力。演讲者的内在修养要通过外在的演讲体现出来,一静一动,相得益彰。但是,若要将"静"的内涵完美地展现出来,很大程度上取决于演讲者对演讲现场的把控。演讲是一种信息交流的活动,是演讲者与听众之间的双向交流。虽然演讲作为活动的主体在信息的内容、信息传播的方式等方面掌握着主动权,但要和听众达成默契,使演讲能够按照预定的时间、效果完成,演讲者对现场气氛的掌控尤为重要。演讲是信息的交流,出色的演讲都是在与听众充分的互动中完成的。因此,掌控好演讲现场不仅是演讲者应具备的重要能力之一,而且是演讲成功的根本保证。

(一)现场掌控的内涵

现场掌控的内涵包括四个部分:情绪掌控、时间掌控、内容掌控、节奏掌控等内容。

1.情绪掌控

情绪掌控包括演讲者自身情绪和听众情绪两个方面。

所谓演讲者自身情绪的掌控就是指演讲者对根据演讲内容确定下来的演讲基本感情基调和演讲者在演讲过程中形成的现场情绪的掌控。演讲者是演讲的主体,他们的情绪变化直接影响到演讲的情绪,如果掌控不到位或出现偏差,演讲就会出乱子。任何一场演讲事先都要根据内容定好情绪的基调。如:畅谈理想的青春演讲,其情绪基调是轻松、活泼、明朗的;歌颂祖国和人民的演讲,其情绪基调是激情澎湃、热情洋溢的;赞美先进人物的演讲,其情绪基调是激励奋发、积极向上的;追忆故人的演讲,其情绪基调是低缓深沉、情真意切的……这些情绪与演讲的内容丝丝相扣,如果演讲者掌控得到位,既能增加演讲的感染力,又能深化演讲的主题。如一位演讲者以《祖国,您听我说!》为题进行演讲,他在演讲的最后运用了排比、比喻、拟人等修辞手法,将他对祖国的热爱之情抒发得淋漓尽致,现场的听众无不为之感染:“祖国啊,如果你是一棵根深叶茂的大树,我们就是树上的绿叶一片;如果你是一座美丽花园,我们就是花园里的小花一朵;如果你是一首华美乐章,我们就是乐谱中的音符一个;如果你是一幢雄伟大厦,我们就是大厦上的砖一块;如果你是一艘前进的巨轮,我们就是船上勇敢的水手一个。我要深情地对你说一声:祖国,我为你骄傲!”他在演讲中所表达出的情绪既是演讲前预设的,也是在演讲过程中通过与听众的交流自然地表达。当然,在实际的演讲中,也会遇到一些预设的情绪与现场情绪相悖的情况,这对演讲者掌控情绪是个考验。英国前首相威尔逊在一次群众集会上发表演讲,一些反对派暗中安插了一些人搞“反宣传”。这些人在威尔逊演讲的时候高声大骂:“混蛋!垃圾!”本来集会的群众大多是威尔逊的支持者,始料不及突然冒出这群捣乱的人,这显然打乱了威尔逊的演讲预设。有着丰富政治经验的威尔逊并没有因为这些人的辱骂而情绪失控,相反,他暂时停下了演讲,对这几个捣乱分子报以宽厚的微笑,认真地说:“这位先生说得好,这个问题十分重要,我们一会儿就要讨论你特别感兴趣的肮脏的问题。”这些捣乱分子本以为会激怒威尔逊,没想到威尔逊竟以如此的方法回答他们,反而让捣乱者无话可言,只好灰溜溜地离开了会场。现场的其他群众对威尔逊的机智与从容报以热烈掌声。所以说,一个优秀的演讲者,不但要懂得如何给自己的演讲确定情感基调,更重要的是要掌握在现场如何排除干扰,保持情绪的稳定,顺利完成演讲任务。

演讲者掌控听众的情绪比掌控自己的情绪要难得多。一是因为听众人数众多,每个人都有一定的情绪特征,很难把握;二是演讲者在演讲前大都很少与听众交流,对他们的情感需求以及感情认知只能做大概的把握。上述两个原因让演讲者准确掌控好听众的情绪变得困难。比如,有些演讲者在事先准备好了很多材料和交流的方式,但在现场却出现听众不买账的现象。有时演讲者在台上口若悬河,台下听众交头接耳,演讲现场处于失控状态。因此,演讲者不能只考虑到自我情绪的掌控,还要时刻注意到听众情绪的变化,要在演讲中不断地观察他们的情绪变化,一旦发现异样的情况,不能不闻不问,应该及时采取有效措施,将听众的情绪拉回到演讲者预定的范围内。

2. 时间掌控

任何一次演讲都是在一定时空中的信息传播活动,它对演讲的时间有着严格的要求。演讲的特定目的和内容是决定演讲时间的本质因素,不同类型的演讲对时间的要求和规定各有不同。如:演讲比赛的时间是人为限定的,时间多为 5—10 分钟;礼仪类演讲短小精悍,时间一般在 3—5 分钟,如果过于冗长,反而失礼;学术类演讲涉及某一专业的某一个问题的说明和论证,讲究理论性、逻辑性和科学性,演讲者要把自己研究成果中所使用的数据、论证方法和过程、结论准确无误地传递给听众,才能让大家信服,所以,学术类演讲时间较长,根据内容确定。这类演讲如果一味求简反而会降低学术价值。古希腊的一位国王要求数学家欧几里得用最简单的语言将几何原理的内容说清楚。尽管欧几里得尽了最大努力,国王还是不明白。他最后只好放弃,对国王说:“陛下,乡下有两种道路,一条是供皇家走的坦途,一条是供老百姓走的坎坷小路。但是,在几何学里,大家只能走一条路,是没有皇家大道的。”欧几里得是在告诉国王,有些东西可以用简单的话讲清楚,有些东西只能用更多的语言来表述。演讲时间的长短不是绝对的,要依演讲的内容与目的而定。短有短的精要,长有长的优势。比如,林肯著名的政治演讲《葛底斯堡演说》只用了 3 分钟,据说他前一个演讲者故意拖了时间,结果是林肯站起来就开始说,当他走到讲台上的时候就已经说完了。这篇演讲不足 300 个单词,但林肯以独立宣言所支持的“凡人生而平等”为原则,对美国内战重新定义,提出这不只是为联邦存续而奋斗,亦是“自由之新生”之战,提出将真平等带给全体公民。这篇演讲词被铸成金文长存于牛津大学，成为美国历史上被人引用最多的政治性演讲。

大多数演讲就是抓住一个问题、一个主题进行集中和深入地分析及阐述，时间长短因内容而异，也因举办方要求而异。有话则长，无话则短。有些演讲看似辞藻华丽，激昂高亢，实则拖沓冗长，观点不集中，没有什么新鲜的观点和材料，带动不了听众的情绪，这种演讲时间拉得越长，听众的厌烦感就越强。演讲中，演讲者始终要记住一个心理现象，就是大多数人的注意力最集中的时候就是开始的10分钟，过了10分钟，人的注意力就开始分散和转移，到了30分钟，就会滋生厌烦甚至对抗的情绪。所以，演讲者要善于掌控好演讲时间，在准备阶段就要合理地分配好各部分的时间比例，突出演讲的主题或观点，用恰当的时间恰到好处地完成演讲。1948年，英国牛津大学举办了一次"成功的奥秘"讲座，他们邀请的演讲者是当时声誉已经登峰造极的英国前首相——温斯顿·丘吉尔。这位引领英国从第二次世界大战阴影中走出的首相得到全世界人民的喜爱。所以，在演讲前三个月，媒体就开始了热烈的炒作，各界人士也是对这个讲座翘首以盼。终于，演讲这天到来了，牛津大学的会场上人山人海，全世界的各大媒体都到齐了。在上万人的关注下，丘吉尔走进了会场。他脱下大衣交给助手，然后摘下帽子。人们雀跃起来，大家都在等待这位政治家、外交家再一次的智慧展现。丘吉尔走上台，两手抓住讲台，注视着下面的观众，接着用手势制止了会场上雷鸣般的掌声。他说："我的成功秘诀有三个：第一，决不放弃；第二，决不、决不放弃；第三，决不、决不、决不放弃！我的演讲结束了！"说完，丘吉尔就走下了讲台。会场上沉寂了几秒钟后，突然爆发出热烈的掌声，掌声经久不息，不绝于耳。丘吉尔只用"决不放弃"四个字道出了他一生的感悟和成功的秘诀。

3. 内容掌控

演讲者是演讲的主体，在演讲中起主导地位。大多数情况下演讲的内容完全由演讲者自己把握，说什么、讲什么都是演讲者自己进行选择。但是，这种选择不是随心所欲的，也要受到各种客观因素的制约。比如，同时以"道德修养"为主题的演讲，面对的听众群不同，在演讲内容的掌握上也会有很大不同。如果听众是中学生，在内容安排上应重点阐述道德修养的意义和基本方法；如果面对的是机关干部，演讲的内容应站在更高的角度分析道德修养与廉洁为政的关系；面对的听众如果是普通的社区群众，演讲的内容可以更多关注道德修养对社会文明建设的影响。主题相同，但听众的组成不同，诉求就不同，演讲者选择的内容和材料就应该有所差异。只有从听众出发，把握好内容的安排，才能获得听众的认可。否则，自言自语，忽略了听众的感受，演讲就变成了独角戏，失去了它应有的意义。

内容掌控的另一方面就是在演讲过程中，要注意观察听众对演讲内容的反应。演讲者准备好的内容很可能在现场得不到听众的回应，甚至让他们产生厌烦。如果出现这种情况，演讲者要顺应听众的需要，及时调整演讲内容。某县邀请一位大学教授给全县乡镇干部培训班做了场题为《领导干部文化内涵的提升》的演讲。这位教授知道听众都是在职的乡镇干部，也对这类干部的日常工作生活进行过调研，他自以为准备的演讲内容肯定会引起他们的共鸣。在演讲中，这位教授拿部分乡镇干部不注重文化修养，在一些场合不顾及形象，言语不雅等为例。教授所说针对面太广，让很多听众产生反感。一些听众当时就在下面议论说：乡镇干部最不好当，经常田间地头地跑，每天都在跟社会最基层的农民打交道，当干部的一本正经，早就把群众吓跑了。于是，不少听众就开始看手机，或闭目养神，或交头接耳，现场一下子失控了。这位教授也是很有演讲经验的，他发现了自己的演讲内容与现场听众发生了冲突，马上就转开话题，穿插了一个项羽自刎于乌江的故事。他说，刘邦知道项羽这个人十分迷信“天理”，就派士兵到项羽兵败之后的必经之地乌江边的岩石上，用蘸有蜂蜜的水写下“霸王自刎乌江”六个字。蜂蜜水很快引来了一群蚂蚁。第二天，项羽兵败之后果然来到江边，看到岩石上蚂蚁组成的那六个字，心惊胆寒，自语道：“天亡我也！”放弃了抵抗，拔剑自刎。刘邦自此铲除了最强有力的竞争对手，统一了天下。这个故事虽然不新，但其中的细节很多人没听过，大家的兴趣又重新回来了。这个小故事一下子活跃了气氛，大家发出了会心的笑。这位教授及时调整演讲内容，将重点集中在“文化涵养的提升对工作促进”这个内容上。在下面的演讲中，会场的气氛发生了改变，听众的情绪也逐渐调整了过来。

4. 节奏掌控

演讲的节奏是指演讲者的有声语言和体态语言在高度、宽度、深度、时间等多维空间内的有规律或无规律的阶段性变化。演讲者掌握演讲节奏水平的高低,直接影响到演讲的质量。节奏本是音乐术语,包括轻重、快慢、序列三个方面的内容。“轻重”强调的是空间点;“快慢”强调的是时间点;“序列”强调的是和谐性。任何事物都存在于一定的空间与时间之中,并且呈一种线性的直线运动。音乐与演讲同属于表达思想、抒发情感的线性运动,都是在某个时间内与特定的具体事物相联系,因此,演讲也就具备了音乐的节奏特征。

具体来说,演讲的节奏包括以下内容:情理的收放阻滞、内容的详略安排、声音的抑扬顿挫、语调的高低平缓、语句的连贯停歇、长短句的交替出现、语速的快慢强弱、富有节奏的修辞运用等。这些因素在具体的演讲中的呈现也各有不同,有的明显,有的隐约,有的强化,有的弱化,如何表现出来都是由演讲者掌控的。表面上看节奏所涉及的内容都是外在的,实际上它们都是服务于演讲内容表达需要的。从生理学的角度来看,人脑的兴奋和抑制总是处于周期变化之中。如果老是把精神之弦绷得过紧,人们就会感到吃力;放得过松,就会萎靡不振。两者都难以保持兴趣的持久性。因此在演讲时,为求得听众的最佳心理状态,必须讲究张弛变化的节奏感。演讲的节奏,表现于章法与语言两个方面:章法节奏隐于内,语言节奏形于外,两者相辅相成,融为一体,共同构成演讲节奏的基本内涵。章法上的节奏,是指整篇演讲的章法布局疏密有致、详略得宜、快慢相间、虚实相生,从而形成一种有张有弛、波澜起伏的节奏律动,给人一种匀称和谐又回肠荡气的节奏感。这要求演讲者要掌控好演讲的层次性,在演讲中善于运用多种语言表现艺术。语言的节奏感是指演讲者通过各种句式的错综搭配,形成的一种语流缓急相间、声音抑扬顿挫的和谐韵律。演讲需要具备较强的鼓动性,这种激越的“情势”从哪里来呢?它不是来自空洞的豪言壮语和华美辞藻,除演讲的内在逻辑和情感之外,主要来自演讲的语言形式。古人云:“求神气而得之于音节,求音节而得之于字句。”句式的变化搭配直接引发语言节奏和音律的变化,其表达效果也会随之改变。因此,演讲者要根据表达的需要,掌控好抑扬顿挫、轻重缓急等音律的改变。如果演讲从头到尾句式单一、呆板,就会造成演讲的沉闷和疲乏;如果一味亢奋和激昂,同样会给听众造成视听的疲劳。所以,要掌控好节奏,有的放矢,才能将演讲的信息准确地传递给听众。

（二）现场掌控的要点

掌控好演讲现场是演讲顺利开展的必要条件，要掌控好现场可以从以下方面入手：

1. 把握好语言表达的分寸

演讲的本质就是语言的艺术，语言表达问题处理好了，演讲就能获得成功。首先，能够将演讲的内容清楚流畅地表达出来，能准确地将其中蕴含的情感传递给听众，激发他们内心的共鸣感。其次是加强思辨逻辑能力的培养，在演讲时必须按照通常的逻辑表达方式或听众能够理解的逻辑方式进行表达，实现思维与语言的同步。最后是要准确表达。言语表达最终是以对方能够清晰接受为目的，因此，演讲者应在遣词造句、抒情达意上下功夫，使语言与思想同步。几位老友在一家咖啡馆聚会，大家推举了一位代表致辞。这位代表即兴演讲，他的开头就是从每人面前放的一杯咖啡说起的："刚才东道主史君问我喝点什么饮料，我说，来杯咖啡吧。咖啡，加点方糖，苦中带甜，二者混杂在一起，有一股令人难忘的味道。我想，它正好与我们这一代人的经历相似，与我们对人生的感觉回味相同。"演讲者就地取材，从咖啡的味道联想到他们那代人经历过的苦乐年华，两者在内在的意蕴上丝丝相扣，演讲者把人生的体验用一种味觉具体化了，这段开场白无论是在逻辑上，还是在表达的准确性上都非常精彩，这既是他个人的生活见解，也说出了那代人的共同人生感受，让在场的所有人唏嘘不已，感慨万分。

把握好语言表达的分寸还要学会在演讲中根据现场气氛转换话题，临时增加一些听众感兴趣的内容，以调动听众的情绪。如果听众的注意力开始分散，要临时调整表达的方式，采用取乐、逗笑的言辞、神态、动作，吸引听众的注意力，产生活跃的气氛后，再接着原有思路讲下去。听众的注意力持续的时间是有限的，再好的演讲如果时间太长，听众也会失去耐心。所以，当演讲的时间没有控制好时，要及时补救，只拣要害、关键之处讲，那些客套、应景话或人人皆知的大道理尽量不要讲。只有把语言表达的分寸控制好了，听众才乐于听，才会沿着演讲者的思路去理解和接受演讲的内容和思想。

2. 演讲内容既要充实,又要有高度

演讲内容充实,言之有物,才能受到听众的欢迎。听众听演讲的目的就是想获得一些自己不了解、不熟悉的内容,想从演讲中得到一些启发来提高个人的修养。演讲者所组织的演讲内容不是凭空捏造出来的,大多是通过个人实践和思考提炼而来。实践性是演讲的本质属性,也是能够吸引听众的根本原因。建立在实践基础上的思想和观点才是坚实的,才是充实和丰富的,才能让听众有所感、有所悟。相反,空洞的理论和说教很难让听众从自己头脑储备的信息中找到与之相关联的事实和根据,也就很难去理解和认识这些理论和说教。战国时著名的谋略家张仪为推行"连横"政策,游走于各诸侯国之间,被誉为有"三寸不烂之舌",为秦国的发展壮大立下汗马功劳。他之所以能所向披靡,一个重要因素是他言之有物,讲话内容充实具体。他充分了解各国的形势和军事力量,了解各国国君和将士的心理,从而对自己的游说目标非常明确,使被劝说者心悦诚服。对于那些言之无物的演讲,毛泽东同志早在20世纪30年代的著名文章《反对党八股》中就明确地加以批判:"我们无论做什么事都要看情形办理,文章和演说也是这样。我们反对的是空话连篇言之无物的八股调。"他认为有人要做这种文章和演讲的原因"只有一种解释","就是下决心不要群众看。因为长而且空,群众见了就摇头,哪里还肯看下去呢?只好去欺负幼稚的人,在他们中间散布坏影响,造成坏习惯。"空洞无物的文章和演讲让群众看了摇头,更不要说看下去、听下去和去接受。演讲一味唱高调或无病呻吟,听众肯定会产生反感,演讲者也就失去了底气,甚至在听众的情绪出现波动的时候,还会出现支支吾吾、左顾右盼、四处求援的窘态。这样的讲话不仅不能起到引导和感召群众采取行动的目的,反而使自身形象和威信在群众中大打折扣。

除了言之有物,要想掌控好演讲现场,演讲的主题和见解还要有一定的高度。

所谓的高度不是"假大空",而是演讲者经过深思熟虑后对某个问题的独到见解。有高度的演讲是最有价值的演讲,演讲的高度决定了听众的接受度,有了高度,才能帮助听众透过现象看到本质,提升他们的认知水平,开阔视野。但是高度并不等于高深难懂,听众一头雾水,似懂非懂,这不是高度。相反,演讲者要站在听众的角度,根据听众的理解能力和接受能力的实际,深入浅出,将观点准确传递给听众。陈毅同志在1961年发表的《在戏曲编导工作座谈会上的讲话》中对"局限性"问题的解释就是非常典型的一例。陈毅同志在这次会议上从历史人物塑造中存在的问题入手,结合实际,对现实问题进行了反思,显示出他的独到的认识。在讲话中,为了说明他所提到的"局限性"的内涵,陈毅列举了曹操、陶渊明、武则天、曾国藩等人的事例。通过对这些具体历史人物的精当中肯的分析和评价,既做到了联系实际,又做到了深入浅出,使"局限性"这一本来深奥抽象的命题变得浅显易懂,听众始终听得津津有味。

3. 加强演讲者的艺术修养

演讲既是语言的艺术,也是其他艺术形式的综合。一场具有艺术性的演讲必然具有吸引力,演讲者在台上的一言一行都会牵动着听众的情绪。在1990年中央电视台春节晚会上,演员凌峰一出场,就来了段即兴演讲。最后,他在准备唱一支《小丑》时说:"我认为每个人都在扮演小丑,有的时候在孩子面前,有的时候在父母面前。给大家带来一首《小丑》——掌声有没有就无所谓了!"这是一段妙趣横生的地道的即兴演讲,引来了现场观众一阵又一阵的笑声。他讲的都是实话,别人不好说他丑,他自己偏偏提出来了。别人说出的,他又夸大了,别人想不到的,他不但说出来了,而且说得很妙,不但令人愉悦,使人发笑,而且笑过之后,还有余味,为晚会增加了一层浓烈的喜悦气氛。

演讲者不能认为只要完成"讲"的任务就可以达到演讲的目的,还要把"演"贯穿到整个演讲中。一个优秀的演讲者不仅应具有良好的表达能力,还应该具备良好的表演能力。在演讲现场,偌大的空间中一个演讲者要面对成百上千的听众,演讲者孤零零地站在讲台上,没有道具,没有特效,要把听众的注意力都集中于自己身上,必须融入一些表演艺术的技巧。表演不是为了哗众取宠,而是为演讲服务,让听众能够对演讲者及演讲内容产生兴趣,是控制现场的最有效手段。

4. 树立以听众为中心的演讲理念

尊重听众才能赢得听众的尊重。尊重不仅仅是口头上的说辞,而是体现在演讲的每一个细微之处。听众虽然是演讲的客体,但却是演讲的重要参与者,演讲的目的与实现都是基于听众的角度来制定和完成的。在演讲的准备阶段,演讲者要通过不同渠道了解听众的组成、诉求等基本情况,根据对这些情况的分析,确定演讲的主题、材料和切入点。要注重演讲礼仪,遵守演讲的时间,不要迟到,也不要任意延长演讲时间。演讲者从外表的打扮到装束都要符合演讲的场合要求,不能随意而为,给听众留下看不起人、不尊重人的印象。演讲中要注意用语和措辞,态度要谦和,不要盛气凌人,要平等待人。树立以听众为中心的演讲理念,不仅展示了演讲者自身的良好素养,也会让听众感到亲切,他们会积极配合演讲者完成演讲任务。

第三节　演讲的准备

要做一个合格的演讲者,就必须具备相应的素质和能力。这些素质和能力是在日常的生活、学习和工作中有意识地培养出来的,需做好长期训练的准备。我国现代著名学者、诗人闻一多先生,也是有名的演讲家。他的演讲之所以成功,是与他年轻时刻苦练习分不开的。他在清华大学读书期间,从不间断演讲练习,一旦有所放松,就立刻警觉起来。他常在日记里警告自己:“近来演讲课练习又渐疏,不猛起直追恐便落人后。”“演说降到中等,此大耻奇辱也。”北京的一月天寒地冻,可他毫无畏惧,依然坚持练习演讲。他在日记中连续记下了这段时间练习演讲的事情:“夜出外习演讲十二遍。”“演说果有进步,当益求精致。”“夜至凉亭练演说三遍”,“回宿舍又温演说五遍”,“第二天又接着习演说”。演讲能力不是天生的,唯有通过后天的努力和不懈的训练,才能掌握演讲的技能,提高演讲的能力。

俗话说:“台上一分钟,台下十年功。”要成为一名合格的演讲者,功夫要下在平时,机会是留给有准备的人的。演讲的日常准备工作涉及精神、技能、选题等方面。

一、精神上的准备

演讲是比较复杂的社会劳动实践,也是一种强烈的精神劳动产物。演讲不仅是对演讲者思想、文化、知识、表达能力的考验,也是对演讲者意志的考验。要把自己打造为一名优秀的演讲者,必须有充分的精神准备,即在思想上、心理上、认知上有足够的认识。

（一）正确的思想认识

首先要对演讲的本质有清醒、正确的认识。演讲不是投机取巧，也不是哗众取宠，它是人类在长期的社会实践中摸索出的一种说话的艺术。在当代社会中，演讲不仅是一种交际手段，也是每个人必备的基本能力。卡耐基说过："一个人的成功，约有百分之十五取决于知识和技术，百分之八十五取决于人类工程——发表自己意见的能力和激发他人热忱的能力。"演讲者要充分认识到演讲不是简简单单的语言表达技巧的问题，而是个人综合素质的体现。我国当代著名的演讲家李燕杰说过："演讲，不仅仅是一种职业，而且是一种事业，一种伟大的事业。演讲，不仅仅是一种科学，而且是一种艺术，一种卓越的艺术。"无论是从职业、事业还是从科学、艺术的角度，演讲都是一项复杂的精神劳动。演讲是人类社会实践的成果，也是人类反映社会的一种手段，这项社会实践活动不是孤立的行为，而是融合了社会学、心理学、语言学、表演艺术等学科的知识为一体，体现出交叉性和复合性的特点。所以，演讲绝不是简单的技巧的问题，它要求演讲者具备一定的综合能力和各种知识，这些都不是一蹴而就的，演讲者要做好长期训练的准备。

南非领袖曼德拉从青年时代就开始投入到争取解放的斗争中去，他利用一切公开的场合向公众演讲，宣传种族平等的主张。后来，南非政府以"煽动罪"和"非法出国罪"逮捕了曼德拉，判处他终身监禁。为了消磨他的意志，南非当局将他单独监禁在一间不足5平方米的房间里，与外界隔绝。坚强的曼德拉没有屈服，他坚信自己有一天会从这里走出去，他仍然要用自己的演讲唤醒民众，与政府抗争。他在自传《与自己交谈》中写道，为了不让自己丧失讲话的能力，曼德拉每天都要与自己"交谈"，甚至对着蟑螂、蝴蝶、天空说话。他把自己舍不得吃的苹果送给看守，就是为了让他陪自己聊聊天。后来，政府对曼德拉的看管放松了点，他就让妻子在探监的时候带上一些书籍，他如饥似渴地研读，汲取着精神的养分，在此基础上不断思考民族的命运。27年之后，他终于走出了监狱，随后发表了著名的"出狱演讲"，世人诧异，被囚禁了几十年的曼德拉竟然保持了如此敏捷的思维和清晰的表达能力。人们哪里知道他为了保持演讲的能力，在旁人难以想象的恶劣环境下坚持不懈地训练，才保持了清醒的头脑和流畅的语言表达能力。曼德拉在如此恶劣的环境中都能通过持续不断的训练保持和提升演讲水平，对于生活在正常生活环境中的人来说，只要坚持训练，就一定能够成为一名合格的演讲者。

（二）树立成功的勇气和信心

卡耐基在谈到自己当初开始演讲的窘况时说："当人们要我站起来讲话时，我觉得很不自在，很害怕，我不能清晰地思考，不能集中精力，不知道自己要说的是什么。所以，我想获得自信，能泰然自若，当众站起并能随心所欲地思考，能依逻辑次序归纳自己的思想，在公共场所或社交人士的面前侃侃而谈，富有哲理且又让人信服。"演讲是面对公众的讲话，它对演讲者的心理是严峻的考验。所谓演讲心理既是演讲的产物，又受演讲实践的制约，它是演讲中产生的心理活动和经历的心理体验过程。演讲心理既有正面的，也有负面的。正面的心理是自信满满；负面的心理是信心不足，缺乏勇气。

美国诗人爱默生说："自信是成功的第一秘诀。"但是，当众讲话并不是一件容易的事，没有信心，就容易把话说得结结巴巴，一旦怯场，那些本来已经记得很熟悉的观点、词汇和例子就忘得一干二净。演讲的本质就是当着大家的面说出自己的观点，证明自己的观点，还要让听众接受自己的观点，甚至要在他人反驳的时候站稳自己的立场，坚持自己的观点，说服他人，要完成这一切，演讲者就必须树立起自信和勇气。没有哪一位演讲者一开始就是成功的，大多数人在最初的时候都会紧张、犹豫、恐惧和焦虑，甚至怀疑自己是否具备这样的能力。其实，成功的演讲家都有失败的经历。马克·吐温是享誉世界的作家，同时也是一名出色的演讲家，但是他在第一次演讲的时候，"喉咙像堵了一块棉花，什么也讲不出来"。林肯的一位法律合伙人在回忆林肯最初演讲的情景时说："刚开始，林肯总感到手足无措，让自己去适应周围的环境好像是一件很棘手的事情。……当他开始演讲时，他的声音颤抖、刺耳，令人不悦。他的举止、神态，他的暗无光泽且皱的脸，他的古怪的姿势以及拘谨的动作——所有这一切都好像对他不利。"如果不是他们自己或是朋友说出这些情况，我们很难相信这些伟大的演讲家竟然在开始时也是窘态百出。但是，他们没有放弃,能从失败中总结经验教训,从不放弃,信心百倍,终于成就了辉煌的事业。林肯见到一个人挥舞手臂、声震长空地在人群中演讲,他从中得到启发,回来后学着他的样子,对着树、树桩和成行的玉米练习。不仅如此,他为了学习发表演讲时的真实感觉,经常徒步几十公里,到一个法院去观摩律师们的辩护,看他们如何辩论,如何做手势,他一边倾听一边模仿。林肯没有因为最初的失利轻易放弃演讲,而是以坚强的意志和刻苦的努力成为一名卓越的演讲家和政治家。

任何人都不可能天生就战胜恐惧。在生活中,我们常发现一些平时能说会道的人,一到台上演讲就语无伦次,平日的睿智与机敏消逝得无影无踪,台上台下判若两人。其实,造成这种现象的根本原因是这些人对自己缺乏信心。台下没有顾忌,口若悬河;一到台上,面对陌生的人群,顿时失去了信心,败下阵来。其实,自信地站在台上清晰并有逻辑性地公开演讲并不是难事,只要有信心和恒心,充分发挥自己的潜力,保持一颗进取的心,鼓起说话的勇气,自信而不自负,不断磨炼,终会取得成功。"只要功夫深,铁杵磨成针。"勇气、自信、耐力才是练就一身演讲本领的磨刀石。

(三)正确认识演讲的价值

我国知名学者周谷城曾说过:"一篇好的演说,或事实有据、逻辑严密,或慷慨激昂、豪气凌云,或声情并茂、引人入胜,或机智幽默、妙趣横生,或数者兼而有之。是以使人坚定对崇高理想之信念;是以使人增加知识,明白道理;是以动人心弦,催人奋发;是以使人欢乐,得到美的享受。"可见演讲的作用是多方面的。演讲的价值是通过目的的实现来完成的,演讲的社会目的可以归纳为宣传观点、变革社会和表达感情等三方面。演讲作为一种社会实践活动,它是顺应人们的生活需要产生的,是为社会实践服务的。所以,从事演讲活动的根本目的是解决问题、启发思想、宣传观点,它绝不是无病呻吟的空论,更不是闲来无事的娱乐。演讲产生于社会实践,服务于社会,这就要求演讲者本人必须具有先进的思想,能高瞻远瞩,识前人所未知,讲前人所未讲。古今中外许多知名的演讲家如德摩西尼、林肯、马克思、列宁、毛泽东,无一不是伟大的思想家。他们以先进而深邃的思想,把人们从黑暗引向光明,推动社会进步。

黑格尔对演讲的特性和价值有过精辟的描述:"一般说来,演说家在演讲里的最高旨趣并不在于艺术性的描述和完美的刻画，他还有一个越出艺术范围的目的，他的演讲的形式结构无疑只是一种最有效的手段，利用它来实现一种非艺术性的目的或旨趣。”从这个观点来看，演说家感动听众，不单是为感动而感动，听众的感动和信服也只是一种手段，便于演说家要实现的意图。演讲需要艺术技巧，但这是形式，是为演讲的内容服务的。因此，立志从事演讲的人绝不能把演讲的价值仅仅局限于技巧上的表现，否则就本末倒置了。演讲的价值和功用在于发现问题和解决问题，有了这个正确认识，演讲者才能把握好演讲的方向，从实践中来，到实践中去，充分发挥演讲的价值，实现演讲的社会目的。

二、材料上的准备

演讲家诺曼·文森特·皮尔对《演讲季刊》的采访者说：“用真实的例子，是我所知道的最好的方法。它可以使一个观点变得清晰而有趣，更具有说服力。我通常总是同时采用好几个例证，来证明每一个论点。”皮尔提到的真实的例子就是演讲材料的一种。演讲动机的萌发、主题的确定都与材料有着密切的关系。材料是演讲观点形成的基础，思想观点的阐述也以材料为支撑。思想观点是演讲的灵魂，材料是演讲的血肉。唐代诗人刘禹锡诗云：“千淘万漉虽辛苦，吹尽狂沙始到金。”演讲材料的准备要经历“千淘万漉”的辛苦，才能换来“吹沙见金”的成果。演讲者的见解、观点、主观意图都是通过具体材料来表达和体现的，演讲的观点和思维要创新，同样离不开材料的支撑。“君子以言有物而行有恒”，古人将“言之有物”和“行有恒”作为君子的标准。言之有物就是不说大话和空话，要有实际的内容和自己的观点。只有掌握大量的材料才能有感而发，才能从中提炼出自己的观点和认识，这也是唯物主义认识论的核心观点。

材料的准备是一个不间断的过程。材料不仅是形成观点的基础，也是使观点不断得到修正、补充、完善、明确的必要条件。收集材料的过程，本身就是一个鉴别筛选的过程，新的材料不断补充与完善，演讲者对问题的认识也会不断深入和提升，演讲的内涵也会不断得到丰富与发展。材料的准备贯穿于日常生活中，演讲者要在材料的来源、分类、使用上多下功夫。

（一）材料的来源

生活中各种材料十分丰富，从来源上看有三大部分：一是亲身经历的材料；二是从他人处听到的材料；三是自己耳熟能详且与时代同步的材料。

1. 亲身经历的材料

无论何种类型的演讲都要涉及一些观点和看法，而这必然就要涉及一些人或事等论据，这时候，演讲者最直接的心理反应就是联想到自己的人生经历和切身感受，以及自己头脑中所储备的他人的亲身经历的故事。这类材料真实可信，故事性强，离听众的生活距离很近，不仅容易引起他们的共鸣，也能让他们从中观照自己，引起思考。

无论是自己还是他人亲身经历的事情，既不用刻意搜集，也不用分析整理，只要处处留心，这些材料就会存储到演讲者的记忆中，它们就像演讲者随身携带的一个取之不尽用之不竭的材料库，无论走到哪里，做什么样的演讲，一旦记忆的闸门被打开，那些自己经历过和听过的人与事就会自然而然涌上心头，随手拈来，都是有说服力的材料。真人秀节目中的优秀选手们，他们的演讲所使用的材料几乎全部是个人的亲身经历，没有夸张，也没有修饰，质朴感人的故事，无不让听众为之动容。某电视台主持人刘小溪的演讲《乌云背后的幸福线》，讲述了她对父母之爱的感受和理解。演讲的一开头，她讲了一个很有幽默感的小故事："我有一个超级妈妈，她有个外号，叫'气象局'，原因是：你根本就不需要知道第二天穿什么，她就帮你想好了。我的朋友小胖，我们两个从小就一起去上学，那个时候她已经穿上了这个白色的 T 恤，而我却穿着一个棉袄，比她还要胖，她站在那个楼道那等我的时候会说：'哎呀，你这是干啥呀，穿成这样丢不丢人啊！'那我只能告诉她：'对不起，你还小，你不懂，世界上有一种冷，叫你妈觉得你冷。'"刘小溪幼年时父亲病逝，母亲倍加疼爱她，她以这件生活中的小事入手，一下子就把一位慈母的形象推到听众的面前，从而唤起了大家尘封的记忆，让在场的每一个人的头脑中都浮现出母爱的点点滴滴。

2. 从他人处听到的材料

对于演讲者来说，没有比从自己身边所熟悉的人和事中选取材料更容易把握的了，对这些材料的认识远比对那些间接搜集到的材料深刻，演讲更容易出彩和入情入理。某电视节目主持人在《学会理解彼此的差异》的演讲中，讲了一个朋友一家四口看电视时对某一节目内容所产生的不同情感反应，以及由此产生的矛盾，很生动，也很典型，他借这个例子来说明性格与色彩的关系。从他人处听到的熟悉的人和事还包括国学经典中的故事和道理、历史典故、名人名家轶事等等，这些材料因演讲者的兴趣和爱好不同会有选择性地储存在记忆中。自古以来的演讲者都很善于运用这种类型的材料，它们往往流传已久，不仅是演讲的好材料，也是实施教育的好材料。

3. 耳熟能详且与时代同步的材料

演讲具有鲜明的时代特点，它是以“使人知、令人信、动人情、促人行”为目的，从而影响听众的思想和行为的。任何一个人都是生活在自己的时代中，演讲所选择的材料如果是那些与时代同步，是人们共同关注的人和事，就能够拉近与听众的心理距离。在使用这类材料的时候，要注意关注听众生活的小环境中的人和事，把演讲的焦点聚集在特定的听众群身上，搜集他们生活的环境中的人和事，使演讲更具有针对性和现实性，这对听众的触动更大。

演讲中的感情激发离不开生活基础，生活本身即是最合适的题材。有所中学举办了一场主题为“保护环境”的演讲比赛。参赛的选手从不同的角度阐述了保护环境的意义和作用。绝大多数演讲者的演讲内容都比较空洞，找不到落脚点，给听众留下的印象不深。但有位同学以《保护环境，从点滴做起》为题，得到了大家一致首肯。他在演讲的一开头用了两段材料：“大家知道全国每人每天节约一张纸，一年能节约多少张纸吗？4745 亿张纸，一年也就可以少砍 1581666 棵树，‘1581666’这是多么惊人的数字啊！从这个意义上来讲，节约用纸，也就是植树造林。汽车也是破坏环境的一大‘罪人’，它每天排放的尾气，含有大量的二氧化碳，会使地球产生‘温室效应’，气候渐渐变暖，冰川渐渐融化，海平面渐渐上升，陆地面积也会渐渐减少。科学家预计，到 2050 年，中国将有 48 个城市，受到不同程度淹没的威胁。”使用纸张与汽车尾气是人们每天都会遇到的问题，演讲者从身边的这些常见的事情入手，特别是将材料数字化，它给听众带来的震撼是空洞的说教所无法相比的。

(二)使用材料的方法

材料是为演讲服务的,是为了增加演讲的效果服务的。因此,在使用材料时,也要遵照一些基本方法。

1. 多选短小精悍的故事

亚里士多德曾说:"我们无法通过智力去影响别人,情感却能做到这一点。"而故事正是承载情感的最佳载体。故事具有情节,容易引起人们的兴趣。演讲如果光就事论事地谈自己的观点或举几个事例和数据,尽管表达得清楚明白,但听众不一定爱听,甚至会感到枯燥无味。故事的特点在于情节的生动性和形象性,往往还有深刻的寓意。它能满足听众的猎奇心理,吸引他们的注意力。演讲者要善于选用一些短小精悍的故事作为演讲的材料,一是提高听众的兴趣,二是增强演讲效果。聪明的演讲者会选择与演讲主题的价值观一致的故事,巧妙地将自己的观点与故事的内容融为一体,让更多的听众在听故事的过程中自然而然地接受演讲者的观点和思想。马克·吐温是讲故事的高手,他的演讲从来不缺少让人捧腹的幽默故事,而这些故事无不是讽刺时弊,他让听众在笑声中获得了认知。但是,演讲者要注意演讲的时间是有限的,因此,所说的故事应该短小精悍,情节简单,人物构成单一,否则,过长的叙述和复杂的人际关系不但不能够起到深化主题的作用,反而让听众产生困惑,失去听的耐心。

2. 注意材料细节的刻画

细节往往反映出事物的本质。演讲者在使用材料时要关注具有细节的材料,既能增加演讲的趣味,也能帮助听众从细小之处体会到演讲的观点和思想。心理学家告诉我们,85%以上的知识是通过视觉印象被我们接收的。其中演讲是视觉艺术与听觉艺术的结合。采用细节来丰富演讲,最好的方法莫过于在其中加入有利于视觉吸收的展示和利用对话使演讲戏剧化。如,有一位铁路公安二级英模在报告会上讲到他是如何识别在火车站流窜的扒手的时候,他现场演示了他们伪装时的神态和动作,这些都是他在长期的侦破工作中发现和总结出来的,如果光是用语言来说,不一定生动,但这位英模通过模仿这些神态和动作,一下子就还原了扒手的伎俩,既吸引了听众的注意力,也给他们留下了深刻记忆。

采用对话形式来表现细节,不仅直观,而且有趣。如全国三八红旗手标兵公交司机杨苗苗在一次演讲中说到一件与外地乘客发生误会的事,她现场模拟了两人当时的对话,一问一答,把误会的产生和解决交代得清清楚楚,具有很强的现场感,听众的感受也十分真切。

3. 用个性化的语言表现材料

再好的材料最终要用演讲者自己的语言表达出来。每位演讲者对自己选用的材料都有一定的认识和看法。个性化的材料要用个性化的语言表现才更具有表现力和说服力。比如,有些演讲者喜欢使用自己亲身经历的事情作为材料,因为这些材料是演讲者亲历亲见,有最直接的感受。只有把这种切身感受真实地传递给听众,才能达到演讲的效果。演讲者在叙述这些材料时就要用自己的语言和语气把当时的感受真实地表达出来。个性化的语言表达出的必然是个性化的思想和情感,它给听众带来的是真切的感觉,会在他们内心中激起波动。全国优秀共产党员郭明义是一位土生土长的辽宁人,他在报告会上基本都是使用辽宁方言,但很符合他的个性,他把自己的所思、所想、所言都用这种很有个性的方言生动地表述出来,让听众感受到了郭明义朴实、率真的性格。

三、专业上的准备

演讲是综合性很强的社会实践活动,涉及社会学、心理学、语言学、文学等多学科的知识,它不是轻而易举可以掌握的,当然也不是高不可攀,可望而不可即的。演讲者除了要具备各种基本素质和能力、做好材料的准备工作外,还要进行必要的专业上的准备。美国演讲家戴尔·卡耐基认为,演讲绝不是少数人的特别的才能。世界上没有天生的演讲家,我们熟知的古今中外的演讲大家,无不是经过长期不懈的刻苦训练之后才成就自己的事业的。演讲是一门专业,要做一个合格的演讲者必须具备专业的素养,掌握一定的演讲理论和实践的知识,多学多练,持之以恒,就会逐渐把握好演讲的规律和技巧,为从事演讲活动打下坚实的基础。

(一)加强演讲理论的学习

演讲是门专业,具有很强的科学性和理论性,因此,任何一位演讲者都必须从理论学习入手，阅读与演讲相关的专业书籍，如演讲学、演讲美学、修辞学、逻辑学、心理学、语言学、交际学、伦理学、教育学等，全面系统地掌握演讲知识和规律，对演讲有全面的认识和了解，以理论指导演讲的实践，使个人的演讲与口才水平在实际运用中得到较快的提高。

有一些人错误地认为演讲就是说话的一种形式，只要多练习就可以掌握其中的技巧和方法。从形式看，演讲是说话的一种类型，但是，说话只是演讲的表现形式而不是本质。演讲是人类的一种社会实践活动，具有综合性、直观性、现实性和艺术性的特征。它是有意识、有目的的宣传与鼓动，既综合了多种学科的知识与理论，也综合了多种能力与素质，体现出人的能动性与本质力量。所以，演讲不是靠单一的语言表达能力就可以完成的，它是多种学科知识的综合，是人的综合能力与素质的集中体现。从事演讲，首先要从学习演讲理论基础知识、研读演讲学相关著作入手，通过系统学习，熟悉和了解演讲的本质属性与基础理论，从总体上把握演讲的基本规律。其次，以理论指导演讲实践，将理论贯穿到演讲活动的每一个阶段中，从而提高演讲活动的质量。柏拉图说："演讲艺术是对人们灵魂的统治，其主要职责就是向观众讲解爱和情感。"演讲之所以能够"统治"人们的灵魂，就是因为它能通过"讲解"唤起听众内心的"爱和情感"。所谓的"讲解"就是运用演讲的理论和知识将听众所思、所想、所惑的东西进行归纳和整理，并形成自己的观点，通过演讲的形式传递给听众，达到解惑、宣传的目的。

随着社会经济的发展，演讲学已经成为一门独立的学科受到社会越来越多的重视。从演讲学特定的研究对象来看，演讲学是研究演讲的现象、本质、发生与发展规律以及演讲方法和技巧的一门社会科学，并且是一门综合性、直观性、艺术性和现实性很强的，具有世界观、人生观、价值观，带有方法论性质的科学。学习演讲必须从理论入手，以演讲理论指导实践，以实践丰富理论，才能不断提高演讲者的水平和技能。

（二）学习和掌握必要的演讲技巧

学习演讲理论帮助演讲者树立起演讲的自觉性，掌握演讲的技巧可以帮助演讲者运用诸如声音的变化、表情的演绎和手势的运用等手段，让演讲的内容得到完美的展示,从而达到感染听众、启发听众的效果。有人形象地将演讲中体现出的思想的崇高使命感以及高度和深度称为“道”,它是演讲内在能量的核心,而演讲技巧是帮助释放这些核心能量的各种策略。正如美国演讲家罗杰斯所说:“演讲技巧是一切演讲的伴侣。多了不多,少了也不少。”

演讲技巧的本质就是演讲的规律性体现,是人们在长期的演讲实践中总结和提炼出来的,它对提高演讲水平有着直接的帮助。演讲技巧的学习可以通过三个渠道:一是多看。多看一些名人的演讲录像,多看一些电视谈话节目和电视辩论赛,通过观摩增强对演讲的感性认识。俗话说:“会看的看门道,不会看的看热闹。”“门道”就是技巧,看他人的演讲要由表及里入手,先看他人的演讲姿势及语言技巧运用,特别是看演讲高手的演讲,无不风度潇洒,动作优雅,举止得体,表情丰富,在接受美的享受和艺术的熏陶的同时,从中逐渐感悟出演讲的要点和精义。二是多听。演讲是语言的艺术,语言表达的感染力能给现场听众带来最直接的影响。看演讲的目的是学习他人演讲的动作神态,听演讲的目的是要学习他人的语言表达方式和技巧,哪怕是一个音节的处理、一个语调的变化,这些都是他人多年积累起来的经验,虚心学习,认真揣摩,再结合自己的语言表达习惯,在借鉴中突出自己的个性。再有就是要多听媒体的播音主持人的播音、讲话,纠正自己的语音语调,把握好音色、音质、音量等语言表达的细节,使自己的演讲语言更加流畅悦耳、优美动听。三是多问。孔子曰:“知之为知之,不知为不知,是知也。”柏拉图说:“不知道自己的无知,乃是双倍的无知。”英国诗人雪莱也说过:“我们学得越多,就越发现自己无知。”一个人要想提高自己的演讲水平和口才,就必须放下架子,向有经验的演讲者和演讲领域的研究专家虚心求教,不耻下问,从他人那里听取经验、建议和指导,这样才能使自己的演讲与口才能力发生质的变化,收到事半功倍的效果。

(三)勤于思考

“学而不思则罔,思而不学则殆。”韩愈也认为:“业精于勤,荒于嬉;行成于思,毁于随。”不论是台上演讲,还是平常生活中的讲话,都是一个语言思维、逻辑思维的过程，它是把大脑中的想法即无声语言，转化为有声语言的过程。人们思考问题和思想交流的过程中必须凭借语言的帮助，思考的内容和交流的思想要通过有声语言的表达才能体现出来。因此，要提升演讲的水平，还要善于思考，言为心声，缺乏思考，也就难以向外界表达出个人的思想和情感。

正常情况下，一个人心里怎么想，嘴巴就会怎么说。想与说，思维和表达，相互之间交流传递，循环往复。有声语言这种区别于书面语言表达的、想说就说、随想随说的特点，就决定了说话者既要才思敏捷、思维灵活，又要深思熟虑、三思而"言"、"讷于言而敏于行"。善于思考还要学会冷静思考，反复分析：为什么有的人讲话非常受欢迎，有哲理，有深度，有广度，使人感动万分，受益匪浅？为什么有的人说话枯燥无味、漫无边际、毫无新意，甚至令人反感？多思者，就能从中悟出道理，获得经验和教训。

"一日三省吾身"。善于思考者，才能客观理性地对自己的演讲实践进行总结归纳，举一反三，才会从他人的经验中获得启发和帮助。也只有善于思考，才能不断地提升个人的思考能力和判断能力，不断反思，从而提升自己的综合素养，把自己打造成一位有思想、有品位、有深度的演讲者。

思考题

阅读演讲稿《做一个怎样的子女》，然后回答问题。

做一个怎样的子女

大家好，我叫王帆，来自北京大学，我特别热爱传媒，本科学电影，硕士学电视，博士学传播。朋友眼中呢，我是一个"80后"的知识女青年，但是我拒绝整天泡在图书馆，也不会挑灯夜战，我认为真正的知识，应该来源于丰富的生活，逛街购物，遍尝美食，独立旅行，知识总是在不断的尝试和体验中给我惊喜。说话也是我生活当中最重要的体验之一，我有足够的细腻的内心去体察别人不曾发现的细节,我也有充分的勇气去说出别人不敢说的话,我是勇者,我敢言。

我一出生,就得了一个国家级证书,叫独生子女证。这个证可以保证我们能够独享父母的宠爱,但是这个证,也要求我们要承担赡养父母的全部责任。最开始我是觉得,如果想做一个好女儿,那我肯定得挣很多的钱,然后让我爸妈过上特别好的生活。

我从上大学开始就经济独立,我所有的假期都在工作,所以我的父母几乎一整年都见不到我两次。对于很多像我这样在外求学、工作打拼的独生子女来说,咱们的父母都变成了空巢老人。有一天,我妈给我打电话说,早上你爸坐在床边,在那掉眼泪,说想女儿了。你知道我当时第一反应是什么吗?哟,至于吗?您这大老爷们还玻璃心哪,天天给自己加戏在那。

但是后来有一次我回家,那个下午,我永远记得。老爸侧坐在窗前,虽然依旧虎背熊腰,但腰板没以前直了,头发也没以前挺了,他摆弄着窗台上的花儿说了一句:"爸爸没有妈妈了。"爸爸没有妈妈了,大家觉得这句话在表达什么?悲伤?软弱?求呵护?我只记得我小时候如果梦到我妈妈不要我了,我就会哭醒,我特别难过,但我从来都没有想过,爸爸没有妈妈了是一种什么样的感觉呢?我发现这个在我印象当中无比坚不可摧、高大威猛的男人,突然间老了。

爸爸没有妈妈了,表达的不是悲伤,也不是软弱,而是依赖。父母其实是我们每个人最大的依赖,而当我们的父母失去了他们的父母,他们还能依赖谁呢?所以在那一刻我才意识到,父母比任何时候都需要我,而且他们后半辈子能依赖的只有我。

我得养他、陪他,把我所有的爱都给他,就像他一直对我那样,我要让他知道,即使你没有妈妈了,你还有我。所以从那以后,我愿意适当地推掉一些工作、聚会,我挤时间多回家,我陪他们去旅行而不再是把钱交到旅行社,让别人带他们去。因为我明白了一点,赡养父母,绝对不是把钱给父母让他们独自去面对生活,而应该是我们参与他们的生活,我们陪伴他们享受生活。

所以,我每次回家,都会带我妈去洗浴中心享受一把。有一次我正给我妈吹头发，旁边一位阿姨说：“你女儿真孝顺。”我妈说：“大家都说女儿是小棉袄，我女儿是羽绒服！”幸亏没说军大衣。那阿姨说：“我儿子也特孝顺，在美国，每年都回来带我们去旅游。”说着，阿姨还把手机掏出来了，给我妈看照片，说你看我儿子多帅，一米八五大个，年薪也好几十万。

我当时有点觉得话锋不对，为什么呢？当一位阿姨向你的妈妈展示他儿子的照片，并且报上了身高、体重、年薪的时候，笑的都是相过亲的，你懂的。就在这个时候，阿姨说了一句让我们全场人都傻了的话，她说，可惜不在了，不在了。原来就在去年，阿姨唯一的儿子拉着他们老两口旅行时，在高速公路上车祸身亡。

在那一刻，我真的不知道说什么去安慰那位阿姨，我就想伸出手去抱抱她。可当我伸出手的那一刻，阿姨的眼泪就开始哗哗地往下流。我抱着她，我能感受到她那种身体的颤抖，我也能够感受到她是多么希望有个孩子能抱一抱她。也就是从那一刻开始我特别地害怕，我不是害怕父母离开我，我怕我会离开他们。而且经过这件事，我对于一句话的理解有了更深入的感觉，叫作“身体发肤受之父母，不敢毁伤”。原来我只觉得这句话应该是我应该珍惜自己的身体，珍惜自己的生命，别让爸妈担心，对吧？但是现在我发现，不仅如此，我们对待别人，也要这样。

因为每一个人，都意味着一个家！

所以我现在每一次在跟父母分别的时候，我都会紧紧地抱抱他们，在他们脸上亲一下。可能像拥抱、亲吻这种事，对于我们大多数中国父母来讲一开始都是拒绝的，但是请大家相信我，只要你坚持去做，你用力地把她搂过来，你狠狠地在她脸上亲一下，慢慢地她就会习惯。像我现在走的时候，我妈就自然地把脸送过来。这样他们就会知道，你在表达爱。

我想作为独生子女，我们确实承担着赡养父母的全部压力，但是我们的父母承担着世界上最大的风险，可是他们从不言说，也不展现自己的脆弱。你打电话，他们说家里一切都好的时候，他们真的好吗？

作为子女，我们要善于看穿父母的坚强，这件事越早越好，不要等到来不及了，也不要等到没有机会了，就像所有的父母都不愿意缺席子女的成长，我们也不应该缺席他们的衰老。

至亲至情,不应该是看着彼此渐行渐远的背影,而应该是你养我长大,我陪你变老。

谢谢大家！谢谢老师！

结合这篇演讲稿的内容,分析一个演讲者应该具备什么样的人格素养。

第四章　演讲客体

要知道,公众是自私的,他们只对自己的事情感兴趣。

——约翰·M. 斯达尔

演讲的主体是演讲者,他所面对的对象是听众。演讲者与听众之间的关系绝不是从属和被从属的关系。演讲者无论演讲水平有多高,如果听众不买账,那么其演讲都将失去意义。演讲活动中演讲者不能唱独角戏,从某种意义上来说,作为演讲活动客体的听众引导着演讲活动的走向。

演讲的目的是向听众传递信息,并且以此影响听众的行为。但是,这种影响力不是演讲者仅凭主观愿意就可以达到的,必须要让听众主动接受才能实现演讲的目的。可以说,演讲活动的目的、手段、效果都是围绕听众展开的,听众既是演讲的客体,也是演讲的动力所在。演讲中所说的听众是一个集合体,它是由数量不等的不同个体组成的,而每个个体都有自己独特的经历、见解,每个人对演讲的诉求和反应也有差异。在演讲中,听众的听讲并非消极的接受行为,他们听的过程也是对演讲者传播的信息进行选择的过程。从这个角度说,听众的接受既是被动的,也是主动的。因此,对听众行为的研究是演讲研究的重要组成部分,只有把握住听众的心理特点和需求,演讲活动才能做到有的放矢,才能取得预期效果。

第一节　对听众的分析

每一位演讲者都希望自己的演讲具有很强的感染力和说服力。要做到这一点,如果仅仅从个人的角度出发,以为自己做得很好,听众应该满意,那就大错特错了。演讲的对象是听众,站在听众的角度来组织演讲,最大限度满足听众的心理需要,使演讲者与听众的心理相容,相互被理解和接受,演讲的内容才会进入听众的心里。分析听众就是分析听众的类型和特点,以此为基础,针对不同类型听众的不同特点和需求,采取适当的方法,让演讲真正做到以情感人,以理服人。对听众的分析包括对听众构成的分析、对听众心理的分析和对听众态度的分析。

一、对听众构成的分析

演讲的听众构成复杂,性别、年龄、文化背景、个人诉求等等各不相同。演讲者在演讲活动中总会遇到形形色色的听众,事前做好对听众构成的分析,可以帮助演讲者及时调整演讲策略,以获得听众的认可。具体来说,听众的构成可以根据以下两个特征进行归纳分析。

(一)心理特征分析

美国前总统林肯说:"当我准备发言时,我总会花三分之二的时间考虑听众想听什么,而只用三分之一的时间考虑我想说什么。"了解听众的需求是演讲前需要做的基础性工作。演讲者首先需要了解哪些东西是听众已经知道、相信和关心的,因为人们都是凭借自己的经验来理解和认识事物的。因此,演讲要想被听众接受,演讲的内容必须是他们熟悉、了解和关心的,演讲的观点要照顾到听众的利益,满足听众深层次的心理动机,使演讲最大程度上与听众的心理需求契合。

在演讲学中经常提到一个词就是"修辞敏感度"。所谓修辞敏感度,就是指演讲者根据环境、场合和对象的不同,有效地传递恰当信息的能力。它是衡量演讲者应对不同心理需求听众的能力的尺度。修辞敏感度高的人,在对某个问题表明态度之前,能细心判断各种利害关系,从而敏锐地做出相应的反应。具体到演讲者来说,他们能够对听众的心理需求和动机进行有效的分析,从而做出正确的判断,所提的观点和认识与听众的心理相容,演讲能够得到听众的认可与称赞。相反,修辞敏感度低的人不善于审时度势,固执生硬地将自己的观点强加给听众,结果必然是遭到听众的反感和抵制。

鲁塞·康维尔的演讲《钻石就在你家后院》,超过6000场次,历时50年,整整激励了两代美国人。鲁塞·康维尔通过演讲向人们诠释了恒心、毅力、执着是创造无尽财富的成功之道。也许有人认为6000次的演讲只不过像录音机一样,不断地重复,甚至演讲中每一句话的语调都难以改变。实际上并非如此,鲁塞·康维尔知道每一次演讲所面对的听众都不尽相同,他必须对演讲做出适当的调整,以满足不同层次、不同品位的听众需求。他到某地发表演讲前,总是先拜访当地的各个阶层的人物,上至市长、警长,下至理发师、清洁员。他也会到街头巷尾与人闲聊。从这些谈话和闲聊中,鲁塞·康维尔了解到了当地听众的一些想法和愿望。尽管不同阶层、不同行业的人的期望目标和期望值不同,但生活在同一区域,他们的想法与期望还是有很多相一致的地方。在调查的基础上,鲁塞·康维尔因地制宜确定演讲内容、题材,然后再发表演讲。《钻石就在你家后院》没有固定的演讲稿,在主题不变的情况下,能够演讲6000次以上,并取得成功,这完全得益于他对人情世故的敏锐洞察和演讲的机敏应变。有人曾经问过鲁塞·康维尔成功的秘诀是什么,他认为演讲的内容应是听众熟知并与之相关的,这样可以缩短与听众的心理距离,听众也容易接受演讲者的观点,演讲就容易获得成功。

艾力克·约翰斯敦是个演讲家。他的演讲特色就是善于利用听众所在地的风俗民情和实际情况,以此入手,将观点巧妙地融合到其中。一次,他到俄克拉何马大学演讲,一开头就带着听众一起回顾该州的历史:“俄克拉何马这块土地对商人而言,原本与鬼门关一样,被认为是永无发展的荒凉之地,甚至在旅游指南中删去了它的名字,这都是不久前发生的事情。你们一定也曾听说过,1930年左右,经过这里的乌鸦曾向其同伴提出警告,除非已备足粮食,否则到这里就无法生存。大家都把俄克拉何马当成无可救药之地,绝不可能有开拓性发展。但到了1940年,这里奇迹般逐渐变成了绿洲,甚至将它的美妙变革谱成流行歌曲:大雪过后,微风轻拂,麦田飘散着芳香,摇曳多姿……这不是俄克拉何马欣欣向荣、勃勃生机的写照吗?仅仅十年时间,你们的家乡已由一片黄土沙漠,摇身变为长得像大象一样高的玉米田,这就是信念的报偿和敢于冒险的结晶。”约翰斯敦的这番话一下子让听众倍感自豪,对演讲者顿生好感。

总之,成功的演讲者都善于从听众所熟悉的生活环境、切身体验中选材,然后经过分析、归纳、总结,在纵向比较和横向比较上做文章,因而取得了成功。就像上面两个例子中的演讲者,他们的话新奇、生动、贴切,不是教条,紧紧抓住了听众的心。

对于听众来说,也存在一个修辞敏感度的问题,它是以反馈的形式表现出来的。听众的心理特征千差万别,其修辞敏感度也不尽相同,因而对演讲内容反馈的速度和方式也不相同。即使听众对演讲同样报以掌声和喝彩,其内在的含义也会因人而异。有的是由衷的,有的是附和的,有的是出于礼貌的,甚至有的是虚伪做作的。演讲者不要一听到喝彩和掌声就以为是听众对你的赞美和认可,其实不一定。演讲者要善于识别这些微妙的差别,从而调整自己的演讲结构和语言。对演讲者来说,一是要在演讲前对听众进行较为全面的了解,以此为依据,准确地定位自己在演讲时的身份和形象。在特定的演讲时空环境中,演讲者要具备角色意识,再根据角色的定位来确定自己的语言和语气。二是要能敏锐地捕捉到听众的反馈信息,并迅速做出分析和判断,比如,哪些内容能被某些特定的听众接受,哪种形式和风格适用于这些特定的听众,从而快速调整自己的演讲内容和方式。当然,众口难调,演讲者不可能迎合每一个听众。但是,绝不可无视任何一个听众的存在。

(二)人文特征分析

人文特征包括年龄、性别、受教育程度、经济状况、文化背景、民族背景等,而且有相同人文背景的人也可能会呈现需求多元化现象。分析听众的人文特征并不是分析听众的最终目的,重要的是如何从这些特征中找到一些线索来预测听众会对演讲如何反应。

在准备演讲的过程中,演讲者要充分考虑到听众的年龄层次。一般而言,年龄越大的听众社会阅历越丰富,他们已经形成了自己的价值观,对事物的认识有自己的一套方法,所以,演讲者面对这些听众,光靠灌输显然是徒劳的。但是,年长的听众也有一个特点,他们往往顾忌面子,有时即使不赞同演讲者的观点,也不会马上从情绪上反映出来,一般会坚持听到最后,配合演讲者完成演讲。年轻的听众思维比较活跃,还没有形成一种思维定式,对于演讲者的观点充满期待,同时,也会对演讲者的观点展开争论,甚至在演讲的现场就会提出质疑。面对年轻的听众,演讲者将会遇到更多的挑战。

听众的受教育程度也会对演讲产生显著的影响。不同受教育程度的听众对演讲的期许在不同的层面。一般来说,受教育程度较高的听众对演讲的内容和观点比较关注,他们希望能从他人的演讲中获取有益的帮助,一方面扩大他们的认知领域,另一方面带给他们更多的新信息、新材料和新观点。而受教育程度较低的听众希望演讲能增加一些生活的乐趣,再就是从中获得一些与自己生活有关的信息。简言之,受教育程度较高的听众期望获得精神上的享受;受教育程度较低的听众期望获得实际的帮助。比如,面对一群市场营销专业的在校大学生做关于"市场营销"的演讲,重点应放在市场营销的基本原则和最新理论的探讨上,以此开拓他们的视野,增加他们对市场营销的感性认识;如果面对市场的营销员做同一个题目的演讲,则他们对理论性的内容不再感兴趣,关注的重点是技巧,是提升业绩的技能。相反,将技巧和技能的内容讲给在校学生听,也会引起他们的兴趣,但是,对于没有任何实践经验的人来说,这些内容又脱离了他们的实际。

另外,听众的专业背景与演讲的内容之间的关系也是演讲者需要高度重视的。比如:如果一场关于艺术品收藏的演讲面对的是一群有一定经验的爱好者或专业人士,这场演讲会收到很好的效果。但如果听众中多是对演讲的内容感兴趣,而自身没有这方面的知识储备和实践,演讲者与听众的专业背景处在两个不同的话语空间,双方都会感到交流困难。一场名为《生命科学论坛——诺贝尔日》的系列科学演讲在人民大会堂举行,几位诺贝尔奖获得者依次做了演讲。第一位演讲者是布劳克博士,他的演讲结束后,听众报以热烈掌声。论坛主持人、诺贝尔奖获得者威塞尔博士即刻对听众说:"可以提问了。"此时台下一片寂静。为活跃气氛,布劳克只好简单地介绍了自己的研究经历。他说:"我在几十年的研究生涯里,与无数的老师、学生进行过交流。"期待交流之意不言而喻。然而,布劳克的声音并没有得到丝毫回应。随后的几位演讲者演讲完后同样都获得了热烈的掌声,但是依然无人提问。主持人以为中国的听众比较内向,不善言辞,他就鼓励大家说:"这可是一次难得的交流机会,不然,要想再见到他们,恐怕得等到明年了。""有没有问题?不要害羞。"直到第四位演讲人结束演讲,会场上仍然无一人提问。事后,参会的几位博士生对记者说,不是大家不提问,演讲的几位科学家的研究属于高精尖领域,对于他们这些刚刚读博的学生来说,根本听不懂,他们热烈鼓掌是出于礼貌,哪有问题可问?

不同经历的听众对演讲内容的理解力也存在差异。所谓“读万卷书,行万里路”。经历和阅历对一个人来说就是打开认识世界的钥匙。我们在准备演讲的时候,要充分考虑到听众的经历,材料的选择、语言的表述等都要与听众的经历相一致。比如,年龄稍微大一些的演讲者有时会说一些年代久远的历史事件,这些历史事件对于20世纪70年代以后出生的听众来说比较陌生,如果不做特别的说明,他们对其中的内涵可能根本不理解,茫然一片,何谈共鸣?

最后一点要注意的是听众的地域性。“一方水土养一方人”,不同地域的人,习性上会有些不同,这些不同聚集在一起,就会形成这个地域的人的性格特质。

无论听众具有什么样的文化特征,他们都对与自己的文化背景相关联的内容和观点感兴趣。演讲者要审时度势,从文化特征分析入手,提升演讲的适应性,满足听众的心理需求。

二、对听众心理的分析

对听众构成的分析是基于听众自身的某些特征进行归纳和总结。听众对演讲的不同态度实际上就是听众的不同心理的表现。所以,仅仅对听众的构成进行分析是不够的,还要对听众的心理开展分析,才能达到与听众的双向沟通。英国哲学家休谟说:“演讲家面对的是一些特定的听众,他一定要照顾到他们特有的脾气、喜好、看法、感情和偏见,不然就休想左右他们的决定,燃起他们的热情,甚至说不定他们会对他抱有一种先入为主的嫌忌,那么对这个不利条件(不管如何缪妄无理,他都不能忽视),在谈到正题之前,总得说些使他们心平气和的话,争取他们的好感。”黑格尔也对这点有深刻的认识:“既然要产生一种活的实践效果,演说家首先就要充分考虑到演讲的场合以及听众的理解力和一般性格,否则他的语调就会由于对时间、地点和听众都不适应而不能达到所期望的实践效果。”不同的听众抱着不同的目的走进演讲会场,演讲者只有努力把握住他们的心理，才能在思想、观点、情感上与他们达成基本一致，使演讲取得预期的效果。

(一)追捧型

一般群众对各类名人都怀有一种敬仰、钦慕之心。因此，当那些有名的政治家、科学家、演讲家、体育明星、影视明星等发表演讲时，往往会有大批听众慕名前往，甚至不惜重金购票，一睹名人风采。这类听众一般不太计较演讲水平的高低。同时，潜在的崇拜，往往使名人们的演讲在听众中激起异乎寻常的热烈反响。比如，国外的一些政要在卸任后往往应邀到世界各地演讲，这成为他们退休之后的重要收入来源。这些政要利用他们曾经的政治光环和人们的猎奇心理，向公众发表演讲，人们对他们的追捧往往不是因为他们的演讲具有很大的价值，绝大多数都是慕名而来的，是想目睹一下这些曾经在国际政治舞台上叱咤风云的人物的风采。

近年来在国内文化界颇有影响的收藏家马未都先生经常受邀到大学、企业、媒体举办演讲，他以渊博的文化知识和深邃的思想获得了公众的认可。他去清华大学演讲的时候，演讲会场被挤得水泄不通。

美国的一位演讲家受邀到 COMDEX(计算机经销商博览会)做关于“构建大型电子商务系统”的演讲。他飞到芝加哥，准备在容纳 1200 人的演讲厅里做 90 分钟的演讲。大厅里还没有来观众，他就已经准备好了。当开讲时间逐渐逼近的时候，还是没有人进来，他越发疑惑了。他四处巡视，检查签名表，确认了演讲厅的房间号和演讲时间。但是大厅里仍然只有零星的几个人。他想要是发生了什么事，就只有顺延演讲时间了。开讲的时间到了，容纳 1200 人的大厅里只有孤零零的 5 个人！他来到走廊上，朝人声处走去，看到了莱纳斯·托沃兹(Linux 的创始人)。托沃兹演讲的房间正好在他的演讲厅对面，观众只有站的地方，站着的人一直延伸到走廊上。他回到自己的演讲厅，坐到舞台的边缘上，对着仅有的 5 位观众开始演讲。这位演讲家所遇到的尴尬是因为他遇到了一个比他有影响力的演说者，听众在他和 Linux 的创始人之间，自然选择了后者。

对于一位大家都认可的演讲者，听众的追捧是自发的，同时也显示出演讲者巨大的人格魅力。1932 年 11 月，刚从上海回到北京探望母亲的鲁迅应邀到北师大发表讲演。演讲先是准备在大礼堂举行，窗户上、讲台上都挤满了人，水泄不通，连鲁迅上讲台都有困难，但是闻讯赶来的人还在源源不断地涌入。当时的在场者后来回忆道："'在露天举行！'声嘶力竭的高呼，瓦解了也解救了群众。随着'在大操场，在大操场'的呼声，从门口窗子涌出了奔腾的岩浆般的人流。空气轰响着松下来的出气声和狂涨着热情的欢呼。"举办方"在大操场的排球场附近摆着一张大方桌子，鲁迅先生就站在这张桌上讲演。听众很快地围在桌子的周围，前面的坐着，后面的站着，密密层层的"。"那时候，没有扩音设备，一则先生声音不大，二则讲台在当中，先生为照顾到四方听众，不时地面向东、南、西、北，在先生背向时，更加听不清楚，所以，这天的讲演听得不全，更加记不清了。"鲁迅先生的这次演讲"热烈的盛况是空前的，秩序之好也是空前的"。连北师大的大操场都容纳不了。"靠近大操场的教室大楼、巷道、宿舍、院子，以至校门，都站满了人。后来，连整个师范大学所在地的和平门外、南新华街，都拥满了青年人，使交通都断绝了。同学们都要听先生讲话，但听不见。听不见，看看先生也好。但又看不见。先生讲过后，大家你推我挤，有的要看看先生，有的拿着纪念册请先生题字留念：'先生，先生！''先生，先生！'一片青年人的海洋！一片人声的波涛！"

除了慕名而来的追捧者，一些演讲者的亲朋好友也会前来助威和捧场。这类听众人数虽少，但在渲染演讲会场气氛、调动其他听众情绪方面却能起到极其重要的作用。

（二）求知型

一些听众为了获取新的知识、信息、技术等，会自觉选择那些能满足自己求知欲的演讲。我们将学术讲座、技术推广、国内外见闻等等这类演讲称为专业性演讲。专业性演讲大多针对的是特定的听众群，演讲能够吸引大批听众的原因是它满足了听众的求知欲望。此类演讲只要内容充实，条理清晰，听众一般不会过于挑剔演讲技巧。专业性演讲面对的听众包括两大类：一是某一专业的从业及研究人员，如学术类演讲、业务类演讲等；二是对某个领域有一定兴趣的听众，如艺术品鉴类演讲、投资理财类演讲等。后者常常以市场化运行模式为主。比如：经济学家针对经济发展中的现实问题和大众关心的金融市场问题，利用自己的学识进行分析，并提出自己的观点，为企业的发展和个人的投资理财出谋划策。听众大多是抱着学习、解惑的目的走进会场的。这些年，社会上刮起了一股“收藏热”，但是，收藏的专业性较强，绝大多数人并不了解这些知识，大家渴望得到专家的指点和帮助。于是，从媒体到一些文化公司纷纷举办各种形式的收藏演讲，各路收藏专业人士大受欢迎，大批热衷于收藏的听众成为收听这类演讲的主体。

听众对自己希望了解的演讲话题总是抱着极大的兴趣，例如，理财、保健、家教、育儿等内容。这些演讲关系到听众的切身利益和生活质量，他们带着问题而来，十分主动地参与到演讲的交流过程中。这类听众希望从演讲者那里得到权威的解释和建议，因此，他们对于演讲者的身份、学识、专业经历十分看重，演讲者的演讲技巧不是他们关注的焦点。随着人们生活水平的提高，大家越来越注重生活质量的提升，从过去对物质的关注转移到对精神生活的关注。精神生活涉及的面较广，而且都很专业，比如家庭教育，它包括教育学、心理学、儿童行为学等多方面的专业知识。现在的家长越来越重视家庭教育，急需专业人士能给他们正确的指导，所以，各种有关家庭教育的专业演讲被家长们追捧。这些演讲不仅为家长提供了很多家教的知识和方法，而且演讲者与家长面对面进行交流，答疑解惑，双方形成了良好的互动和沟通。

（三）娱乐型

演讲同样具有娱乐的功能。娱乐型演讲不大关注宏大严肃的主题，内容比较轻松愉快，演讲者往往以幽默诙谐的话语，营造一种轻松愉快的气氛，使听众获得欢乐和教益。近年来，演讲类电视节目获得了较高的收视率和好口碑。这类节目将传统的演讲形式与电视媒介结合，并借鉴综艺真人秀节目的多种包装手法，融“表演”与“演说”为一体。它的特色在于，节目既顾及娱乐性，充分利用灯光、音响等电视的元素包装选手，又保持了演讲的基本风貌，同时不乏选手的个性化语言、体态及大胆新颖的观点与思想。如有的节目不追求名人效应，演讲的嘉宾都是“海选”出来的。演讲者的“去明星化”，让节目与观众的距离拉近，观众的参与愿望更强。人们在听这类演讲的时候，并不在意演讲有多么深奥的内涵，逻辑是否严密，他们的关注点在于观点是否新，演讲内容是否具有故事性。节目定位准确，选择的都是能够打动观众心理的流行话题，比如：养老、环保、催婚、北漂等等，一下子就能抓住人们的心。演讲者大都是普通的青年人，他们用自己真实的故事讲述青春的烦恼、激情、梦想，表达着各自的青春态度，他们与听众之间构造了一个真诚、平等的对话空间，听众享受演讲带来的愉悦的同时，双方的心灵在发生碰撞。这些演讲类节目的选手之间竞争激烈，现场气氛热烈，具有很强的可观性和娱乐性。听这类演讲的听众主要是为娱乐而来，没有非常明确的目的，功利性不强，当然，在他们内心中也潜藏着向他人学习演讲的动机，在满足娱乐的同时，也感受到演讲的魅力，潜移默化中也学到演讲的一些方法和技巧。

三、对听众态度的分析

听众的态度是指听众在收听演讲过程中表现出的具体的情绪反应。听众的态度与其心理定式是相一致的。所谓心理定式就是指人们的一种心理准备和既定态度。它是人们在各种客观因素和主观因素同时作用下形成的。这种较为固定的心理导致惯性心理趋向的产生，从而影响个体的行为走向。听众的心理定式就是听众在听演讲时的心理准备和既定态度，是在各种相关因素作用下形成的，具体表现为对演讲活动、演讲者和演讲的内容、方式等所持的态度，它会影响随后的行动。例如，听众事先对演讲者怀有尊敬、信任感时，就会产生一种肯定、相容的心理定式，以协同合作的态度听演讲。反之，如果听众事先对演讲者反感，就会产生一种否定、相斥的心理定式，显得格格不入。当然，听众的态度不仅仅取决于自身，它还受到周边人群和演讲效果的影响。

形成听众心理定式的客观原因很多，如演讲的社会背景和现实环境、演讲者的知名度和美誉度等。这些因素影响着听众听演讲时的基本心境和基本态度。形成听众心理定式的主观原因也不少，如听众的愿望和需要、文化水平和实践经验、价值观和感情趋向等。听众是一个群体，它是由性格、气质、经历各不相同的个体组成的，每次演讲活动所处的背景、环境及演讲的内容、形式也各有不同，因而听众的心理定式也千差万别。听众的态度大体可分为三种类型：肯定型、否定型、从众型。

（一）肯定型

这种心理态度表现为听众认真倾听演讲，易于接受演讲的思想内容，能与演讲者紧密配合，及时反馈信息，形成演讲者与听众良性互动的局面。显然，听众的这种心理状态对演讲成功起着明显的促进作用。那么，什么条件能促使听众产生肯定、相容的心理呢？首先是演讲要具备良好的客观因素。这些因素包括：演讲活动与社会背景相适应；演讲内容与时代合拍；演讲传递的信息有价值；演讲材料新颖，能满足听众求新好奇的心理；演讲者的观点与听众观点相同或相近，符合听众的口味；演讲者的知名度和美誉度都很高，有权威性；演讲者的仪表端庄，服饰整洁；演讲者的口语和体态表达技巧与听众的文化修养和鉴赏水平处于同一水平线上；演讲者的声音洪亮，字正腔圆，表情丰富，态势自然；演讲现场环境和讲台设施优良等。这些客观因素自然而然会给听众带来好的印象，会激起听众肯定的心理反应。其次是听众自身的主观因素。这些因素主要包括良好的精神状态；对演讲的内容十分感兴趣；与演讲者有相同的立场观点；认为演讲内容能满足自身某种需要。肯定型心理态度受制于上述的主、客观因素，这些因素从不同的方面影响着听众的情绪，也决定了他们的态度。

（二）否定型

这种心理定式表现为与演讲者的对立，对演讲活动抱否定、抵制态度，甚至公开反对。显然，听众的这种心理对演讲开展极为不利。那么，造成听众持否定型心理定式的原因又是什么呢？形成听众否定、排斥心理的主要原因不外乎演讲的客观因素和听众的主观因素，与听众的价值取向相反。和上述肯定型形成条件恰恰相反：演讲活动与社会背景不相适应，演讲内容不合时宜，信息的价值不高，信源不符合时代要求，材料陈旧、单调，甚至虚假，老生常谈，无法满足听众求新、好奇的心理，演讲的观点与听众的观点相悖，不符合听众的口味；演讲者的道德、品格、才能等方面有明显的弱点和缺陷，威信不高，服饰不整，仪表不端，行为猥琐；演讲者的口语表达技巧和体态表达技巧低下，语流不畅，照念讲稿，表情生硬，体态呆板，演讲内容不符合听众文化修养和鉴赏水平；演讲组织不当，现场环境不适宜听演讲,会场布置欠妥,音响设备太差,气温不宜;等等。这许许多多的客观因素自然会在听众心目中产生不良影响,激起听众反感,形成否定型心理。此外,听众主观因素的影响也极大。这些主观因素常表现为:身体欠佳,精神状态不好;对演讲内容不感兴趣,认为与自己切身利益关系不大;持有与演讲者相反的立场观点,与演讲者的政治信仰、宗教意识、民族风俗相悖,或者听众本身思想修养和文化修养太差;等等。

1933 年,日本侵略者大量增兵,当时的国民政府却步步退让,甚至和日本签订了屈辱的《塘沽停战协定》。国民政府的无能与软弱激起了广大爱国青年学生的愤慨。1934 年秋季的一天,北京大学召开全体师生大会。会议由校长蒋梦麟主持。他首先讲了一段《最后一课》的故事,主要目的是劝学生安心读书,不要参与国事。这种论调与政府的主张如出一辙,这让学生们非常不满,但他们还是静静地听着,一边克制忍耐,一边想看看校长接下来会有什么动作。没想到,蒋梦麟讲完后竟将“主和”的胡适请上台讲演,这下捅了马蜂窝。一时间,嘘声四起,伴以巨大的喧哗声。胡适演讲得极其艰难,大家根本听不清楚。当时的北大学生回忆:“眼见胡适在台上面红脖子粗,他说一句,学生嘘一阵。我只听清‘打仗三日就亡国’一句,余多听不清楚。胡适身穿古铜色绸长袍,围灰绒围巾,双手握着,左右急剧飞舞,想压下学生的喧嚣,可是学生们依然故我。胡适气得发抖,说:‘你们不是北大的学生,北京大学的学生是有理智的,北大学生应该站起来保护真理。’此言一出,更是火上浇油,谴责声、叫骂声越来越厉害,结果胡适不得不尴尬地从讲台上下来。从此以后,胡适就很少在北京大学的公开场合露面了。”不是他缺少演讲的能力,更不是缺少演讲的水平,他之所以被学生轰下台去,是他的观点违背了民众要求抵抗外族侵略的正义要求,即便他是文化名人,在民族大义面前他背离了民众的意愿,被谴责、被轰下台也是必然的。而同样是胡适,在之前的新文化运动中,在北京四处发表演讲,猛烈抨击旧文学、旧道德,反对帝国主义,鼓吹新文学、新道德、新文化。他每到一处,都受到大批青年学生的拥护。前后对比,可见听众对演讲者的态度不是固化的。随着内外因素的变化,他们的心理也会发生变化,从肯定可以走向否定,从否定也会走向肯定。

（三）从众型

“从众”是一种社会心理和行为现象，通俗地解释就是“人云亦云”“随大流”。

听众中也存在这种“从众”现象。有些听众对演讲活动和演讲的具体内容缺乏应有的了解，或者是对演讲人、演讲内容缺少兴趣，听演讲往往不是自愿行为。这部分听众所占比例不高，演讲开始之后，他们的态度会发生不同的变化：一种是对演讲显得冷淡，既不表示积极的合作倾向，也不表示明显的反对态度。一种是受周边听众的“感染”，个体的行为和情感逐渐与大多数人一致。别人鼓掌，这些听众也鼓掌；别人会意地笑，这些听众也跟着笑。这种一致性不是建立在个体对演讲的肯定或否定上，而是从众的心理在作祟。还有一种就是受演讲内容的启发，个体的心理发生正向或反向的转化，完全出自个人的内心判断。1923 年暑假，鲁迅及蒋廷黻等先生赴某大学讲学。鲁迅的演讲题目是“中国小说的历史变迁”，这个演讲他已经在北京的很多高校讲过，驾轻就熟。然而，他在该大学的演讲却遇到一群素质参差不齐的听众。同行的蒋廷黻先生这样回忆：在该大学夏令营演讲是很辛苦的。“那儿的学生比平津的年纪大，像人面狮身像似的坐在教室里，他们太没有礼貌，不是喧闹就是打盹。我简直弄不清楚，他们是否还知道有我这个人在。”这群懵懵懂懂的学生对大师们的演讲内容既不熟悉也不了解，出现“喧闹”和“打盹”的情况也就不奇怪了。在座的很多人都是如此，即便有个别有心听讲的人，在这样一个大的环境中也只好随波逐流，“像人面狮身像似的坐在教室里”了。

总之，任何群体都有其行为规范，对其成员具有一定的约束力。而适当的群体压力能增强群体凝聚力，对培养、教育和改造人具有很大的促进作用。正因为如此，不同类型的听众对演讲的影响不可忽视，特别是那些凝聚力很强、有共同目的、能共同行动的听众群，更应该引起演讲者足够的重视。演讲者应该很好地利用群体的凝聚力，为自己的演讲服务。

第二节　听众的修养

演讲绝不是单靠演讲者就可以完成的，它是一个双向沟通的过程，需要主、客体双方共同参与、共同努力才能实现演讲的目的，完成演讲的任务。在演讲活动中，从讲的角度来看，演讲者是信息的传播者，听众是信息的接受者；从听的角度来看，听众并不是完全被动地接收信息，他们自身的素质、修养、知识储备等对演讲的质量有很大的影响。演讲的作用是相互的，一场高水平的演讲既是演讲者自身能力的体现，同时也是在听众积极配合下取得的成果。演讲对听众来说也是一种积极的认知活动，是能动的参与。听众已有的知识、经验、修养决定了他们对演讲的态度和接受的程度。正如黑格尔所说："既然要产生一种活的实践效果，演说家首先就要充分考虑到演讲的场合以及听众的理解力和一般性格。"所谓"听众的理解力和一般性格"就是指听众自身的知识与素质结构，它既是接受演讲的基础，也是听众内化和升华演讲内容的必要条件。一位优秀的听众能够从演讲中得到启发，通过与演讲者的观念碰撞，不仅可以丰富个体的知识结构，而且也会产生新的思想火花。因此，演讲并不是仅仅强调演讲者的素质，它同样强调听众的素质。否则，演讲就成了演讲者的独角戏，失去了演讲应有的作用和价值。

一、道德品质修养

道德品质修养是人们最重要的基本修养。哲学家康德说："有两种东西，我们愈时常、愈反复地思索，它们就愈是给人心灌注了时时在翻新，有加无减的赞叹的敬畏：头上的星空和心中的道德律。"大诗人但丁也说过："道德常常能填补智慧的缺陷，而智慧却永远填补不了道德的缺陷。"从字面上看，道，从行从首，四通八达之谓也。德者，得也，得事宜也。"道"即道路，引申为事物运动变化的规律或人们必须遵循的社会行为的准则、规矩、规范。"德"即"得"，是指人们将道"内得于己，外施于人"。古人云："故学至乎礼而止矣，夫是之谓道德之极。"（《荀子·劝学》）这句话的意思是说一个人的思想行为的修养完全合乎"礼"的规范要求，就算是达到了道德的最高境界。古人对道德的认识是建立在一定的社会经济关系上的，以善恶为标准，以社会舆论、传统习惯、内心信念为手段，其目的是调整人与人之间、人与社会之间、人与自然之间的关系。道德不是天生的，需要后天的培养，也就是我们常说的"修身养性"，这是通过自我修炼来达到自我完善的一种途径。

在前面的章节中有关演讲者的基本素质的部分也强调了道德品质的修养,这种修养不是某一类人需要具备,而是不同群体的人都应该具备的基本素质。演讲活动是在特定的时空环境中人与人之间的沟通,演讲者与听众之间的关系正是人际间伦理关系的缩影。首先,听众的言行举止要遵守基本的社会公德。社会公德作为人类社会生活中最起码、最简单的行为准则,对每一个社会成员都具有约束性。演讲场所是公共场所,除了社会公德之外,这些场所还有一些自定的规章制度。从基本的社会公德来说,听众首先要遵守公共场所的纪律和礼节。在演讲开始前,应按照时间要求提前进场。进场后,不要大声喧哗,应尽快入座,静等演讲开始。在演讲中,要保持安静,不要与他人交头接耳,谈天说地,也不要东张西望,左顾右盼。即便对演讲的内容不感兴趣,对演讲者不认可,也不要喝倒彩或起哄,更不能无理取闹或中途退场。这些个人的行为既关系到"公德",也关系到"私德"。从公德的角度来看,演讲是公共行为,所有的参与者都应该受公德约束;从私德的角度来看,尊重包括演讲者和其他听众的说与听的权利,也是个人品德与修养的最好的体现。一场完美的演讲既体现出演讲者的卓越能力与水平,也体现出主、客体之间的高度信任和高度尊重。

例如,尽管有些演讲者的观点在社会上褒贬不一,但当他走到台上的时候,台下的听众如果哄场,甚至迫使演讲者尴尬离场就是对演讲者极大的不尊重。我们可以说不,但需要尊重对方。尊重他人的说话权利是一种社会公德,也是私德,无论听众对演讲者的观点是认同还是否定,在事后都可以表达,也可以争论,但是,当演讲者站在演讲台上的时候,他的人格和说话权利都应该得到尊重。这不仅涉及听众的德行,也涉及听众另外一个重要的道德修养,就是平等的意识。演讲的主、客体之间的地位是平等的,演讲者要以平等的姿态对待听众,听众也要以平等的心态接受演讲者,尊重演讲者的说话权利,给予演讲者说话的空间。社会上对同一问题的认识和看法总是有差异的,人们正是在听取不同看法之后,进行思考、比较,然后逐渐寻找到真理,正所谓"真理越辩越明"。

反观20世纪初蔡元培先生担任北大校长的时候,名人荟萃。他说:"我素信学术上的派别,是相对的,不是绝对的。所以每一种学科的教员,即使主张不同,若都是‘言之成理,持之有故’的,就让他们并存,令学生有自由选择的余地。”在他的倡导下,各种新旧思想在这里交流碰撞,学生们也秉持开放的心态,接受着不同流派的学说。在各种学术演讲中,学生们大多保持了一种平和的心态,演讲者无论是守旧迂腐,还是狂飙激进,当他们在演讲台上表达自己的学说理论时,学生对他们都保持了应有的尊重。也许事后有些学者的理论和观点会遭受学生的猛烈批判,但在学术演讲的现场,他们保持着安静,让台上的演讲者尽情表达,形成了“师生间问难质疑,坐而论道的学风”。也正是自由开放的民主风气,造就了北大“学风丕振,声誉日隆”的局面。

古人在谈修身养性的方法时说:“自处超然,处人蔼然;有事斩然,无事修然;得之淡然,失之泰然;思之坦然,为之善然。”其核心就是平和,安静。这种修养在听众身上就体现为谦虚谨慎的态度、虚怀若谷的胸怀、海纳百川的气量、豁达开朗的心态。每一位演讲者都具有自己的个性,无论是观点、语言风格还是性格特征等,都会与听众存在这样或那样的差异。“君子和而不同”就是说君子在人际沟通与交往中能与他人保持一种和谐友善的关系,但在对具体问题的看法上却不必苟同于对方。有了这种修养,听众就能够以谦逊的心态静心听取演讲者的观点和意见,仔细听清其所以然,冷静地辨别是非真伪。如果刚愎自用,骄傲自满,自以为了不起,就很难集中精力听讲。即使勉强听下去,也可能只抓住只言片语进行非议,甚至失去理智,粗暴地抵制,攻其一点而不及其余。这样,听众往往容易失去获得真知的机会,也让自身始终处于对抗的情绪中,难以获得思想的进步。

二、文化知识的修养

演讲是双向的沟通,要想主、客体之间沟通顺畅,首先双方要能理解和接受对方的话语和观点。要达到沟通的目的,双方的文化素质要处在同一层面上。演讲中演讲者和听众表面上看是一方在讲,另一方在听,实际上,两者是在对话,他们在相互启发,相互碰撞,只不过一方是在用有声的话语进行思想的传递,另一方通过接受和内化做出反应,无声胜有声。有人把对话形象地说成是“精神上的相遇事件,它以灵魂的相互转向、精神的相互回应为基本特征”。演讲者与听众之间要形成真正意义上的对话,也就是“精神上的相遇”,双方首先要平等,不仅是情感、精神、思想上的平等,而且也是知识层面上的平等,缺一不可。只有双方各个方面都处在平等的地位,他们之间的“相遇”才能获得相互的理解和沟通。

2012年10月,我国著名作家莫言获得诺贝尔文学奖,他在颁奖典礼上发表了题为《讲故事的人》的演讲。在演讲的结尾处,他用了三个小故事结尾:前面两个故事都是莫言少年和青年时代经历过的真实事情,最后一个故事是老人说的一个寓言。莫言并没有在演讲中解释这三个故事所表达的内涵,只是用一句“我是一个讲故事的人,因为讲故事我获得了诺贝尔文学奖”结了尾。当时一些在场和收看实况的听众和观众并没有马上明白过来莫言想表达的意思,所以,他刚讲完的时候,台上的听众都愣了一下,随后才爆发出掌声,其中有不少是出于礼貌的附和。莫言是位小说家,他用了隐喻这种文学表达方式进行演说,让缺少这种认知能力的人感到陌生和困惑,因此,这群人就无法与莫言达成对话,也就无法理解和沟通。

演讲也是传播的一种,演讲者向公众演讲可以视为信息的编码和发送,听众接收的过程就是信息解码的过程。在传播学理论中,解码就是受众把接收到的符号或者代码转化为可以理解的信息的过程。在演讲过程中,演讲者将自己的思想与观点通过适当的词语和行为来传递,这就是编码过程。听众是这些信息的接收者,他们必须将信息转化为自己所能了解的想法和感受。信息在传播中总会受到各种内在和外在因素的制约,比如,听众对这些信息的理解(解码)就受个体的心理结构、心理需求、意向系统、文化教育水平、理解能力、心理期望、社会角色地位、人生阅历等等主观因素的影响,他们会自觉不自觉地对所接收到的同样信息做出不同的解读,这就是人们常说的选择性知觉现象。

如果说上述的现象是受听众主观心理的影响,那么另外一种就是受听众解码能力或者是接受能力不足的制约,无法对接收的信息进行正确的理解,就像成语“对牛弹琴”所说的那样,听众对这些信息毫无反应。我们常说演讲就是要征服听众,但是,征服有个前提,那就是演讲者所讲的内容要和听众自身的教育水平、理解能力、心理期望等内在能力相对应,否则,不管演讲者说得多精彩,听众也很难接受和理解这些信息。

2005年9月,北京大学邀请世界著名经济学家、诺贝尔经济学奖的获得者罗伯特·蒙代尔教授来校交流,蒙代尔教授做了场学术演讲。人们慕名而来,很快将仅能容纳150人的报告厅挤得水泄不通,连墙边都站满了听众。前来听演讲的听众中硕士生和博士生占了一半以上,应该说是一群专业的听众。演讲开始后,一小部分人正襟危坐、全神贯注地听讲,不时在纸上记下什么,另一部分人却随着演讲的进行,开始左顾右盼,其中个别人干脆翻看起杂志来。从整体现场气氛看,大多数时间都是蒙代尔教授讲课,听众听讲、记笔记,会心的赞同声和笑声很少出现。由于演讲题目的专业化程度较高,现场观众和蒙代尔的互动交流比较少,场面显得很冷淡。正如事后一位在场的博士所说:“蒙代尔教授观点独到,语言流利纯正,但由于涉及的相关专业综合知识量比较大,有些地方一时还不好懂。场面比较冷淡可能和这个有关,如果事先多看看相关的论文就好理解多了。”这个例子比较典型,它告诉我们听众对所接收的信息进行解码的时候,必须具备相应的知识储备和学科背景,如果缺乏这些必要的专业素质,对演讲者传递的很多信息就有陌生感,就会产生像那位博士说的“一时还不好懂”的尴尬。

一般来说,听众文化水平高,知识面宽,其理解能力就会相应地强一些,不仅易于弄懂演讲者有声语言与体态语言所传递的信息,而且易于透过语言的表层含义进一步理解深层的内容。当然,听众的文化水平很难一致,其知识的广度和深度也千差万别,但是作为社交活动的参与者,每个人都应尽可能地使自己知识丰富些。天文、地理、风土人情、历史典故、革命理论、文艺常识、语言修辞、逻辑知识,不妨都涉猎一点。见多识广,便能左右逢源,对演讲者所表达的内容的理解就会更深刻些。

三、审美的修养

巴尔扎克曾说过:“精神生活与肉体生活一样,有呼也有吸,灵魂要吸收另一颗灵魂的感情来补充自己,然后以更丰富的感情送给大家。人与人之间,要没有这一点美妙关系,心就没有了生机。”演讲绝不是冷冰冰的观点的灌输和宣讲,它是有温度的,有感情的,也是一种审美的活动。演讲的审美性表现在演讲者按照美的规律创造审美氛围,遵循审美心理活动的规律,激起听众的美感效应。演讲中的美集中体现在演讲者的人格美、语言美、结构美、情感美、视觉与听觉的美,还有思想的美上。一场成功的演讲之所以能够感染听众、打动听众,其根本原因就是包含了很多审美的因素。古罗马诗人贺拉斯对演讲者说:“你自己要先笑,才能引起别人脸上的笑容。同样,你自己得哭,才能在别人脸上引起哭的反应。你要我哭,首先你自己得感觉悲痛,这样……你的不幸才能使我伤心,如果你说的话不称,你只能使我瞌睡,使我发笑。”但是,演讲者的笑和哭并不一定能引起听众的喜悦和悲痛,那些对情感愚钝的听众,无论演讲者如何真诚地笑和哭,都不会让他们有一丝的感觉。这就涉及听众自身的审美素质问题。歌德说:“我们周围有光也有颜色,但是我们自己的眼里如果没有光和颜色,也就看不到外面的光和颜色了。”艺术性是演讲的本质属性之一,演讲本身也就有了审美属性。演讲中的美是从演讲者的言行举止以及演讲内容体现出来的,听众要感知和欣赏演讲的美,就必须具备相应的审美能力。就如席勒所说:“若要把感性的人变为理性的人,唯一的路径是先使他成为具有审美能力的人。”

演讲在本质上属于社会的精神生活范畴,是一种具有审美性质和审美价值的特殊社会实践活动。演讲美是演讲形象中的具体显现。它具有虚体性特征,可以心领神会地感觉到却无法触摸到,也无法看到。听众看到的只是演讲者的实体,听到的只是口头语言的声音,触摸到的也只是演讲时空环境中的物质实体。这些都不是演讲美。演讲美不是在这些实体上,而是在这些实体构成的一种多元结构体上。听众听讲的过程,也是一种审美活动的过程。作为审美主体的听众,在接受演讲者所发出的各种信息的同时,必然会根据自己的生活经验和思想认识来理解,形成积极的感受,得到精神上的愉悦和满足,产生心理上的共鸣。这就要求听众不仅有较强的思想水平和文化修养,而且要有较强的艺术审美能力,能够通过视听,接受演讲整体形象所传播出来的种种美的信息,并以自己的经验和联想,丰富和补充演讲形象的内涵美和形式美。有位演讲者在演讲中有这样一段话:“既然是一条孱弱的小溪,就别想像沧海惊涛拍岸;既然是一棵无名的小草,就别想像大树伟岸参天;既然是一只陆地行走的动物,就别想像雄鹰那样神气傲慢;既然只属于地平线,我就甘愿平凡。是彗星也要一闪,是昙花也要一现,是小雨也要把莽原变成绿洲,让燕子去弹唱明媚的春天。”这段演说词运用了比喻、比拟、排比等写作手法，将大自然中的各种景物与生物放在同一段话中，形成了语言的美、形象的美、思想的美。对于听众来说，对于演讲中所呈现出的这些美的形象，他们必须调动自己的生活经验、审美经验和语言经验对这段内容进行参悟和理解，也就是我们说的审美，将这些内容转化为自己头脑中的艺术形象，演讲的主、客体之间才能达到沟通和理解。如果听众缺乏形象思维的经验和能力，缺乏对美的感悟感知能力，小溪就只是小溪，燕子和雄鹰也就只是来往于天空的动物，当然也就体验不到演讲者所要表达的情感，更无法享受这种情感给人带来的精神愉悦。

“有一千个观众就有一千个哈姆雷特。”演讲受听众的个人阅历、文化水平、素质修养、审美标准等个体差异影响，就会造成同一场演讲存在着不同的接受体验，也可能会导致演讲的审美判断与评价大相径庭，正所谓“形象大于思维”。尽管听众在美感经验上存在着差异性和多样性的现象，但人们的基本诉求和认同大致相似，都会从演讲中获得视听、情感和理智上的愉悦。

第三节 积极倾听

听众听演讲不仅要听得到，还要听得懂，听得明白，要在听的过程中丰富自己的知识和想象力，要通过听与演讲者产生共鸣，给自己的思想和心灵带来震动。所以，学会聆听既是一门学问，也是一种能力，它也需要后天的培养和锻炼。古人所说的“耳聪目明”不仅仅是说耳不聋、眼不瞎，更是指听得出窍门，看得出门道。“会听”还需要靠“会看”和“会想”来配合。因为演讲不光诉诸听众的听觉，也同时诉诸他们的视觉。听众不仅要善于通过听觉听懂有声语言所传递的信息，还要善于通过视觉来理解体态语言所表达的含义，这就是“耳聪目明”的真正意思。比如，当演讲者演讲时老是躲避听众的眼神，不愿意与听众交流，听众应该懂得从这个细节上去透视演讲者内心的某种情绪，然后再对他的演讲内容进行综合评价。听众的观察力不仅表现在对演讲者的体态语言上，而且还表现在对演讲时空环境的领悟上。聪明的听众总是善于综合运用听力和观察力来进行思考，形成心得和体会。不善于思考，得不出心得和体会，实际上还是“没听懂”，至少是“没听清”。听众不仅要能敏锐地“听清”演讲者言语所传达的表层信息，而且要能“听懂”“弦外之音”，准确地捕捉到言语暗含的潜信息。

一、倾听的意义

所谓倾听就是人们凭借听觉器官接收言语信息，进而通过思维活动达到认知、理解的过程。倾听是有效沟通的必要条件，通过倾听，可以帮助演讲者与听众之间达成思想的一致和情感的通畅。有效的倾听不仅仅是用耳朵听，还要用眼睛、大脑和心进行感受。听力是人的一种生理机能，是人体的一种客观存在，听的要旨是接收传来的信息和发掘事实真相，或探索对方心理，以不断调整自己的行为和心理。有位专家在研究中发现，一般人在听别人说话时，不管怎么想注意听，也只能记住听到的一半。所以国外有句谚语：“用十秒钟时间讲，用十分钟时间听。”所以，听在人际交流和沟通中起着非常重要的作用。

倾听包括三个部分：解读、分析、反馈。所谓的解读就是聆听对方的讲话，同时接收讲话者的体态、表情等非语言符号；分析是指通过理解话语的深层和表层的意思，评价各种非语言符号，并记住这些信息；反馈就是倾听者通过语言或非语言信息，告诉说话者自己的反应。倾听是人与人之间最重要的沟通行为，美国明尼苏达大学做过一次调查，在人们日常的沟通中，45%靠倾听，30%靠交谈，阅读与书写各占16%和5%。倾听他人，会使对方心情愉快，自然地吐露出内心的思想与观点，最重要的是能使演讲者感觉到被尊重。只有善于倾听的人，才能更准确地把握演讲者话语的意思、流露出的情绪、传播出的信息，更容易获得对方的信任和好感。这便是人际沟通交流中的倾听法则。

（一）倾听有助于听众获得更多的信息

积极倾听有助于激发演讲者尽其所能地将自己的水平较好地呈现出来。在听众的倾听状态下，演讲者的心态放松，思维活跃，往往在演讲前没有想到和准备到的内容可以在倾听的状态下被激活，一时灵感迸发，演讲者会把自己大脑中储存的与演讲主题相关的信息调取出来奉献给听众,让听众获得更多的信息。演讲的本质就是语言的传输与接收,演讲者发出的信息如果在听众的接收过程中出现问题,听众就无法准确领会演讲者的思想和观点,对演讲也就无法做出反馈,没有交流,演讲就失去了意义。

演讲者在演讲中发出的信息是非常丰富的,有些内容是直接呈现出来的,有些内容则隐含在片言碎语中,特别是一些有价值的信息可能就在不经意间流走。学会倾听,集中注意力,对演讲者所说的内容进行分析、挖掘,不仅要听懂演讲中的"弦内音",也要听出演讲中的"弦外音",这就验证了古人说的一句话:"听话听音,锣鼓听声。"作为听众,只有学会倾听,才能把握住演讲更多的信息。

(二)倾听有助于激活听众的思维

积极的倾听有助于听众理解讲话者讲的内容,并给予积极反馈,这又进一步提高了听的效果和理解程度。听演讲不光是被动接收他人的信息,还有一个重要的作用就是带着自己的问题,到演讲中寻找启发和思路。任何演讲都不可能直接针对某一位听众的问题给出具体答案,但是,演讲者的个性化观点和思想总有一些闪光的地方,会给听众带来一些启发和启示。日常生活中,我们解决问题的办法有很多,除了个人的力量之外,借助外在的帮助不失为一条捷径。对于大多数听演讲的人来说,其目的多是想从中得到一些有益的帮助。演讲者对演讲都会进行精心的准备,无论是演讲的立意还是材料的选择,演讲者都是下了一番功夫的。叶圣陶先生说:"听就是读,是用耳朵来读。"用心听,就如同读一篇好的文章,它给人带来的不仅有精神的愉悦,还能帮人打开另一扇思想的大门,洞察到事物的另一面。所以说,倾听有助于激活听众的思维,继而找到一条解决问题的蹊径。例如,人们渴望听商界成功人士的演讲,渴望从他的演讲中找到成功的路径。其实,所有的演讲中往往贯穿着一句话,如果听众能够注意到他在不同场合的演讲中都在反复重述这句话,那它必然会引起注意,必然会引发我们的思考,也才会从中真正领会到他成功的秘籍。但是,很可惜,大多数听众都带着非常强烈的功利心去听演讲,他们只关注他的一些具体做法,而忽略了很多他情不自禁流露出的最真实的思想和观点。

(三)倾听可以呼应演讲者说话的欲望

演讲是双向的交流、互动的过程。相对于“听”而言,现代人更愿意用“说”作为唯一的沟通方式,因为它更快、更直接。然而,“说”属于一种知识和能力,唯有“听”更显从容与睿智。在日常生活中,倾听是人与人之间互生信任的催化剂。任何一位演讲者都会在有耐心的听众面前表现出最好的状态,为听众呈献一场高质量的演讲。听众的倾听看似无关紧要,却能够产生神奇的沟通效果。积极的倾听与反馈,可以帮助讲话者梳理思维。更进一步,倾听还可以帮助讲话者拓展他们的思想,给予他们机会澄清自己想说的内容或激发他们做进一步的补充。如果演讲者在演讲时,听众表现出漫不经心、心不在焉的情绪,必然会刺激演讲者关闭交流沟通的大门。演讲者的演讲得不到呼应,就会产生被轻视、受冷淡、不被理解、枉费口舌的心理反应,自然也就不会有演讲的兴趣,更不要说新观点、新思想了。

哈佛大学的威廉·詹姆斯教授认为:“人类本质中最殷切的需求是渴望被肯定。”赞美正是满足这种渴望的最好语言。所以,在一般情况下,演讲者在演讲中,应满足人们自尊、自爱的心理需求,以正面疏导教育为主,切不可轻易指责、讽刺、挖苦,尤其不可揭短,不可当众宣扬别人的隐私,否则就会破坏演讲现场的秩序。从心理学角度分析,听众的积极倾听态度会使演讲者感到愉快,减少自我保护的意识,在这种心理状态下,演讲者愿意说出事实,表达想法和感情。倾听有助于促进深层次沟通,也有助于激起对方的谈话兴趣,使讲话者感到被理解、被支持,从而愿意与听者分享更多信息。另外,主动倾听还有助于演讲者在演讲后的提问环节中倾听听众的问题,并给予积极回应。正体现了那句话:“要得到别人的理解,先要去理解别人。”人人都有企望被人承认、被人尊重的心理,演讲者这种心理的直接体现就是渴望听众能倾听他的演讲,并给予积极的回应,这样他才会提高演讲的兴趣,诱发表达意见的欲望。有次,一位作家参加了一场高端的学术界人士交流会,一位植物学家在会上即兴做了一场短暂的演讲,演讲内容都是关于植物的各种趣味的。作家正好坐在植物家的身边,虽然他对植物了解不多,但却很认真、很真诚地听植物学家演讲,听到有趣之处,他会发出会意的笑声,他的目光也一直注视着植物学家。

在两人的目光交流中,植物学家得到了鼓励,他兴致很高,津津乐道,用通俗易懂的语言把多姿多彩的植物世界呈现给在场的每一位听众。事后,植物学家高度称赞了作家,说他是“最有趣的听众”。而作家说:“我对植物懂得太少了,唯一能做的就是注意听。做一个善于倾听的人,是鼓励说话者的最好的表达方式。”

二、学会倾听

英国前首相丘吉尔说:“站起来发言需要勇气,而坐下来倾听,需要的也是勇气。”大文豪伏尔泰说:“耳朵是通向心灵的道路。”“听”与“倾听”虽然只有一字之差,但是,在内涵上相差很大。“听”是人体听觉器官对声音的生理反应,只要生理健康,能听到别人的讲话,“听”的任务就完成了。“倾听”虽然是以听到声音为前提,但它更强调对听到的声音要有所反应。倾听是听众主动参与的过程,在这个过程中,听众要完成接受、理解、思考等环节,并要做出必要的反馈。演讲之后,往往会安排一个问答环节,这就是反馈。倾听的过程又是听众暂时忘掉自己的思想、期待、成见和愿望的过程。演讲是门艺术,而倾听同样也是一门艺术,既然是艺术,倾听的能力就不是天生的,需要通过后天的培养获得。

(一)聚精会神,保持专注

在讲求效率的现代社会里,耐心地倾听别人确实不是一件容易的事情。美国著名导演尼克尔斯认为在现代社会中,倾听成为一门快要失去的艺术,他认为这部分归因于时间的压力,它分散了我们的注意力,减弱了我们在生活中进行倾听的质量。在演讲中,真正有效的倾听需要听众具备全身心关注演讲本身和避免各种干扰的能力,对演讲的专注度越高,受到听众自身或外界的干扰越少,倾听的质量越高。专注是在听众的态度或感情与现场情境融为一体时形成的良好心理状态,在这种心理状态下,听众的感知、注意力、记忆力、情感、想象、思维、兴趣等心理特征会逐渐与演讲者的心理产生同质同构现象,从而达到演讲的主、客体的和谐共处。“专注”的核心是注意力的培养,何为“注意力”呢? 注意力是指人的心理活动指向和集中于某种事物的能力。俄罗斯教育家乌申斯基曾精辟地指出:“注意是我们心灵的唯一门户,意识中的一切,必然都要经过它才能进来。”注意力是人的意识的具体表现,是把自己的感知和思维等心理活动指向和集中于某一事物的能力。注意力是记忆力的基础,记忆力是注意力的结果。注意的广度、稳定性、分配和转移,是衡量一个人注意力集中与否的标志。

注意力有两个基本特征:一个是指向性,是指心理活动有选择地反映一些现象而离开其余对象;二是集中性,是指心理活动停留在被选择对象上的强度或紧张度。指向性表现为对出现在同一时间的许多刺激的选择;集中性表现为对干扰刺激的抑制。它的产生、范围和持续时间取决于外部刺激的特点和人的主观因素。一般情况下,人们的“注意”都是选择性注意,即注意是有选择地加工某些刺激而忽视其他刺激的倾向。它是人的感觉(视觉、听觉、味觉等)和知觉(意识、思维等)同时对一定对象有选择地指向和集中(对其他因素的排除)。人在注意着什么的时候,总是在感知着、记忆着、思考着、想象着或体验着什么。人在同一时间内不能感知很多对象,只能感知环境中的少数对象。而要获得对事物的清晰、深刻和完整的反映,就需要使心理活动有选择地指向有关的对象。人在清醒的时候,每一瞬间总是注意着某种事物。通常所谓“没有注意”,只不过是对当前所应当指向的事物没有注意,而注意了其他无关的事物。注意是一种意向性活动,它不像认知那样能够反映客观事物的特点和规律,但它和各种认知活动又是分不开的,它在各种认知活动中起着主导的作用。人的所有心理活动总是和注意联系在一起的,由于注意,人们才能集中精力去清晰地感知一定的事物,深入地思考一定的问题,而不被其他事物所干扰;没有注意,人们的各种智力因素,观察、记忆、想象和思维等将得不到一定的支持而失去控制。

在演讲的现场,听众应尽快排除其他事物的干扰,将自己的注意力转向演讲活动以及演讲者身上,同时,精神上要保持适当的紧张度,心无旁骛,将视觉、听觉、思维和意识等感觉与知觉主动地调整到与演讲有关的事物上,这是倾听的开端,也是倾听应具备的必要心理基础。集中注意力首先要控制自己的注意力,使之保持稳定,尽量降低注意力的波动性和选择性;其次要全神贯注于演讲的内容,不要让自己的思维在听演讲的时候游移,应始终聚焦在演讲的主题上;最后是放松心态。有位知名的教练对自己的学生说过一句话："如果你的身体紧绷，你的心情怎么可能放松？"所以，每当大赛的时候，他并不是反复叮嘱那些技术要领，而是和队医一起给运动员做肌肉按摩，将他们的身体放松下来。这一办法非常有效，大多数运动员都能发挥出自己的应有水平。大多数人认为演讲活动中最紧张的是演讲者，最轻松的是听众，其实，听众在演讲活动中也存在或多或少的心理压力。比如，有些听众会想：演讲的内容我能不能听懂？我能不能跟上演讲者的思路？演讲的重点在哪里？等等。有了这些想法，听众的心里自然紧张。如果演讲者是位行业翘楚，或是社会名流，听众的心理压力会更大。所以，听众在演讲正式开始之前也要调整自己的心态和情绪，以平和、学习的心态去倾听，才会从演讲中获得思想的启迪和知识的积累。

听演讲最忌心不在焉、无动于衷，这常常是缺乏听讲动力、思想不集中和智力贫乏造成的。听众要想真正听好演讲，必须全神贯注，透过话语理解演讲者的真意。这就要善于利用各种线索，特别是在核心内容不明时，尤其如此。听众不仅要善于认真听有声语言，还要善于捕捉伴随有声语言而来的体态语言以及其他非语言因素。因为在非语言因素中，多数是无意识或半意识的行为。这些行为很难掺假，对准确理解真意很有帮助。所以，听众全神贯注地听讲，使听觉、视觉等感官同时发挥作用，是听好演讲的最有效的方法之一。但是，事实上，听众听演讲，真正做到全神贯注的情况并不多。所以，听众常常因为没有捕捉住有声语言之外的非语言因素而错误理解了演讲内容。

（二）以同理心去倾听

以色列哲学家肯·朗佩特提出了"同理心"的概念，他认为："同理心发生在当我们在他人内心找到自我的时候。我们透过对方的眼睛观察现实，我们感受对方的情感，分享对方的痛苦。"听众抱有同理心去倾听并不代表我们赞同演讲者的观点，它表示我们在努力领会别人的观点，意味着聆听他人所表达的内容与情感，以便我们能够站在对方的立场上，体会对方的感受。

印第安人有个传统，大家在议事的时候，会有一个权杖，这个权杖代表发言权，只有得到这个权杖的人，才能取得发言权。而获得权杖的唯一方式,就是重复对方的话,让对方认同你,当你理解了对方的话,并得到对方的同意时,你才有权发言。这个传统传承了几百年,权杖也由最开始的金属权杖演化成为木质权杖,后面慢慢变成随意而为的东西,再后来,有形的权杖被取消,因为权杖已经在人们的心中生根发芽。大家再聚到一起讨论问题的时候,就无须再提权杖,人们已经形成了约定俗成的议事方式。这个事例告诉我们,只有当听众认真倾听演讲者说话,并以同理心去感受说话者的观点和情感时,才能较为全面和有效地与他人达成沟通和交流。印第安人议事时的发言权转换之所以要设定重复对方的话这个规则,就是要求任何人要针对他人的发言提出意见,而意见必须是建立在听清和理解对方说的话的基础上,否则,连别人说的是什么都不清楚和理解,如何去交流?所以,任何一位倾听者都应努力超越自己狭隘的观念,敞开心胸倾听他人的思想,客观听取演讲的内容,而不以自我为中心迅速加以价值评判。

某媒体人应邀为某高校学生做了一场演讲。演讲中,该校的一名教授突然打断演讲并向媒体人发问,就演讲中的某一问题进行质问。现场,这位教授情绪激动,对观点进行批判,然而,他的做法引起了现场其他听众的反感。究其原因,他并没有认真完整地听完演讲者的全部内容,当听到与自己意见相左的内容时,马上产生了强烈的排斥心理,根本不容他人把话说完,就粗暴地打断演讲者。他有质疑的权利,有提出自己观点的权利,但作为听众,首先要给予他人充分发表个人观点的权利,其次,要善于听取他人的观点,并分享这些即便与自己的观点不同的思想。

在朗佩特的同理心理论的基础上,人们又提出了换位思考的概念,它是站在对方立场设身处地思考的一种方式,即在人际交往中,能够体会他人的情绪和想法,理解他人的立场和感受,并站在他人角度思考和处理问题。主要体现在情绪自控、换位思考、倾听能力及表达尊重等与情商相关的能力上。具体到演讲的听众,换位思考就是全心投入到对方的讲述,进入到对方的情感世界中,随对方的情感而波动,用心聆听对方的思维和心声,将自己置身于对方的语境中,因他的悲伤而悲伤,因他的快乐而快乐。倾听不是一种被动的活动,而是积极地对演讲者传达的信息做出反应的过程。在倾听时,听众可利用无声的体态语言来呼应演讲者,如微微的点头、专注的神情、闪烁的目光、会心的微笑、牵动的嘴角等,都能使演讲者感受到听众的真诚，获得鼓舞。需要注意的是：眼睛要注视对方，保持适当的目光接触，当然不是盯着对方的眼睛看，否则会给自己也给对方造成压力。可以尝试看对方的鼻尖或额头等部位。身体适当前倾，这是一种集中精力积极倾听的姿态。保持自然微笑的表情，同时伴随着演讲者的谈话内容相应地变化，不时地点头，表示赞同。

三、倾听的要点

倾听有三大要点：听要点、听论据、听技巧。

（一）听要点

演讲一般都有时间限制，演讲者不可能长篇大论，而且，讲话的内容太多，听众能记住的不多，演讲的效果也不会太好。所以，演讲者在准备演讲的时候，围绕主题确立的要点一般都是2—3个，再多听众就很难记住。事实上，每个听众听讲都是将信息进行主观的删节、补充，甚至曲解，都会自然地表现出选择的倾向性。择要听讲往往是听清开头，听清要点，即抓住演讲的主题和框架，这样对演讲就有了较完整的认识。

乔布斯在斯坦福大学发表最后一次演讲时，已身患重病，但他仍然以坚强的意志给听众带来了一场思想的盛宴。乔布斯在演讲中讲了三个故事。第一个故事是如何串起生命中的点滴，乔布斯在这部分演讲中，梳理了自己一生中最重要的几个节点，告诉大家生命的偶然性与必然性；第二个故事是关于爱与失的，讲述了乔布斯创建苹果公司，又被苹果公司解雇，后自创公司收获爱情再强势回归的这段经历；第三个故事是关于死亡的，讲述了乔布斯面临死亡时的心态。乔布斯说的内容很丰富，但是只要抓住这三个故事所表达的要旨，就能理解乔布斯所要表达的主题。

（二）听论据

演讲的观点需要论据的支撑，听清这些论据对深化听众对演讲者的观点认识起到很重要的作用。观点和思想是抽象的，而且通过语言表达出来，稍纵即逝，留给听众思考的时间非常短，而演讲者提供的论据往往是一个故事或是一组数字，具有很强的直观性，可以帮助听众加深对演讲的观点的理解。

2014 年 7 月 4 日上午,习近平主席在韩国国立首尔大学发表了《共创中韩合作未来,同襄亚洲振兴繁荣》的演讲,为了深刻阐释中韩两国文化的交融性,习主席以太极图为例。他说:“中国太极文化由来已久,韩国国旗是太极旗,我们最能领会阴阳相生、刚柔并济的古老哲理。如果说政治、经济、安全合作是推动国家关系发展的刚力,那么人文交流则是民众加强感情、沟通心灵的柔力。只有使两种力量交汇融通,才能更好推动各国以诚相待、相即相容。”这个例子很容易让听众想到太极图,再从太极图想到两种文化的交融,进一步加深听众对中韩两国合作意义的理解。

(三)听技巧

所谓听技巧就是听演讲者是如何运用各种技巧来传播信息的,掌握住这些技巧,就如同拿到打开演讲大门的钥匙。演讲是艺术就有技巧,虽然每个演讲者都有自己的一些独特技巧,但许多技巧都是相通的。如果听众能够准确地领会到演讲者的技巧,也就把握住了演讲的关键,这对加深对演讲内容的理解起到了促进作用。比如,通过演讲者的情绪,可以有效地抓住演讲者表达的中心。有些演讲者讲到某个地方的时候,戛然而止或有意避开,这就是演讲的技巧,故意制造一个悬念,而这个悬念又往往是问题的症结所在。明白了这个技巧,听众就能较容易地从这一点突破,揣摩演讲者的情绪和真实意图。不少演讲者在表达观点时往往喜欢运用一些隐喻的手法,话中有话,听众要学会倾听弦外之音,那么,他们对演讲内容的理解就不会只停留在话语层面上,而是透过现象探求本质的意义。

鲁迅先生的演讲经常采用反讽的表达形式,既增加语言的修辞效果,也给听众留下更多的思考空间。1932 年 11 月,鲁迅从上海回到北平探视母亲,北师大请他去演讲,题目是《文学与武力》。有的同学已在报上看到不少攻击他的文章,很为他不平。他在演讲中说:“有人说我这次到北平,是来抢饭碗的,是‘卷土重来’;但是请放心,我马上要‘卷土重去’了。”一席话顿时引得会场上充满了笑声。北师大是鲁迅曾经任教的地方,这里的很多师生原来都听过他的演讲或课程,对鲁迅的这种演讲风格和语言技巧都很熟悉,所以,他一讲“卷土重去”,大家都知道他所隐喻的内容,然后都会意一笑。如果不熟悉鲁迅的这种演讲技巧，也就无法理解“卷土重去”的内在意义。

思考题

阅读下面的演讲稿，然后回答问题。

大学的意义

施一公

这也许是我最后一次以院长的身份给我们的本科生、研究生拨穗，我很珍惜这次机会。

从我回国建成实验室算起，到现在整整 8 年，时间不短了。这是我的母校，也是在座各位的母校，我们深爱的地方。今天我们又有一茬本科生、硕士生、博士生毕业，我确实心情很激动，很多话想说，但我没有事先准备讲稿，因为我想把现场最真实的感受告诉大家。

今天的主题是毕业，但回头看，我们从上大学开始，包括我自己都在想一个问题：为什么要上大学？大学是为了什么？我相信不少家长到现在还在想这个问题，我作为院长也还在想这个问题。我这里讲上大学其实不只包括本科，也包括硕士、博士阶段的学习，究竟是为了什么？

当然，我们为了学知识、充实自己，但一定不只是为了学知识！甚至在你这一辈子的过程中，在大学里学习的知识只是其中很不重要的一部分。我们也为了学技能、学习解决问题的能力，但也不只是为了学技能！甚至学技能也不是大学教育中最重要的一部分。

那么最重要的是什么呢？我们为什么来大学呢？我以为，是学做人。

做人并不是一定要做我们觉得可望不可即的英雄模范，更不是要学“八面玲珑会做人”的那个“做人”，我觉得是学做一个健全的、有自信的、尊重别人的、有社会责任感的人。大学最重要的目标就是培养这样的人。大学最根本的一条就是帮你树立社会价值观、人生观，我觉得清华就是这样一所大学。

我拿今天的两位演讲嘉宾来说事儿，先说我们第二位嘉宾徐彦辉博士。我给大家讲一个故事:我2001年回清华讲课,徐彦辉当时应该是学生辅导员,他找到我,跟我长谈了一次。他说我组织我们班级看了一场话剧叫《切·格瓦拉》。

切·格瓦拉出生在阿根廷一个上流社会家庭,本可以有很好的生活,但是他觉得这个世界很不公平,于是去古巴参加、领导了革命以后,输出革命到非洲,又到玻利维亚继续领导革命,最后被美国中央情报局抓获、残忍杀害。

2000年夏季,话剧《切·格瓦拉》让整个北京沸腾了;2001年,清华校园也沸腾了。徐彦辉激动得难以自已,他找到我,他说:"一公,我很纠结,这个社会的价值观现在如此之混乱,大家拼命去挣钱,又有这么多腐败现象。看到这些社会弊端,我作为一名博士生,空有报国之志,真想做点什么,但我能做什么呢?"

我跟他说:"彦辉,我长你10岁,我恰好经历过你这个困惑期。我告诉你,你现在唯一能做的就是兢兢业业做好你的学问。你记住,你总有一天会成为这个社会的中流砥柱,会成为这个社会的领导者。到那时,你一定会承载起这个社会发展的重任!我只怕你十年、二十年之后不再有今日的沸腾心声,不再有现在这份先天下之忧而忧的心气儿,而变得淡漠和世故……如果那样你就真的堕落了,你就愧为清华人了。"

当时徐彦辉听了以后非常激动,我也很激动。但我也真的担心他十年之后会被社会同化,被不健康的社会舆论同化,那就会是一位清华毕业生的悲哀。

我很高兴徐彦辉接受了我的建议。他现在是复旦大学的徐大教授,他在从事前沿的基础科学研究。我觉得他在实现自己人生价值的过程中已经迈出了坚实的第一步,他对社会的承诺和对社会的责任感也迈出了第一步,这就是清华的学生!

我们的第一位嘉宾邓锋先生,我想不用我介绍太多了。当学生工作组征求我意见,问我请邓锋好不好时,我立即说当然好。你们可能觉得,施老师崇尚做研究、做学术的大师,怎么会想请一位企业家呢?

其实你们误解我了,我希望的是在座的每一位学生都能实现你们的个人价值,实现你们对社会的承诺,我不是非要你做科学家在实验室待着,尽管我认为做科研特别有意思。

我很感谢邓锋，他作为一位清华的校友、清华的学生，完全尽到了他的责任！邓锋可能不是北京最富有的，但是他现在挣了一些钱之后一直在回馈社会、帮助清华，也帮助我们生命学院、医学院。

我6月中旬把自己的两个孩子带到河南省驻马店一所农村留守小学，和那里的小学生一起吃一起住，接受教育。孩子们很受教育，我也很受教育。中国是一个发展如此不均衡的国家，当你们在这里、在清华可以享受所有的优势和优惠的时候，你们其实应该好好想一想：我承载了多少人的期望？我需要做什么回馈社会？

有些学生，有时候会陷入一种无端的狭隘——在一些消极的舆论影响下，天天想着找工作，天天想着只为个人奋斗。为个人奋斗是很重要，但这只是你生命中的一部分，因为你生活在一个大世界中，你看看这个国家、中国社会的方方面面，有多少人需要你的关爱？你超越了多少人才有机会参加今天的毕业典礼？你难道不应该有一点社会责任感？你不觉得到清华以后，如果你的人生目标还只是为自己、为家庭找一份工作，其实很狭隘？天下之大，有这么多事情需要我们去做，当你把自己限制到这么小的一个圈子里的时候，你的路只会越走越窄。

大学培养你的就是价值观，我希望大家都树立自己最认同的价值观。在这个毕业季，我想对我们毕业生说几句话：我真的觉得现在是一个大时代，希望我们毕业的每一位同学真的不要辜负对你充满期望的人，中国要想腾飞的话，一定是我们的学生、青年人强大才会腾飞。

清华人的奋斗目标从来不是，也不应该只是找一份惬意的工作！我衷心希望你们每一个人在追求小我的同时，心里也要有大我——即便在困境中，也要有一个承担起天下的雄心壮志！做事的时候要做到极致，不留下遗憾。生命就是体验，既然体验只有一次，何不做到极致！

问题：如果你是现场的一名听众，你能把握住演讲的主题吗？你是从哪个角度切入的？

第五章　撰写演讲稿

我先把演讲的骨架组装起来，然后速写出演讲内容。

——伍德罗·威尔逊

演讲从形式上可分为三大类：命题演讲、即兴演讲、辩论演讲。除即兴演讲外，命题演讲与辩论演讲都给演讲者留有一定的时间进行准备，撰写演讲稿是演讲准备工作最后一道工序。演讲稿的写作与一般的写作有联系也有区别，两者的联系就是都要遵循写作的一般规律，区别在于一般性写作最后完成的作品是定型的，而演讲稿与实际演讲内容有一定的差异，这是因为演讲稿体现了演讲人的基本思路和思想，其优劣是演讲成功与否的关键，但演讲的现场性强，在演讲过程中演讲人会进行必要的现场发挥，或是根据现场需要增删演讲内容等，这就造成实际演讲内容与演讲稿的出入，这也是由演讲的本质特征所决定的。由此可见，撰写演讲稿既需要掌握基本的写作规律，也要结合演讲活动的特点，在确定基本结构的基础上，给演讲者留下发挥的空间。另外，由于演讲者的经验和水平不同，撰写的演讲稿的内容详略也不同。具有一定演讲经验的人会将演讲稿撰写的重点放在结构的安排和材料的选择上，陈述性和描述性语言较少，这部分内容往往靠演讲者现场发挥；而对于经验不足、心理素质较差的演讲者来说，演讲稿写得越详细，对他们现场的发挥越有利。所以，撰写演讲稿的过程就是确定演讲结构、内容和表达方式的过程，完成演讲稿的撰写也就相当于做好了演讲的准备。

撰写演讲稿不仅仅反映出演讲人的写作能力，也是其思维能力、创新能力、分析能力的综合体现。演讲稿是演讲的依据，但演讲人演讲时一般要脱离稿件，所以，只有将演讲和文稿自然和谐地统一起来，才能使演讲既生动活泼，又富有逻辑性。

第一节 演讲稿的主题

“主题”最初是音乐中的术语，意即“主旋律”。它表现一个完整的音乐思想，是乐曲的核心。后来这个术语被广泛用于各种文体的写作中。在我国古代论文中，主题常被称为“意”“志”或“主旨”“主脑”。从写作学的角度看，“主题”就是作者在说明问题、发表主张或反映生活现象时所表现出来的基本观点或中心思想。演讲稿的主题是写作者通过演讲稿的全部内容所表现出来的基本认识和中心意思。如果我们把材料比喻为演讲稿的“血肉”，那么主题就是演讲稿的“灵魂”，没有灵魂，演讲稿就是一堆空话、废话，演讲也就失去了生命力。我国古代哲学家王夫之认为写文章的关键就是：“俱以意为主。意犹帅也。无帅之兵，谓之乌合。”意思是说主题是一篇文章的核心，写作中的材料取舍、结构安排、语言遣用都要围绕主题展开。演讲稿写作与文学创作不同。文学创作如果先定主题就容易导致写作的公式化和概念化，这种现象被称为主题先行；而演讲稿写作在动笔前首先要思考的问题是演讲要讲什么，要告诉听众什么，然后通过思考逐渐确定演讲主题，这样演讲稿的撰写才能顺利开展。正如古人所说，“意在笔先，故得举止闲暇”，“意在笔后，故至手忙脚乱”。明确了演讲稿的主题，也就是确定了演讲的“灵魂”。

一、演讲主题的特点

与一般的文章主题相比，演讲稿的主题既有写作的一般性特点，也有自身的要求。

（一）客观性

演讲稿的主题不是演讲者头脑中先天存在的，而是演讲者在社会实践中对世界的认识、体察、综合、概括，是客观世界本身的属性、本质和规律在演讲者头脑中的反映。演讲的一个重要目的就是向听众揭示和展现这些属性、本质和规律，给人以认识和思考。毛泽东同志在《人的正确思想是从哪里来的?》一文中谈到了人的思想和观点的来源和特点:“人的正确思想是从哪里来的?是从天上掉下来的吗?不是。是自己头脑里固有的吗?不是。人的正确思想,只能从社会实践中来,只能从社会的生产斗争、阶级斗争和科学实验这三项实践中来。人们的社会存在,决定人们的思想。”不论是自命题目还是他人命题的演讲,其主题都必须来源于社会实践,是对现实的客观反映。我国著名学者周谷城先生曾经很精辟地总结了演讲的目的:“一篇好的演说,或事实有据、逻辑严密,或慷慨激昂、豪气凌云,或声情并茂、引人入胜,或机智幽默、妙趣横生,或数者兼而有之。是以使人坚定对崇高理想之信念;是以使人增加知识,明白道理;是以动人心弦,催人奋发;是以使人欢乐,得到美的享受。”古希腊唯物主义哲学家德谟克利特说:“用鼓动和说服的语言来造就一个人的道德,显然比用法律和约束更能成功。”由此可见,演讲的目的既有宣传教育作用,也有传播知识和审美的作用。这些目的的实现都建立在演讲主题客观真实的基础上。有人把演讲主题的特征总结为“真善美”,这也是演讲的魅力所在。“真善美”在社会中客观存在,演讲者通过广泛的实践去体验、感悟、挖掘客观世界中的“真善美”,并通过提炼形成演讲主题。所以,演讲稿的主题是演讲者对客观世界的认识和反映,具体来说,主题就是演讲者针对社会上的某种现象或某种事物、人物有感而发的思想和观点,其目的或是匡正风气、弘扬正气,或是鼓舞人心、激发热情,或是鞭挞丑恶、针砭时弊,或是传播知识、传递信息。总之,任何演讲都是针对现实有感而发的,脱离了现实,演讲的主题就变得缥缈虚幻,演讲就会失去“灵魂”,成为演讲者的自说自语,彻底失去演讲的意义与价值。

章太炎先生曾发表题为《今日青年之弱点》的演讲,对当时青年身上存在的不良现象进行了毫不留情的批判。他把青年的弱点归为四点:“第一个弱点,就是把事情太看容易,其结果不是侥幸,便是退却。”“第二个弱点,就是妄想凭借已成势力。”“第三个弱点,就是虚慕文明。”“第四个弱点,就是好高骛远。”他所批评的这四个弱点不是自己想出来的,而是在对现实观察与分析之后总结的,有理有据。如他认为青年第二个弱点是“妄想凭借已成势力”,然后他用事实来说明:“本来自己是有才能的,因为要想凭借已成势力,就将自己原有之才能皆一并牺牲,不能发展。譬如辛亥革命,大家皆利用袁世凯推翻清廷,后来大家都上了袁世凯的当。历次革命之利用陆荣廷岑春暄,皆未得良好结果。若使革命诸人听由自己的力量,一步一步地做去,旗帜鲜明,宗旨确定,未有不成功的。你们的少年中国学会,主张不利用已成势力我是很赞成的。不过已成势力,无论大小,皆不宜利用。宗旨确定,向前做去,自然志同道合的青年一天多似一天,那力量就不小了。惟最要紧的须要耐得过这寂寞的日子,不要动那凭借势力的念头。”章太炎亲身经历过旧民主主义革命,他看到很多青年“妄想凭借已成势力”而最后走向失败的血淋淋的事实。他对当时社会的各种弊端的批评入木三分,对青年人弱点的分析一针见血。章太炎的这个演讲刺痛了当时很多热血青年的心,让他们在痛苦中开始反思自己的弱点,不断突破自身的局限性。这篇演讲是 1919 年初章太炎应中国少年学会之邀所做的,在他演讲之后,刚刚年满 28 岁、意气风发的北大教授胡适也登台演讲,他上来就批评章太炎的演讲是消极的忠告,并在演讲的结语中好似挑战地用了一句荷马史诗:“请看吧,我们已经回来,未来的世界应该从此不同了!”胡适刚从美国回来,并不了解当时中国社会的实际,也没有真正参与到中国社会的改造运动中,他凭着一腔热情来认识当时中国的青年,难免出现偏差。

(二)主观性

某语言竞技真人秀节目中,采取了“同题竞技”的比赛方式让选手们同台对垒。第一个主题是“诗和远方”,第一位上场的是来自四川北川的残疾人运动员代国宏,他在地震中失去了双腿,但是,他没有向命运低头,通过艰辛的努力,他荣获了全国残疾人游泳锦标赛 100 米蛙泳的冠军。代国宏用自己的人生经历阐释了“诗和远方”的主题:生命不息,勇往直前。另一位选手王龙玺从女性的角度来解读“诗和远方”的内涵,他给出的主题是:如果我们希望未来的女性能够不因社会规则而让生活限于苟且,那就让我们放开那些女孩,让她们去寻找属于自己的诗和远方。两人都用大量丰富的事实向观众论述了他们心中“诗和远方”的意义与内涵。通过这个例子我们会发现,对于同一个主题,不同的演讲者可以从不同的角度去阐释,他们的观点各异,对主题的理解也千差万别,究其原因,就是演讲的主题具有主观性的特点。

人们对事物的认识和理解总是带有很强的主观色彩。同一个问题,站在不同的角度,看到的内容是不同的。每个人的认识能力和思维方式是不同的,在对客观事物进行认识的过程中必然渗透了个人的意见和主张。代国宏为了重新找回自己,在家人的鼓励下开始学习游泳。作为一个失去双腿的残疾人,他在学习中所经历的痛苦和磨难,正常人根本无法想象。正是由于家人的鼓励、自己的坚持,他终于成功了。当他成为一名真正的专业运动员、成为一名全国冠军之后,他对生活中"诗和远方"的认识更加深刻:"虽然笨手笨脚,虽然晕头转向,虽然喝了很多水,但在水里却让我有一种感觉,那种感觉难以言表。那是我受伤之后第一次不需要轮椅,不需要拐杖,我可以靠自己微弱的力量决定着行动的方向和目的,那种感觉叫自由。它让我欣喜若狂,我不知疲倦地反复练习,原本孱弱的身体变得越来越强壮,原本阴霾的心情也越来越明朗。半年后,教练把我带进了专业队,我成为一个运动员,新的身份让我有了新的动力。我喜欢赛场,喜欢万众瞩目,我喜欢泳池,在泳池里劈波斩浪,每一分每一秒我都觉得自己在重生。"游泳和训练给代国宏的身心带来的巨大愉悦是健康人难以理解的,他在游泳比赛中重新找回了生活的意义和方向,正如他在演讲的最后所说的:"生活本身像诗一样优美,只要你充满对生活的希望,就不会有所谓的苟且。生活的意义就是在自我超越中去实现生命的价值。"这篇演讲稿的主题完全是作者个人在经历人生的巨变和磨难之后所获得的切身感悟,没有这个经历就很难有这个认识。

一场高水平的演讲之所以能引起很大反响,根本原因在于演讲的主题表达了演讲者对社会、人生的独特而深刻的认识,帮助听众打开了一扇智慧的大门,给他们带来新鲜的思想和观点,让他们的心灵受到震撼。如果演讲的主题是一些陈词滥调,人云亦云,毫无个人的见解和思想,则这样的演讲既无价值,又不会有听众认同和接受。所以,主题从社会实践中来,是演讲者对客观世界的理解与认识,既具有客观性,同时也具有主观性,是主观与客观的统一。

(三)时代性

唐朝大诗人白居易曾说过:"文章合为时而著,歌诗合为事而作。"演讲也不例外。演讲者应充分考虑当今时代的新要求、新任务、新特点、新思潮,要始终站在时代前列,敏捷地追踪时代信息,把握时代的脉搏,反映出强烈的时代特色，提炼出合乎社会发展方向的、具有深刻时代性的主题，这样才能受到欢迎。具体来说，演讲要从现实生活出发，选取有价值的问题，发表有积极意义的见解，具有现实针对性，能解决现实问题，这样才能引起听众的共鸣。

某营销专家为一所高校做了一场题为《别用牵骆驼的方法牵兔子》的演讲，让在场的大学师生深受启发。演讲的开头是这样说的："一次，一位朋友很兴奋地拿一堆书给我，说这些书可以帮助中国的企业实现百年之梦。我一看都是大部头的西方企业管理书……几乎所有的管理书籍所谈的企业都是世界上非常优秀的企业。这些公司已经足够大，他们的经验尽管是正确的，但对我们目前的中国企业来说并没有太多的现实意义。和那些书中所谈的企业相比，我们绝大多数企业只是一只兔子，套用管理骆驼的方法来管理兔子，无异于笑话。骆驼由于骨架大，前进需要稳健，不能跑得太快，太快就散架了，所以跨国企业谈稳健的发展，谈战略管理。而兔子的生存特征就是速度！没有速度，中国企业就没有未来！"演讲者通过对这个例子的分析得出了自己的观点："骆驼有驼峰，储存着足够的食物，可以十五天不喝不吃，照样穿过沙漠到达目的地，而兔子不行，兔子必须每时每刻找到吃的，否则就会饿死。一个可以亏损很多年的营销和一个必须产生当期效益的营销怎么能是一回事呢？……所以，我们必须根据中国的情况为中国的企业量身打造营销计划。"演讲者用"牵骆驼"和"牵兔子"的生动比喻，指出了当下国内经济理论界存在的弊端：习惯套用国外的经济理论来分析和解决中国经济问题。这一论点解开了很多人心中的困惑，也为他们提供了解决问题的思维方法和角度，具有很强的现实意义，受到了师生的欢迎。

在某地举行的"我为家乡发展建言"的主题演讲比赛中，一位演讲人做了一场题为《没有速度，就没有未来》的精彩演讲。他在演讲的开头用一组数据列举了我国的某些行业与国际发达地区相比存在的差距，进而阐述了"我们必须有更快的发展速度！"演讲者所使用的数据让在座的听众受到了巨大的震撼。随后，演讲者用"裹挟效应"的理论来解决上述问题："在世界上，投资者同样青睐速度，他们往往将发展速度最快的地区当成最理想的投资地点。发展速度快的地区所产生的低成本资源的富集，本质上是一种由速度产生的'裹挟效应'。也就是说速度所产生的巨大张力,将社会上的很多资源裹挟进来,使这些资源不得不跟着你走。”这位演讲者举出的某些行业的案例,正是当前中国经济发展面临的产业升级转型的迫切问题,他提出的用“更快的发展速度”来提升经济效益的观点具有强烈的现实意义,也让听众更加深刻地认识到加快发展的重要性。

二、演讲稿主题的提炼

演讲稿的主题不是作者自身生成的东西,而是作者从大量的材料中不断提炼,再将从中得来的思想认识加以集中和深化,将感性认识上升为理性认识,进而形成的。鲜明集中的主题不仅可以更好地深化演讲的内容,还能够吸引听众的注意,唤起情感的共鸣。当然,演讲稿的主题不能只停留在表面。要将主题的内涵挖掘出来,就必须认真思考:你所确定的主题价值在哪儿?你的主题究竟要表明什么?是否精练?是否具有真实性、科学性?能否让听众信服?这些问题都是演讲者必须认真推敲的。美国著名民权运动领袖马丁·路德·金在其演讲《我有一个梦想》中以《美国宪法》和《解放宣言》为依据,猛烈地抨击了美国的种族歧视政策。他借助“梦想”来比喻渴望但在现实中不可求的人权,对演讲的主题起到了强化作用。整个演讲,感情激昂、文字优美、主题鲜明,富有极强的影响力和感召力,在场的听众都受到了很大的鼓动。

演讲稿主题的提炼,可以从以下几个方面入手:一是透过事物的表象,发掘事物的本质;二是选择新的角度,寻觅独特的见解;三是运用创造性思维,探索新颖的立意。

(一)透过事物的表象,发掘事物的本质

我们先看一个例子:一段名为《犀利校园“收碗哥”》的视频曾经蹿红网络,视频中的主人公陈同学利用课余时间到学校的第十一食堂兼职,创下了两小时收了近两万个碗盘的记录。视频中,他神情专注,动作麻利,身手快得令人眼花缭乱。有网友惊呼,速度与激情无人能敌,这不是“收碗哥”,这是“当代卖油翁”。正当人们更多地关注陈文原的收碗动作和速度的时候,有人针对此事做了场题为《你,也能成为“收碗哥”!》的演讲。这场演讲先从“收碗哥”陈同学的身世说起。他是一名从农村走进城市的

寒门学子,家境并不宽裕,但他的心里却洒满阳光。从大一开始,陈同学就边读书边打工赚生活费,早早扛起了对家人的一份责任。演讲者并没有只就事论事地称赞陈文原的这种精神,而是通过这个故事反思所谓“悲催族”的人生观与价值观。这群在网上自嘲为“悲催族”的年轻人,觉得自己空有远大的抱负,却都市待不住,家乡回不去,蓝领不愿干,金领干不了,面对“生活之重”,在阵阵“悲催”声中麻木了心灵,冰冻了梦想。演讲者将陈文原与这群“悲催族”进行比较,挖掘出了他身上具有的那股不咆哮,不“悲催”,不折腾,坦然面对生活困境,勇于担起人生责任的新一代青年所应具有的时代精神风貌。演讲人通过两者思想和行为的对比,提出了这样的观点:“其实,我们的目标要高远甚至是崇高,这就是‘顶天’。顶天的高度,决定了一个人的价值,那么是不是有了‘顶天’的高度就够了呢?答案是否定的!还必须‘立地’。不立地,走不动!鹰要飞得足够高,还必须飞得足够低,才能得到食物,这就是立地!‘立地’才能够使我们首先生存下来。如果我们连生存问题都没有解决,谈何发展!”演讲人通过一则网上的新闻,结合客观现实存在的某些问题,揭示出问题的实质和根源。在最后,演讲者进一步深化了演讲的主题:“‘收碗哥’的经历告诉我们,年轻人可以一无所有,但必须有梦、有心、有勇气、有坚持。现实比梦想坚硬,梦想比现实坚强。像‘收碗哥’一样,奋斗在路上,一切都将有所不同。”

这场《你,也能成为“收碗哥”!》的演讲,通过对一则具有典型时代特征的励志人物的案例分析,对当代都市中“悲催族”遇到的种种困惑进行了深刻反思,对年轻人提出了不仅要“顶天”,还要“立地”的发展忠告。整个演讲从一件具体的小事入手,由表及里,由此及彼,层层深入,揭示了事物的本质。

演讲稿的主题都是建立在一定材料基础上的,有些材料看似很小也很简单,但其中蕴含的意义或具有典型性,或具有时代性,或具有针对性,演讲者要学会深入分析,透过现象看到事物的本质,不能拘于原始的材料内容,应该将这些材料置于时代的背景下进行分析和归纳,找出事物发生的合理性和必然性。这种从一般性到普遍性的分析过程就是主题提炼的过程。如果演讲稿的撰写者仅拘于对具体材料的罗列,那么,演讲的主题就得不到提炼,模糊空洞,达不到感染人、启发人的效果。有位大学生撰写了一篇题为《英雄赞》的演讲稿,他既没有认真搜集新鲜的材料,也没有对手头的材料进行分析归纳,整篇稿件空泛无物。这篇演讲稿有一段是这么写的:“在这个英雄辈出的年代,男英雄,女英雄,老英雄,少英雄,何止成千上万!边防的战士,更是顶天立地的英雄,他们驻扎在艰苦的边疆,顶风冒雪巡逻,时刻警惕着,打击一切侵略者。他们信守‘苦了我一人,幸福千万人’的誓言,他们是当代的雷锋、黄继光,他们是最可爱的英雄。英雄伟大,英雄光荣,英雄是火车头,英雄是指路灯。‘苦不苦,想想红军两万五,累不累,想想革命老一辈。’在这些新时代的英雄面前,不管我们遇到什么艰难险阻,只要想到他们,我们就能无往而不胜。”这段文字并没有语法不通的地方,也没有思想不对的地方,在用词用句上都很规范,但听众听过之后总觉得乏味,也激发不了热情。究其原因就在于演讲者罗列了一些常见的材料,没有能够透过当代军人的这些平凡而伟大的事迹揭示出他们内心中对国家、对人民的那份质朴而真挚的情感。这段演讲词光是空喊一些老旧的口号,没有将那些普通的边防军人埋藏在心中的大爱情怀凝结为鲜明的主题,演讲的题目是“英雄赞”,直到演讲结束也没有看到演讲人到底在赞英雄的哪些高贵品质。

庄子云:“语之所贵者,意也。”元代陆辅之《词旨》也指出:“命意贵远,用字贵便,造语贵新,炼字贵响。”演讲稿的主题具有鲜明、正确、新颖、深刻的特点。其中,深刻指的是演讲稿的主张和见解能揭示事物的本质,能使听众受到启迪,从感性认识上升为理性认识。一般来说,一篇演讲只能有一个主题,演讲者必须围绕这个主题展开论述,否则就容易造成焦距模糊、思想枝蔓,这就要求作者在提炼主题的时候从现象出发,深入到事物的本质和关键点,揭示出事物的客观规律。

(二)选择新的角度,寻觅独特的见解

以观众为中心的演讲才能获得观众的认可。要做到这一点,演讲者就必须分享给观众一个有独到见解的观点。事物的特征往往不是唯一的,这就意味着通过其外在特征探求其内部本质的途径的多样性,也就是说,对同一事物的认识有不同的切入点。演讲者以事物的某一特征作为触发点,作为论理抒情的突破口,通过形象的渲染,延伸推想到人类社会的某种经验、规律和哲学思想。演讲的切入口不同,看到的事物内在的东

西也会有所不同。一位演讲者在撰写演讲稿的时候,如果能从一个过去人们没有触及的角度切入,就会带给听众一个崭新的天地,很容易将听众带入自己设定的语境。比如,在某医院举办的一次主题为“爱岗敬业”的演讲比赛中,一位护士做了题为《泥土的联想》的演讲。刚一听到这个题目时听众都觉得很诧异,不知道演讲人想表达什么样的主题,当听完她的演讲后,所有的人都为她鼓掌喝彩。我们常把医护工作者比作白衣天使,但是,演讲人却把医护工作者比作泥土,她说:“或许,你不会留意,因为它是那样默默无闻,终生只知奉献,不计个人的得失。尽管人们不愿意正视它,对它的事业嗤之以鼻,但它仍然甘当花木的培养者,视培养花木为己任、为乐事。这种对事业始终不渝的责任心,不能不说是泥土的可贵之处。我常想,我们护士这个职业,不正是具有泥土的这种高品格吗?”演讲者以泥土为花木提供养分这一特征作为演讲的突破口,抓住“培养”一词展开形象思维,让大家对护士职业的崇高性和他们默默奉献的高尚品格有了另外一层认识。

有一次,某个高校举办了一场演讲比赛,主办方给出了一个材料,要求参赛者根据这个材料自拟题目:

> 在西藏北部草原上,流传着这样一个故事。
>
> 一天清早,一个留着浓密大胡子,脚蹬长筒靴的非法捕猎的人从帐篷里出来,突然瞅见对面两步之遥的草坡上站立着一只肥肥壮壮的藏羚羊。他眼睛一亮,丝毫没有犹豫,就转身回到帐篷,拿来了杈子枪。
>
> 他举枪瞄了起来,奇怪的是,那只肥壮的藏羚羊并没有逃走,只是用祈求的眼神望着他,然后冲着他前行两步,两条前腿扑通一声跪了下来。与此同时,只见两行长泪就从它眼里流了出来。那人心头一软,扣扳机的手不由得松了一下。但他最终还是扣动扳机,枪声响起,那只藏羚羊便栽倒在地。它倒地后仍是跪卧的姿势,眼里的两行泪迹也清晰地留着。
>
> 那天,那个非法捕猎的人没有像往日那样当即将猎获的藏羚羊开宰、扒皮。他的眼前总是浮现着给他跪拜的那只藏羚羊。他感觉有些蹊跷,藏羚羊为什么要下跪?夜里躺在地上,他也久

久难以入眠,双手一直颤抖着……

次日,那人怀着忐忑不安的心情将那只藏羚羊开膛、扒皮,他的手仍在颤抖。腹腔在刀刃下打开了,他吃惊得叫出了声,手中的屠刀咣当一声掉在地上。原来藏羚羊的子宫里,静静卧着一只小藏羚羊,它已经成型,自然是死了。这时候,那人才明白为什么那只藏羚羊的身体肥肥壮壮,也才明白它为什么要弯着笨重的身子为自己下跪:它是在求他留下自己孩子的一条命呀!天下所有慈母的跪拜,包括动物在内,都是神圣的。

那人没有进行下一步动作,而是在山坡上挖了个坑,将那只藏羚羊连同它还没有出世的孩子掩埋了,同时埋掉的还有他的杈子枪。并且他主动投案自首了。

这样一则故事性材料,究竟能给我们的演讲提供哪些角度去提炼主题呢?有的演讲者从藏羚羊的角度去命题。这只不幸的藏羚羊,让我们深受感动的,无疑是它向老猎人跪拜的举动。这种出人意料的举动,虽然是雌性动物本能的反应,却让我们联想到母爱的无私和伟大。藏羚羊的跪拜,既出乎意料之外,又在情理之中,因为它让我们感悟到"天下所有慈母的跪拜,包括动物在内,都是神圣的"这一具有普遍生命意义的哲思内涵。也有的演讲者从非法捕猎的人的角度思考问题。这个非法捕猎的人,不知道猎杀过多少野生动物,也从没有改变过自己的生活状态。然而,当他明白死在自己枪下的藏羚羊向他跪拜的原因以后,他扔掉了猎枪,投案自首。这种角度,显然并不侧重于对这个非法捕猎的人最终举动的深层原因的剖析,而是把思考的重点放在了对其人类意义的考量上,可以称其为突破性的重大改变,是一种自我反省和觉醒,这个主题从人类自身的角度来看,无疑是深刻有力的。还有的演讲者站在非法捕猎者与藏羚羊的关系的角度来提炼主题。世界上的各种事物都是普遍联系着的,非法捕猎者与藏羚羊的关系,实际上就是人和自然的关系。非法捕猎者枪杀藏羚羊的行动,实质上就是人与自然的激烈冲突导致的悲剧。人与自然究竟应当构建一种什么样的关系,才有利于世界的和谐和人类的进步呢?从这个角度分析,非法捕猎者最终的弃枪,其实就是他向人类发出的警示,滥杀野生动物,只会促使更多物种的灭绝,并最终导致人与自然之间关系的失衡，而只有真正构建起人与自然的和谐关系，我们这个世界才能变得更加美好。这个主题通过由个别到一般的归纳推理，把关注的视野扩展到人类赖以生存的这个地球，并透过现象，从本质上揭示了“只有真正构建起人与自然的和谐关系，我们这个世界才能变得更加美好”的必然规律，给人以振聋发聩之感。

从上例我们可以看出，同一则演讲材料，站在不同的角度思考，往往会发掘出不同的主题内涵。演讲者既可以从藏羚羊的角度感悟到母爱的神圣和高贵，也可以从非法捕猎者的角度领会到人类自省的力量和意义，还可以从非法捕猎者与藏羚羊的关系的角度透视出人与自然和谐相处的美好前景。比较而言，前两种孤立的角度带给我们的单方面思考都有一定的局限性，只有运用唯物辩证法的观点，从世界是普遍联系的整体这一角度进行深入分析，才能揭示事物发展变化的规律，从而进一步深化演讲的主题思想。

（三）运用创造性思维，探索新颖的立意

立意就是确定主题。好的立意能在演讲时引起听众的兴趣，满足听众的心理需求。演讲者在立意的时候也要考虑到自己的学识基础和生活感受，发挥演讲者个人的优势，避免人云亦云。一场能给听众留下深刻记忆的演讲，一定要能体现出演讲者的审美品位和思想价值，且具有感人的艺术魅力。提炼演讲主题的核心就是对材料的本质内涵进行分析、概括和延伸，并通过富于理性色彩的语言点拨、渲染，激起听众的心理共鸣。具体说来，升华演讲立意的技巧有以下几个方面。

1. 由此及彼的引申

在演讲中，有时可以以某一典型事件或自然现象作为触发点和媒介加以引申，联系到另一类相关事物和事理，以此来升华演讲的立意。这种由此及彼引申升华的立意，通过形象化的渲染，不仅可以启迪听众的智慧和洞察力，还可以营造充满哲理意味的境界和氛围。比如，国内一位资深的医学教授在给新入职的年轻医生做演讲的时候，引用了一个事例：一位男子在海边散步，看到沙滩上有很多被昨夜暴风雨卷上岸的小鱼困在浅水洼里。这时，他看见一个小男孩正在捡起水洼里的小鱼，并且用力把它们扔回大海。这个男人对小男孩说：“孩子，这水洼里有成百上千条小鱼，

你救不过来的。”小男孩头也不抬地回答道:“我知道。”这位男子很好奇又问:“哦? 那你为什么还在扔? 谁在乎呢?”小男孩边扔小鱼边回答:“这条小鱼在乎! 这条,还有这条……”教师讲完了这则小故事,满怀深情地说道:“今天,你们在这里开始大学生活。你们每一个人都将在这里学会如何去拯救生命。虽然你们救不了全世界的人,但是,你还是可以救一些人,你们可以减轻他们的痛苦。因为你们的存在,他们的生活从此有所不同——你们可以使他们的生活变得更加美好。这是你们一定会做到的。”在这个演讲中,老教授对一个富有哲理的小故事进行了由此及彼的引申,形象地阐发了医学院学生应树立的高尚的职业道德,升华了演讲的立意,使他的演讲具有了一种强烈的感召力。

2. 推陈出新的点化

“点化”本是文学创作中习见的创作手法,意为对前人的诗句、警语、典故等的“化用”。“点化”之法若使用得当,可以推陈出新、变拙为巧、化朽成奇,取得意想不到的表达效果。在演讲中,我们也可以借用这种表达手法,套用一些既有的材料,对其进行由陈及新的点化,挖掘出具有现实意义的深刻内涵,这也是一种有效的升华立意的技巧。在演讲中,我们强调多使用一些新鲜的材料,但并不代表旧的材料不能使用,有些材料虽然耳熟能详,没有新鲜感,但是其中一些内涵丰富又能紧扣主题,只要演讲人用新的角度去点化,就同样能够给听众带来耳目一新的感觉。有位演讲者曾以《过街老鼠,人人喊:打!》为题做了一场关于机关纪律建设的演讲,这个题目是从“过街老鼠人人喊打”这个老话题点化来的。这句话的一般意义是说大家对坏人坏事是不容忍的,但这位演讲者却将同样一句话点化出另外一层意义,那就是对待一些坏人坏事,人们也都深恶痛绝,但往往只是停留在口头上喊“打”,却很少有人站出来以行动去制止。这也反映了对单位内部出现的不良风气,很多人也不认同,也对此表示痛恨,但真正去与这些不良风气直接做斗争的却很少的现象。一个看似很老的话题,经过演讲者的点化,一下就具有了新意,发人深省。一位作家说过:“独创性是最美丽的花朵。”演讲也是一样,当听众听到那些新颖的、有独到见解的观点时,就会产生茅塞顿开的感觉。在某市残联举办的演讲比赛中,一位双腿残疾的年轻人说:“李白曾说:‘天生我材必有用。’我虽不能像贝多芬那样扼住命运的咽喉,但也绝不能让命运扼住我的咽喉!”这位演讲者将贝多芬的名句改动了一下,立刻获得了新的立意,在听众中产生强烈的共鸣,甚至比赛后不少人把此话当成座右铭。

3. 由表及里的深化

有些蕴含着深层意义的事实材料,不经点破,听众也许理解不透演讲者所要表达的主旨,而一旦经过演讲者的指点与深化提炼,就如同在沙砾中发掘出闪亮的金子,催人感悟,发人深思。这种将对外表行动或客观存在的事实的叙述,升华为内在思想或深层含义的表达方法,就是由表及里深化主题的技巧。

例如,孙中山先生为了筹集经费,经常在海外的华人社团举行演讲,宣传革命,争取华侨华人的支持。他在一次演讲中曾经说到了一件事情:有一个财产超过千万的华侨富翁,一次他外出访友,因未带夜间通行证,怕被巡捕查获,只得花钱请一个法国工人送自己回家。工人虽然很穷,但是他的国家很强盛,所以地位高,行动也自由。这个华侨虽然很富,但他的祖国却不强盛,所以他的地位还不如法国的一个工人。这个事例给在座的每一位华侨都带来了强烈的震撼。孙中山先生对这一典型材料进行了由表及里的剖析,揭示出国家贫弱,人民必受欺凌和“落后就要挨打”的道理,升华了演讲的主题,唤起了听众强烈的爱国之心。正如孙中山先生在演讲的最后所说:“如果国家灭亡了,我们到处都要受气,不但自己受气,子子孙孙都要受气啊!”

4. 由境及情的交融

我们可以通过对现实生活中发生的典型事件进行渲染,创设出一种紧扣题旨的情境,并触景生情,情境交融,达到升华演讲主题的效果。

例如,在一场演讲中,演讲者讲述了一个故事。故事发生在西部的一个极度缺水的沙漠地区。这里,每人每天的用水量有严格的限定,而且水还需要驻军从很远的地方运来。日常生活用水包括喂牲口,全靠这些定量的水。人缺水不行,牲畜也一样,渴呀!终于有一天,一头一直被人们认为憨厚、忠实的老黄牛渴极了,挣脱了缰绳,强行闯入沙漠里唯一的,也是运水车必经的公路。老牛沉默地立在车前,任凭驾驶员怎么呵斥驱赶,也不肯挪动半步。后来,牛的主人寻来了,扬起的鞭子狠狠地抽打在瘦骨嶙峋的牛背上,牛被打得皮开肉绽,可就是不肯让开半步。鲜血沁了出来,染红了鞭子。老牛凄厉地哞叫,和着沙漠中阴冷的风显得分外悲壮。

运水的战士哭了,他说:"让我违反一次规定吧,我愿意接受处分。"他从水车上取出半盆水放在老牛面前。出人意料的是,老牛没有喝以死抗争来的水,而是对着夕阳,仰天长哞,似乎在呼唤什么。不远的沙堆后面跑来一头小牛,受伤的老牛慈爱地看着小牛贪婪地喝完水,伸出舌头舔舔小牛的眼睛,小牛也舔舔老牛的眼睛,默默中,人们看到母子眼中溢出了泪水。没等主人吆喝,在一片寂静无语中,它们掉转头,朝着回家的路慢慢地走去……在这里,演讲者通过老黄牛的行动突显了母爱的伟大,由此抒发感慨,引发议论,做到了由境及情,情景交融,情理相生,很好地升华了演讲的主题。

三、演讲稿主题的表达

主题是演讲的灵魂,如何在撰写演讲稿时有效地突出主题?这既是写作的问题,也是技巧的问题。

(一)开门见山

所谓开门见山,就是在演讲稿的开头直截了当地揭示主题,其特点是开宗明义,使听众一听就明白演讲的主旨,进而全面理解其思想内容。有位演讲家是这样阐释"开门见山"这种写法的意义的:"其实,应该以一个设计好的故事直接开始,这个故事既暗示了演讲主题,又没有全盘托出;可以通过某项数据、某个问题或与听众的互动开始。"

比如,2005年,史蒂夫·乔布斯在斯坦福大学毕业典礼上发表演讲,开头就说:"今天我想要告诉你们我生命中的三个故事……就是这样,不是什么大事,就是三个故事而已。"这种简洁明了的开场白让听众产生了共鸣,大家都洗耳恭听,听乔布斯要讲什么样的故事。乔布斯没有故弄玄虚,而是采用了一种最简单也最有效的表达方式,将自己想对毕业生说的话直截了当地说出来。我国著名的教育家陶行知先生有一次在武汉大学演讲,走上讲台后,他不慌不忙地从箱子中拿出一只大公鸡。台下的听众全愣住了,不知陶先生要干什么。陶先生又掏出一把米放在桌上,然后按住公鸡的头,强迫它吃米,可是公鸡只叫不吃。他又掰开公鸡的嘴,把米硬往鸡的嘴里塞,公鸡拼命挣扎,还是不肯吃。陶先生松开手,把鸡放在桌子上，自己退后，公鸡自己就吃了起来。之后，陶行知先生才开始演讲，他开头便说："我认为，教育就跟喂鸡一样，先生强迫学生去学习，把知识硬灌输给他，他是不情愿学的，即使学也是食而不化。但是如果让他自由地学习，充分地发挥他的主观能动性，那效果一定会好得多！"他通过形象的演示和直接提出观点这种方式，鲜明生动地将自己的教育主张表达出来，赢得了听众一片叫好声。

（二）收篇点题

这种方法是在演讲稿的最后，演讲者用高度凝练的语言，对整个演讲进行画龙点睛的归纳，点明或深化主题，这就是白居易极力推崇的"卒章显其志"的方法。这种方法，既能够突出演讲的主题，也能给听众留下深刻的印象。

1938年，毛泽东同志在延安抗日战争研究会上所做的长篇演讲《论持久战》采用了收篇点题的方法："亡国论者看敌人如神物，看自己如草芥，速胜论者看敌人如草芥，看自己如神物，这些都是错误的。我们的意见相反：抗日战争是持久战，最后胜利是中国的——这就是我们的结论。"毛泽东通过前面的详细阐述，将自己对持久战的认识和必然性的思考进行了论述，让听众充分理解了他对这场战争的分析和认识，最后，再将这些观点用最精练的话概括出来，起到画龙点睛的作用。鲁迅先生在广州知用中学发表的《读书杂谈》的演讲中，结尾说："总之，我的意思是很简单的：我们自动的读书，即嗜好的读书，请教别人是大抵无用，只好先行泛览，然后抉择而入于自己所爱的较专的一门或几门，但专读书也有弊病，所以必须和现实社会接触，使所读的书活起来。"鲁迅在演讲的最后，将自己的读书经验进行了高度概括和总结，给学生们留下了深刻印象。再如，一位青年军人在《一个青年军人的思考》的演讲最后说道："世上没有靠编造谎言而成名的诗人，也绝没有靠纸上谈兵而赢得胜利的将军，只有靠自身的素质、实力和价值，靠学，靠干，靠拼，才能真正成为强者。一个国家，也只有自强才能跻身于世界强国之林。"这位军人通过对个人奋斗经历的讲述，在演讲的最后将自己的人生感悟总结出来：一个人只有自强不息才能在强者如林的社会中立足，而一个国家也只有自强才能跻身于世界强国之林。听众能从这有独特见地的结束语中，悟出深意，获得启迪。

上述三个例子的主题之所以放在最后，是因为这些观点都是演讲者通过讲述个人的某个经历后，在此基础上总结而来的，符合人们的一般思维逻辑，给人一种水到渠成的感觉。如果将这三个演讲的主题放在开头来表现也未尝不可，但是，这样会让听众感到唐突，而当演讲者将整个过程讲述完后，再顺势将自己的观点进行总结和提炼，不仅可以帮助听众加深对演讲内容的理解和认识，而且有助于听众记住演讲的主题。

(三)片言居要

陆机在《文赋》中说："立片言而居要，乃一篇之警策。""警策"是精练扼要而含义深刻动人的句子，又称警句。它既可以是一两句话，散见于文章之中，又可以集中起来组合成列，构成深刻透彻的议论文段；它既可以起到画龙点睛、深化主题的作用，也可以用于揭示观点，得出结论，使文章更富哲理，提高思想深度。究其根本，就是在文章的关键和要害处用精练的文字概括和总结主题，能使主题表现得清晰明朗。

著名演说家佩特瑞克·亨利的《诉诸武力》的演讲，便用了那句"不自由，毋宁死"的片言来揭示全篇的主题。在演讲中，当叙事抒情的火候已到时，恰如其分的片言议论，能使演讲达到水到渠成、情理交融的效果，使听众的情感认识获得理性的升华。下面是一篇名为《直面失败》的演讲稿，作者在第二段的开头就用一句格言概括出他对失败的认识：

> 人的一生，谁也逃避不了挫折和失败。因为失败，有的人或许会一蹶不振，成天长吁短叹，愁眉苦脸，茶饭无味，最终颓唐沉沦，被失败击垮；有的人或许会怨天尤人，把失败归咎于命运或社会；也有的人会冷静下来，扪心自问，追根求源，找出自己失败的关键所在，然后坦然地接受失败，并把失败化为前进的动力。
>
> 有句格言，大意是：不怕摔跟头，就怕摔下去不能站起来。这句格言，我们许多人都能够理解，但有多少人能够这样去做呢？失败其实是检验我们坚强或脆弱的一面镜子，是促使我们走向成熟的催化剂。它是我们生活中的阴云惨雾，也是磨炼我们坚强意志的砺石。

这篇演讲稿的第一部分列举了人们面对失败的不同态度，是一种客观陈述。而在第二段一开头，作者引用了“不怕摔跟头，就怕摔下去不能站起来”这句格言，鲜明地亮出自己对失败的认识，让听众一下子就明白演讲的主题，然后带着这一主题进入演讲者设定的语境中，逐渐理解和接受演讲者的观点。再如，有场题为《用生命践约》的演讲讲述了一群在重大险情面前不顾个人生命安危，积极抢救伤病员的医护人员的感人事迹。在陈述完具体的事件后，演讲者用了一句议论的句子：“明知凶险却达观，这是一种坚忍的力量，一种无畏的美丽。”寥寥数语就揭示出医护人员的无畏精神和高尚人格，使前面叙述的事实得到强化和升华，又点明了主题。

（四）反复述说

在演讲中，为了让听众彻底了解演讲的主旨，演讲者有必要对自己的观点反复进行述说与解释。古今中外许多著名的演说家都曾采用这种方法来突出演讲的主题。例如，马丁·路德·金的著名演说词《我有一个梦想》就采用了这种表现手法：

> 我梦想有一天，这个国家会站立起来，真正实现其信条的真谛：“我们认为这些真理不言自明：人人生而平等。”
>
> 我梦想有一天，在佐治亚的红山上，原先的奴隶的儿子们和原先的奴隶主的儿子们坐在一张桌子旁共叙手足情。
>
> 我梦想有一天，甚至连密西西比州这个遭不公正和压迫的酷热煎熬的沙漠变成自由和公正的绿洲。
>
> 我梦想有一天，我的四个孩子将在一个不是以他们的肤色，而是以他们的品格优劣来评价他们的国度里生活。

演讲者应用一连串的排比句，反复申说“我梦想有一天”，表达了他反对种族歧视，要求自由、平等的呼声，给听众带来强烈的心灵震撼。反复是在一个语言片段中有意重复某些句子或词语，是为了突出某个意思，强调某种情感。在演讲中，反复有两种类型。一种是相同的词语或句子在一段话中连续出现，叫连续反复。如闻一多先生在《最后一次讲演》中的一句话:“无耻啊！无耻啊！这是某集团的无耻,恰是李先生的光荣!”他连续用了两个“无耻”,表达了对反动派暗杀行径的强烈愤慨。还有一种叫间隔反复,就是体现演讲主题的句子或词语在文中或段中间隔出现。如上述马丁·路德·金的演讲就采用了这种表达手法。这种方法在内容上,句句紧扣主题,使演讲者的观点更加突出;而在形式上,使重点的词或词语反复出现,让演讲的层次也更清晰。因此,在演讲中运用间隔反复不仅是增强表达效果的需要,也是文章布局谋篇的需要。如一篇名为《承诺自然》的演讲稿,在结束部分这样写道:“为了我们共同的家园,我们每一个人都应该也必须有勇气站起来对大自然做出承诺,承诺用我们的双手使地球母亲恢复青春容颜,承诺用我们的行动来感动大自然。但承诺自然并不仅仅是做出承诺,更重要的是以行动来实现我们的承诺。”在这段话中,“承诺”二字不断出现,反复使用,既强调了写作者的观点,也强化了演讲的节奏和力度。另一篇名为《直面失败》的演讲稿,全文分为四个段落,在每一个段落的开头,写作者都在反复使用同一个句子来不断强化演讲的主题:

直面失败,就是直面我们的思想,我们要在突然来临的失败面前保持清醒的头脑。我们绝不能被失败击倒,丧失斗志进而自暴自弃。

直面失败,就是我们用笑容来覆盖我们心灵的伤痕。我们微笑,是因为我们斗志不灭;我们微笑,是因为我们的青春激荡着热情;我们微笑,是因为我们懂得人生的道路上除了有鲜花与掌声,也有沼泽和陷阱。

直面失败,我们才能悬崖勒马,改变我们错误的抉择,重新选择目标,重新调整方位,用我们的坚强与毅力和未来再做一次拼搏。

直面失败,赶走心灵上空弥漫的阴云惨雾,擦去我们写在脸上的忧伤,然后唱着郑智化的歌:他说风雨中/这点痛算什么/擦干泪不要怕/至少我们还有梦,继续赶我们的路。

让我们直面失败,直面坎坷,蔑视这生活中的绊脚石吧!

作者通过反复使用中心句“直面失败”的方法来突出主题,不但使文章的结构紧凑,而且加大了语言的表现力度,使演讲具有鲜明的节奏感。

(五)正反对比

想要透彻地说明一个观点,单从一个角度去论证是不够的,还需运用正反对比法,使主题更加鲜明突出。所谓对比就是把两种不同的事物或一种事物的两个不同方面,放在一起进行比较。对比手法的运用可以更清楚地表现主题。如国外有一篇反对种族歧视的演讲稿,作者为了证明种族歧视的荒谬性,倡导“家教的作用大于血统的遗传”这一科学论断,引用了一组正反两方面的事实加以论证和驳斥:“美国有两个繁衍了8代人的家庭。一是爱德华家庭,其始祖爱德华是一位治学严谨、成就卓著的哲学家,他不仅本人勤奋好学,而且以良好的德行培养后代。他的8代子孙中出了13位大学校长、100多位教授、60多位医生、80多位文学家、20多位议员、1位大使、1位副总统。另一个家庭的始祖叫珠克,是臭名昭著的酒鬼、赌徒,无法无天,他的后代中有300多个叫花子、7个杀人犯、60多个盗窃犯、还有40多人死于伤残或酗酒。”这两个家族的始祖是完全不同的两个人物,一个是哲学家,一个是酒鬼,他们的子孙后代接受了不同的家教,其结果绝不是因为种族和血统的不同,而是由于家庭教育的不同。作者通过正反对比,将所要表达的主题深刻地体现出来,这要比长篇大论的效果好得多。

在一次以“孝敬父母”为主题的全国演讲比赛中,有位演讲者以《愿天下父母都幸福》为题参加了比赛。这位演讲者在演讲中就使用了正反对比的表现手法:“刚刚过去的星期天是我二十岁的生日,那天,我首先想到的就是要感恩父母,因为有了父母才有了我,才使我有机会在这五彩缤纷的世界里体味人生的冷暖,享受生活的快乐与幸福,是他们给了我生命,给了我无微不至的关怀。儿女有了快乐,最为之开心的是父母;儿女有了苦闷,最为之牵挂的也是父母。舐犊情深,父母之爱,深如大海。因此,不管父母的社会地位、知识水平以及其他素养如何,他们都是我们今生最大的恩人,是值得我们永远去爱的人。然而,年轻的朋友们,你们是否扪心自问过:我对父母的挂念又有多少呢?你是否留意过父母的生日?民间有谚语:儿生日,娘苦日。当你在为自己庆贺生日时,你是否想到过用死亡般的痛苦让你降生的母亲呢?是否曾真诚地给孕育你生命的母亲一声祝福呢?我们中国是一个文明古国,自古讲求孝道。孔子言:'父母之年,不可不知也。一则以喜,一则以惧。'也就是讲,父母的身体健康,儿女应时刻挂念在心。但据报道,某中学的抽样调查显示:有近50%的学生竟不知道自己父母的生日,更谈不上对父母的生日祝福。同学们,或许一声祝福对自己算不了什么,但对父母来说,这声祝福却比什么都美好,都难忘,都足以使他们热泪盈眶!"这位年轻的演讲者通过父母对儿女和儿女对父母的两种情感态度的对比,使我们看到了年轻一代对父母的冷漠之情与父母对子女的舐犊之情相比存在的差距,也促使年轻一代去思考。在一篇演讲稿中用正反两事例相对照,可以让观点表现得更加鲜明,感情抒发得更加强烈,演讲的效果更加突出。

第二节　演讲稿的结构

确定了主题之后,演讲稿的撰写就进入构思阶段。"构"在这里不仅指结构,而且指整体。"思"是以抽象思维为主导的心理活动。构思是演讲稿的撰写者在观察体验的基础上,提炼演讲稿的主题意蕴并选择最佳的表现方式,以指导演讲稿写作实践的创造性总体思维过程。构思是纯粹由写作者个体产生的,没有构思,稿件的撰写就没有了中心,没有了灵魂。谋篇是指对文章内部组织构造的格局安排,也就是常说的结构设计。"结"是联结,"构"是构造,合在一起,结构就是指文章内部各部分之间的组合与构造。作家小林多喜二说:"正如'结构'二字的字面含义是盖房子一样,不管你的材料有多么精良,不管你的目的是多么高尚,如果盖得不好,摇摇晃晃,结果是毫无用场的。"演讲稿不是主题和材料的简单相加,而是二者之间严谨巧妙的结合。有人用健美的人体来比喻完美的演讲稿:高尚的灵魂好比演讲的主题,丰满健壮的血肉如同演讲的材料,而支撑这个血肉之躯的骨骼就是演讲稿的结构。正因为组织结构起着支撑主题思想和材料的作用,所以,演讲稿的撰写者要在写作前就对演讲稿的结构进行深入的探讨和研究。

一、结构安排的原则

人们认识客观事物,常常是遵循从已知到未知、从简单到复杂、从现象到本质的规律进行的;同时,各种客观事物、客观事理本身都有其各自的内在规律和逻辑联系。演讲要能准确充分地表达内容,使听众明白易懂,就必须遵循人们的认知规律,符合事物的内在逻辑,所以,演讲稿的篇章结构并非随心所欲任意为之,而是必须选择一种使听众容易理解的顺序来组织和安排材料,即既符合认识的规律,又符合事物的内在联系。这样,便能引导听众顺着演讲者的思路主动思考,领会演讲的精神实质。演讲稿的结构安排要考虑下面的因素。

(一)结构要正确地反映客观事物的发展规律和内在联系

文章是对现实生活和客观事物的反映,而现实生活、客观事物不管多么曲折复杂,变化多端,实际上都是有其自身的内在规律和内在联系的,即事物的条理性认识得越清楚,越透辟,反映起来也就越清晰,越有层次。写文章就要依据这种客观规律和内部联系来安排结构。如记叙文的结构,要反映事件及矛盾冲突的发生、发展和解决的过程,反映出事件及矛盾冲突的阶段性以及各个阶段的联系;议论文的结构就要反映中心论点和分论点以及论点与材料之间的内在关系;等等。所以,文章结构要正确反映客观事物、事理的客观规律和内部联系,就要求在动笔之前下功夫对客观事物进行分析、研究、综合,努力做到对事物、事理有比较透彻的认识,这样思路才会清晰,文章结构才会有条不紊。以清华大学原副校长施一公在学生毕业典礼上的演讲《大学的意义》为例(见本书第四章思考题),该演讲的主题是探讨上大学的意义。演讲稿看起来很松散,但是,它始终围绕这个主题,从个人的感受和认识,再说到两个很典型的事例,把这些内容放在一起,听众就会感受到演讲的内在意义。作者由表及里,由个别到一般,层层深化,使演讲的主题在这种结构中逐渐凸显。

(二)结构要服从表现主题的需要

主题是文章的灵魂、统帅,文章的结构同样要为主题的表现服务。安排结构就是要把材料恰当地安装到主题的轴心上,把材料组织成一个紧密的统一体。文章主旨是“谋篇之主脑”。刘熙载说:“文固要句句字字受命于主脑。”(《艺概·文概》)因此,文章结构的段落和层次、过渡和照应、开头和结尾、主次和详略等,都要服从表现主题的需要。如白岩松在北京大学做的《人格是最高的学位》演讲就是围绕主题的表现来安排结构的。

很多很多年前,有一位学大提琴的年轻人去向20世纪最伟大的大提琴家卡萨尔斯讨教:我怎样才能成为一名优秀的大提琴家?

卡萨尔斯面对雄心勃勃的年轻人,意味深长地回答:先成为优秀而大写的人,然后成为一名优秀而大写的音乐人,再后就会成为一名优秀的大提琴家。

听到这个故事的时候我还年少,老人回答时所透露出的含义我还理解不多,然而随着采访中接触的人越来越多,这个回答就在我脑海中越印越深。

在采访北大教授季羡林的时候,我听到一个关于他的真实故事。有一个秋天,北大新学期开始了,一个外地来的学子背着大包小包走进了校园,实在太累了,就把包放在路边。这时正好一位老人走来,年轻学子就拜托老人替自己看一下包,而自己则轻装去办入学手续。老人爽快地答应。近一个小时过去,学子归来,老人还在尽职尽责地看守。谢过老人,两人分别。

几日后是北大的开学典礼,这位年轻的学子惊讶地发现,主席台上就座的北大副校长季羡林正是那一天替自己看行李的老人。

我不知道这位学子当时是一种怎样的心情,但我在听过这个故事之后却强烈地感觉到:人格才是最高的学位。

这之后我又在医院采访了世纪老人冰心。我问先生:您现在最关心的是什么?老人的回答简单而感人:是年老病人的状况。

当时的冰心已接近人生的终点,而这位在“五四”爆发那一天开始走上文学创作之路的老人心中对芸芸众生的关爱之情历经近80年的岁月而依然未老。这又该是怎样的一种传统！

冰心的身躯并不强壮，即使年轻时也少有飒爽英姿的模样，然而她这一生却用自己当笔，拿岁月当稿纸，写下了一篇关于爱是一种力量的文章，然后在离去之后给我们留下了一个伟大的背影。

今天我们纪念"五四"，80年前那场运动中的呐喊、呼号、血泪都已变成一种文字留在典籍中。每当我们这些后人翻阅的时候，历史都是平静地看着我们，这个时候，我们觉得80年前的事已经距今太久了。

然而，当你有机会和经过"五四"或受过"五四"影响的老人接触时，你就知道，历史和传统其实一直离我们很近。

世纪老人在陆续地离去，他们留下的爱国心和高深的学问却一直在我们心中不老。但在今天，我还想加上一条，这些世纪老人所独具的人格魅力是不是也该作为一种传统被我们向后代延续？

前几天我在北大听到一个新故事，清新而感人。一批刚刚走进校园的年轻人，相约去看季羡林先生，走到门口，却开始犹豫，他们怕冒失地打扰了先生。最后决定，每人用竹子在季老家门口的土地上留下问候的话语，然后才满意地离去。

这该是怎样美丽的一幅画面！在季老家不远，是北大的博雅塔在未名湖中留下的投影，而在季老家门口的问候语中，是不是也有先生的人格魅力在学子心中留下的投影呢？只是在生活中，这样的人格投影在我们的心中还是太少。

听多了这样的故事，便常常觉得自己是只气球，仿佛飞得很高，仔细一看却是被浮云托着，外表看上去也还饱满，肚子里却是空空的。这样想着就有些担心了，怎么能走更长的路呢？

于是，"渴望年老"四个字对于我就不再是幻想中的白发苍苍或身份证上改成60岁，而是如何在自己还年轻的时候，便能吸取优秀老人身上所具有的种种优秀品质。

于是，我也更加知道了卡萨尔斯回答中所具有的深意。怎样才能成为一个优秀的主持人呢？心中有个声音在回答：先成为一个优秀的人，然后成为一个优秀的新闻人，再然后是自然地成为一名优秀的节目主持人。

我知道，这条路很长，但我将执着地前行。

这篇演讲稿探讨的是人格与学问的关系，白岩松先用了一个小故事开头，通过故事中的人物提出了一个疑问，但他没有直接回答这个问题，给听众留下了一个悬念和思考。然后，他列举了自己亲耳听到和采访到的两位文学巨匠的故事，让听众从故事中获得启发和感悟，开头的问题逐渐有了答案。在此基础上，白岩松又用了当代北大学子们清新而感人的小故事深化演讲的主题，其用意是告诉听众：老一辈人身上的优秀人格品质正在得到传承。在演讲稿的结尾部分，白岩松对上述材料进行了分析和总结，亮出了自己的观点："先成为一个优秀的人，然后成为一个优秀的新闻人，再然后是自然地成为一名优秀的节目主持人。"这种写作结构采用了以问题为导向，层层探究的模式，对加深听众对主题的认识和理解起到了催化作用。

（三）结构要富于变化创新

生活是丰富多彩的，事物是复杂多样的，大千世界变化无穷，因此，作为反映客观事物的演讲稿，其形式无疑也应多姿多彩，变化万千。一篇好的演讲稿从内容到形式，都应该有它的特点，有它的个性，只有这样，才能准确地状写事物的特殊本质，描摹事物的独特风貌。下面是北大百年校庆期间的演讲中非常有名的一篇——《另一只眼睛》，作者是一名北大的在校生，他通过一个独特的角度来阐释北大百年来孕育的独特的文化精神。这篇演讲稿的结构新颖，突破了一般演讲稿的结构模式，时而叙事，时而抒情，时而议论，时而跳跃到专业领域，以专业的视角来认识北大精神的内涵，整篇内容活泼清新，无论是角度、选材还是结构都给人耳目一新的感觉。该演讲稿不拘于传统结构的限制，以意为先，以意为结构的根本，其结构、内容的新颖性暗合了北大百年来传承的创新精神，形神完美融合，成为轰动一时的优秀演讲稿。

记得《北大往事》里有这样一句话："什么是文科生和理科生

的分别？就是文科生踩在银杏落叶上有感觉，理科生则无动于衷。”我不知道别人是否赞同这句话，我倒觉得理科生踩在落叶上应该有更多的感觉，因为整日埋头于书本的我们走路时能用脚感受一下情趣，不也是很难得的吗？我说用脚，是因为耳朵、眼和手还得用来记公式和背单词呢。这或许是个笑话，却反映了一种看法。在不少人看来，我们理科生的燕园生活要比文科的同学单调得多。当我刚进入北大时，我也是这样想的，甚至我们的班主任也是这样想的。记得他在第一次班会上写了这样一副对联：“世事洞明皆代数，人情练达即分析。”后来的生活似乎证明了这一点，我面对的是每周 30 多节的必修课，4 大本厚厚的习题集，放下的是写了 5 年的诗集，读了 10 年的红楼。我们学了 3 个月，总算明白了一个 300 年前的定理，而此时在昌平园的同学来信已大谈特谈“我是杯清水，北大是坛老酒，爱情就是酒药”了。我不觉有些不平衡了，彷徨中我写了一封信给我高中时的班主任——正是在他的鼓励下我报考了北大，而且填了“全部服从”。他的回信只有一句话：“北大精神是做出来的，不是说出来的。”是啊，北大精神是做出来的，当我们在清晨第一个进入自习室，当我们在深夜最后一个离开图书馆，当我们熄灯后打着手电继续寻求一个公式的另一种证法，当我们为一个定理的强化条件和老师争得面红耳赤，我们不都在实践一种北大精神吗？

我们没有能力舞文弄墨，却能用我们的语言——数字谱写诗篇。这诗篇比一切推敲之作都精练，也比一切朦胧诗都朦胧，不信你来读读看？我们没有心情浅斟低唱，却能在科学中发现自然界最深刻的美。对哥德巴赫猜想，我的一位同学是这样想的：“哥德巴赫说/两人之爱，总可分成两部分/我爱你，你爱我/无数人想去证明/可无人能够证明/只因为你我的爱/永远也分不开！”我们没有条件花前月下，不要紧。万有引力定律告诉我们，吸引别人的最好方法是充实自己。其实，文科生和理科生是北大的两只眼睛，角度不同，看到的却是同一个北大。就让我们用这另一只眼来看看北大吧。

学了地理学，我们知道，北大是一条河，前进时难免泥沙俱下,进入社会的大海时,泥沙终将沉淀。但如果这条传统的河在某个重要地点淤塞了,就将腐败发臭,毒害而不是清洁靠近它的人。所以我们要继承传统,更要发展传统,如此才能让北大之河奔腾不止。

学了生态学,我们知道,北大是片森林,只有保持多样性,才能永葆生机。所以我们要坚持兼容并包的传统,让北大之林永远茂盛。

学了物理学,我们知道,能量越低越稳定,结构越规则越稳定。所以北大的同学们,请少一些浮躁,多一些严谨吧。

学了相对论,我们知道,速度越快,时间越慢,也许这就是日出而作,日落不息的北大人永葆青春的奥秘吧。

学了化学,我们知道,北大是个大化工厂,用知识之料、实践之火,将我们百炼成钢。而其中核心的催化剂,也就是北大精神,正是北大这最高学府的商业机密。

学了统计学,我们知道,我们每一个人都是北大的一个样本,别人往往就通过我们来认识北大。所以我们要时刻牢记:“我就代表北大!”

两只眼或许彼此看不到对方的存在,但必将比一只眼睛看得清楚。北大的两只眼都是明亮的,就更具有敏锐的目光。正是用这两只眼,我们首先看到了“德先生”和“赛先生”,首先看到了马克思主义,首先看到了人口问题,首先看到了股份制——但是文理科不仅仅是北大的两只眼睛,还是北大的两只耳朵、两只手、两半大脑——而让这两只眼永远明亮、两只耳永远敏锐、两只手永远灵巧、两半大脑永远清醒的,是一颗永远跳动的共同的北大心,是一种永远传承的不变的北大魂。这北大精神到底是什么?不同的时代,不同的人,都有不同的理解。也许它只是一个元素的众多同位素,一种单质的同素异形体,一个晶体在阳光下灿烂的色彩,而那元素的名称,那单质的分子式,那晶体的真正结构,永远没有人能够说得清。也许有人要问了:那你今天来这儿干吗?我的意思是:我们来到北大,就像一张张软盘,到北大这台计算机上来拷走了知识,也拷走了精神。四年的时间是有限的，但是我们面对的却是全国最大的硬盘。我们应该把探寻北大精神的工作留给像在座的各位评委这样的专家和除我而外的选手这样的未来专家去做，我们该做的是抓紧时间拷走我们该带走的，然后用一生的时间去慢慢解压缩。但是要注意，千万不要感染上自由散漫、眼高手低的北大病毒，在拷走知识的同时，我们还要问问自己，我给北大留下了什么？

从红楼到燕园，百年北大，谱写了壮丽的一页，在历史的坐标系上画下一道光辉的轨迹，这条北大函数线是处处连续的，纵然有起有伏，却始终保持向上的趋势。我希望，在下一个百年，这条线能常有正的斜率，换句话说就是：

苟日新，日日新，又日新！

二、结构的组成

演讲稿是由标题、开头、主体和结尾四个部分组成的。由于演讲往往以论说为主，因而，一般来说，演讲词总是开头提出问题，中间分析问题，结尾解决问题。这三个部分必须衔接恰当，形成有机整体。开头如何勾勒提要，定好基调，中间如何逐层分析，形成高潮，结尾如何自然收束，发人深省，都必须认真揣摩。元代乔梦符说："作乐府亦有法，曰凤头、猪肚、豹尾六字是也。"他说的虽然是作乐府诗的方法，但是其实也适用于演讲稿的撰写。

演讲稿各部分形成一种内在的联系，不可互相冲突。句与句之间，段与段之间所表达的意思都必须前后连贯，不可前言不搭后语。在安排层次时也要根据它们之间的逻辑关系，有次序地恰如其分地加以安排，以求达到前后照应、结构严谨。演讲稿无论选用什么样的结构，都要服从和服务于表达内容的需要。听众希望得到的是信息，希望一听就懂，所以演讲稿的结构安排总体要求简洁明了，以便让听众可以顺着演讲的思路了解演讲者所要表达的观点和说明的问题。如果演讲稿的结构安排得过于复杂，就会影响听众获取信息的效果，很难达到演讲预设的效果。

（一）标题

任何文章都有标题，演讲稿也不例外。标题是演讲稿有机的组成部分。它与演讲的内容、风格、语调有直接关系。内容决定了题目，题目则鲜明地表现内容的特点。标题是作者思想、观点、态度、情感的集中体现，也是听众首先接触到的演讲内容。俗话说："一语天然万古新，豪华落尽见真淳。"因此，给演讲稿起个简明生动、切中主题的标题，不仅能够吸引听众对演讲的关注，而且能让听众对演讲的内容有个大概的认识和理解，有助于演讲的开展。但在实际应用中，一些演讲稿的标题陈旧老套，缺少鲜明性和提示性，往往让听众摸不着头脑，失去听讲的兴趣。

1. 拟定标题的基本原则

（1）根据需要确定写作与拟题的顺序

先拟就是先写标题，后写演讲稿，这样做的好处是按题行文，容易做到文题相符、不走笔，为修改打下好基础；后拟是写完演讲稿再起名，这样做的好处是全稿在胸，拟题准确。先拟还是后拟并不是一定的，可以根据实际写作的需要灵活掌握。

（2）标题应做到要言不烦与朴实得体

一般的演讲都有一定的时间限制，因此，标题要和内容相结合，质朴、简练，不要做过多的修饰和渲染，直接表达中心。如威廉·里昂·菲尔普斯的《阅读的喜悦》、奥斯特洛夫斯基的《生活万岁》、陈独秀的《妇女问题与社会主义》等演讲稿的标题不仅简明，而且直接点明主题。但如果过于简洁，让人摸不到头脑，那就另当别论了，如《信念》《责任》这样的标题，太空泛，不知所云。

（3）标题要体现演讲的内容

标题的内容必须与整个演讲稿的内容直接相关，或者揭示、涵盖演讲稿某一方面的内容。如马寅初的《北大之精神》告诉了人们演讲的主旨；蔡畅的《一个女人能干什么》表现了演讲的内容；朱自清的《论气节》指出了演讲讲述的对象；彭德怀的《我们一定能够打胜仗》揭示了演讲的方向。这些标题一听就知道演讲的中心思想和主题是什么。

人们对演讲稿标题的要求和对文艺作品标题的要求是不一样的。比如人们看完话剧《雷雨》会觉得剧名有意义，含蓄、恰切，倘以《雷雨》为标题进行演讲,人们就会认为是气象方面的学术报告,结果讲的是一个家庭的悲剧、一个故事,听众就会摸不着头脑。所以有内涵的标题,不一定都适合做演讲的标题。像《叶的事业》《沉重的翅膀》《太阳石》等,做文艺作品的标题可能很好,但做演讲标题就不太妥当。

(4)标题要表情达意

演讲者对自己所讲的问题总是有自己的态度和情感的,并且常常是很明朗、很强烈的。把这种态度和情感渗透在标题里,标题就有表情达意的作用,能够打动听众,发挥情感的导向和激发作用。如马克·吐温的《我也是义和团》、罗莎·卢森堡的《在帝国议会讲坛的反战演说》、查理·卓别林的《要为自由而战斗》、毛泽东的《反对党八股》、周恩来的《中美友好往来的大门终于打开了》等演讲的标题,都明确地表达了演讲者的态度和爱憎的情感,也激发了听众的内在情感。

拟定一个好标题并非一件容易的事,需要长期锤炼,反复琢磨。具体的实践中,一些人在草拟演讲稿的标题时往往会出现以下问题:一是标题与演讲内容之间较牵强、不确切,文不对题,二者没有必然联系;二是题目太宽泛、不着边际,标题的意思听起来似有若无,如《我自信》《理想篇》《责任》等;三是无新意,听起来耳熟,仿佛早已有之,如《什么是幸福》《把一切献给党》《谈德与才》《友爱是什么》等,不光标题陈旧,而且演讲的内容也不会新到哪里,味同嚼蜡;四是标题太怪僻、难理解,听起来让人很费解,如《葡萄与大学生》《做一个有灵魂的人》《理想、命运与路的思考》等,这种情况很常见,有些演讲者为了哗众取宠,费尽脑筋想要搞出一些噱头,到头来却偏离了内容,让人不知所云。

2. 拟定题目的基本方法

(1)直抒胸臆

演讲是向听众宣讲一种观点和思想,任何演讲的主题都可以用一句浓缩的话进行概括,再对这句话进行压缩和简化,就可以得到演讲稿的标题。这种标题直抒胸臆,直接点题,使人过目不忘,一看就知道演讲的大意所在。这种方法有两种模式:

一是用演讲稿中一句经典的句子作为标题。如:恺撒在公元前 48 年对他的将士们发表了演讲,标题是《非战胜,决不离开战场》;孙中山先生在同盟会成立前几天发表了演讲,标题是《中国决不会沦亡》;毛泽东同志在中国人民政治协商会议第一届全体会议上发表的演讲,标题是《中国人民站起来了》;等等。这些演讲都是用演讲中最能概括全文宗旨的句子做标题,言简意赅,具有口号式的特点和作用,煽动性很强。

二是以关键词做标题。以关键词做标题的演讲名篇很多,如 1962 年 2 月 3 日,周恩来总理针对当时存在的党风不纯、浮夸和虚夸风盛行的问题发表了著名的《说真话,鼓真劲,做实事,收实效》的演讲。标题的四个关键词也是全文四个自然段的段旨。除"说真话"一词没有放在段首外,其他三个词均在段首,以示强调。他又在文章的最后将这四个词概括为"实事求是",可谓主题鲜明,直指要害。梁启超曾发表《人权与女权》的演讲,陈独秀发表过《妇女问题与社会主义》的演讲。这两个演讲的标题同样是由两个词或词组构成的。尽管这些词或词组不可能涵盖演讲的全部内容,是话题而不是主题,是对主题的提示,但是,它们所表达出来的意思对听众起到了引导作用。

(2)欲说还休

欲说还休是指想说出来但又因为某种原因而没有说出来,具有含蓄的美。在给演讲稿拟定标题的时候,可以借用这种文学的表达方式,把想要表达的内容省略一部分,起到欲言又止的效果,使听众对演讲的内容产生神秘感和兴趣,吸引他们聆听演讲。比如:美国第一任总统华盛顿就职演讲的标题是《我的热情驱使我这样做》;19 世纪初美国著名演讲家韦伯斯特在悼念美国独立战争时期杰出的政治家亚当斯的时候,发表了题为《我将时刻准备着》的演讲。这两个演讲的标题就巧妙地运用了"半句话"的表达手法,引起了听众的注意,使他们思考:"我的热情驱使我这样做",到底怎样做呢?"我时刻准备着",到底准备做什么呢?

除了不把话说透彻会产生欲说还休的效果外,使用疑问句也可以产生"犹抱琵琶半遮面"的含蓄效果。如美国早期女权主义者索琼娜·特鲁斯发表的著名演讲《难道我不是个女人?》和鲁迅的著名演讲《娜拉走后怎样》等,这些题目都用了一个疑问句,形成一个问题,这是演讲者所要回答的,在回答问题之前,给听众制造了一个悬念。

(3)陌生化

使用陌生化法就是要避免陈词滥调,给听众耳目一新的感觉,激发他们聆听演讲的兴趣。杜甫说:"语不惊人死不休。"只有标题醒目新颖,才能达到“惊人”的效果。

马克·吐温曾经发表过一篇著名的演讲,标题是《我也是义和团》。在这篇演讲中他表达了对中国人民友好的感情以及对义和团运动的支持。作为一名美国人,这种精神是难能可贵的。对于义和团运动,绝大多数美国人很陌生,其实,当时中国国内也有不少人对义和团很陌生。但正是大家对标题的陌生感,才让听众产生了兴趣,引起了大家的注意。当听完他的演讲时,听众们就会发现这个标题与内容是非常吻合的。鲁迅先生曾发表过一个演讲,标题为《我要骗人》。如果光看这个标题就会被吓一跳:鲁迅怎么要骗人了?这跟鲁迅一贯疾恶如仇的性格大相径庭,也让听众对鲁迅突然产生了陌生感。正是这种陌生化的表达手法,让听众带着困惑听完演讲,最后恍然大悟,了解标题的真意。

一个新颖、生动、恰当而富有吸引力的标题还要具备以下特征:第一要具有概括性。标题应把演讲的主题、内容、目的全面地反映出来。如毛泽东的《反对党八股》《为人民服务》等演讲的标题,一讲出来就让人明白内容和主题。第二要具有指向性。标题一讲出来,听众就知道你要讲的是哪方面的问题,是政治性的、学术性的还是关于伦理道德的。第三要具有选择性。标题要在讲之前就告诉听众你要讲什么,听众可以据此选择听或不听。

最后,我们还要注意一类特殊的演讲稿标题,那就是相当一部分著名的演讲稿的标题是以其发表的地点或会议的名称而确定的。如列宁的《在全俄教育工作第一次代表大会上的演说》、孙中山的《在东京中国留学生欢迎大会上的演说》、铁托的《在普拉的演说》、拿破仑的《在米兰的演说》等等。这类演讲的标题与上面所谈的拟定标题的要求并不完全相符,但仍不失为恰切的标题,这是因为:首先,在某个历史时期召开的特定的会议和会议的地点具有特殊意义,会上有重要地位的人发表的演讲的意义往往远远超过任何演讲标题的意义。其次,特定会议和地点本身就对演讲稿提出了要求,实质上对演讲稿的主旨、内容都做了规定。最后,在这类演讲中,有些是即兴演讲或是按提纲讲的,其演讲稿是后人根据记录整理而成的。如闻一多的《最后一次讲演》。对上述这种情况,我们既不能否定,也不能效仿、照搬。如某省举办全省职工演讲邀请赛,如果几十位演讲者都以《在全省职工演讲邀请赛上的演讲》为题,岂不成为笑话?

（二）开头

古人云："善于始者，成功已半。"演讲稿的写作也是如此。在演讲开始后的几秒钟或一两分钟内，听众通常会决定是否接受演讲，是否愿意听下去。但在演讲稿的实际撰写中，往往不是从开头入手，而是应当先确定演讲的目的，然后围绕目的收集材料，并将材料加以组织整理，最后要做的工作才是着手准备开头。只有这样，才能更好地选择正确、恰当的开头方式。

瑞士作家温克勒认为演讲的开头有两项任务：一是建立听众对演讲者的认同感；二是如字义所示，打开场面，引入正题。演讲的开头，在通篇演讲中处于特殊位置，它在演讲者和听众之间架起了一座沟通思想情感的桥梁，为下面的演讲做了铺垫。精彩的开头，能唤起听众的兴趣和求知欲，产生巨大的吸引力；能为全篇演讲定下基调——是庄重严肃，还是喜庆欢快，抑或诙谐幽默，往往一开始就给人以清晰的印象；能画龙点睛，勾勒提要，能自然顺畅地引领下文，把听众带进声情并茂的演讲情景中去，造成有利于接受演讲观点的心理定式。演讲稿开头的总体要求是：语言新鲜，忌套话、空话；忌那些磨光了棱角的、听众不爱听的老话、旧话；语言准确，忌大话、假话；语言简练，忌空话、抽象话。

1. 开头的作用

（1）吸引听众注意力

演讲开头成败的关键在于能否吸引并集中听众的注意力。演讲时获取听众注意力的方式随题材、听众和场景的不同而改变，一般可以运用事例、轶闻、经历、反问、引言、幽默等手段达此目的。演讲稿《点水之恩，你以何报》的开头连续使用了几个反问句，作者用这种方式引发听众的思考，将听众的思维一下子就引到演讲的主题上：

当你穷困潦倒时，他向你伸出了援助之手；当你失意时，他为你开启了导航灯，指引着你；当你失败时，他为你铺垫了一块块基石，让你走向成功；当你惆怅时，他为你带来了开心果；当你不幸时，他为你送来了幸福的青鸟；当你……然而，当他累倒，生病躺下时，你，你又为他送去了什么，带去了什么？是冷漠，还是备至的关怀？

(2)解释关键术语

如果说演讲的成功与否取决于听众能否理解演讲中的某些术语或概念，那么在演讲开头时对关键术语加以解释就显得格外重要了。有一些演讲不可避免地要触及某些专业性术语或概念，它们可能是理解和认识演讲主题的关键，遇到这样的问题，最好在开头部分就对关键性词语进行解释和说明，为听众理解下面的演讲提供一把钥匙。如一篇题为《文化与创新》的演讲开头，就先对“文化”的概念进行了解释。演讲者先提出问题：什么叫文化？然后他列举了一些常见的文化现象以及对文化的不同解释，最后借用1982年墨西哥世界文化大会上发表的《总报告》和《宣言》中对文化的定义来解释文化的内涵：“文化是体现出一个社会或一个社会群体特点的那些精神的、物质的、理智的和感情的特征的完整复合体。文化不仅包括艺术和文学，而且包括生活方式、基本人权、价值体系、传统和信仰……”“文化赋予我们自我反思的能力。文化赋予我们判断力和道义感，从而使我们成为有特别的人性的理性的生物。我们正是通过文化辨别各种价值并做出选择。人正是通过文化表现自己，认识自己，承认自己的不完善，怀疑自己的成就，不倦地追求新的意义和创造出成果，由此超越自身的局限性。”演讲者通过对文化内涵的解释，让听众对文化有了较为完整的认识，也为下面论述文化与创新的关系提供了理论依据。

(3)提供背景材料

在演讲的开头，演讲人对演讲涉及的关键人和事做个简单介绍，提供相关背景材料，不仅可以帮助听众增加一些感性认识，而且有助于深化他们对主题的理解。1917年，蔡元培先生就任北大校长，在就职仪式上他发表了题为《救人》的演讲。在演讲开头，他介绍了自己与北大的关系：“五年前，严几道先生为本校校长时，余方服务教育部，开学日曾有所贡献于同校。诸君多自预科毕业而来，想必闻知。士别三日，刮目相见，况时阅数载，诸君较昔当必为长足之进步矣。予今长斯校，请更以三事为诸君告。”这段背景材料看似可有可无，实际上却告诉大家他本人与北大的渊源，以及他的教育思想与北大价值观的一致性，这些背景的介绍有助于北大师生对他的认同和接受。再如，2023年11月，习近平主席在美国友好团体联合欢迎宴会上发表演讲,在演讲中讲述了发生在中美间的六个故事,其中之一是“第二次世界大战时期,我们两国共同为和平和正义而战。陈纳德将军带领美国志愿者奔赴中国战场,组成了著名的飞虎队。他们不仅直接对日本侵略者作战,还建起了向中国运送急需物资的驼峰航线,1000多名中美机组人员牺牲在这条航线上。日本偷袭珍珠港后,1942年美国空军16架B-25轰炸机奔袭日本,由于油料不足,杜立特中校等飞行员在中国弃机跳伞,中国军民奋勇救助,日军竟因此屠杀了25万中国平民。中国人民没有忘记飞虎队。我们在重庆专门修建了纪念馆,邀请了1000多名飞虎队老兵及其家属回到中国,我同他们中的一些人也一直有书信往来。最近,飞虎队老兵、103岁高龄的莫耶和98岁高龄的麦克马伦来到中国,登上了长城,受到中国人民热烈欢迎。美国人民也没有忘记殊死营救美国军人的中国人民。浙江衢州有一个杜立特行动纪念馆,当年获救的美国军人的后代经常来到这里,向见义勇为的中国人民表达敬意。我相信,血与火铸造的中美两国人民友谊一定能够代代相传”。在这里,习近平主席强调了中美关系的根基是由人民浇筑的。

(4)阐述演讲结构

演讲时,也可以用开头部分对演讲内容加以概述,让听众了解演讲的中心思想和结构。特别是当演讲的主题很复杂,或是专业性较强,或是需要论证几个观点时,这样做就能使演讲显得清楚而易于理解。埃博哈德·舒曼在做演讲时开头就直截了当地把自己的演讲提纲告诉了听众:“我的演讲包括四个方面。一、公司要树立什么样的商务形象?二、商业环境怎样变化?三、是什么驱动着公司不断发展?四、工作目标是什么?”再如,美国某公司总裁麦克基里卡迪在一次高端商业论坛发表演讲,一开头也直接陈述了演讲的结构及范围:

> 女士们,先生们,晚上好。我很荣幸应科里曼主任的邀请来参加这个在我国很有权威的商业论坛——在见解上它可以与底特律和纽约的经济俱乐部相提并论。
>
> 第一,我将对最近的国内经济形势加以展望。我认为它并非人们有时所想象的那样严峻。
>
> 第二,谈谈近期欧佩克的经济增长对国际的经济增长的影

响——对包括我们自己在内的许多国家来说是件痛苦的事，但又是完全有办法应付的。

第三，我将就演讲逐渐成为一种时尚和必要的现象以及美国的现状谈一点个人看法。

(5)说明演讲目的

在大多数情况下，演讲的开头应揭示出演讲的目的。如果做不到这一点，那么听众要么会对演讲失去兴趣，要么会误解演讲的目的，甚至于会怀疑演讲者的动机。如文化学者傅佩荣教授在演讲《儒家与现代人生》的开头讲道："人们把孔子称作'至圣先师'，缅怀孔子最具体的方法就是'温故而知新'，认识孔子思想的现代意义，进而身体力行，努力实践他的教导，尽到承先启后的责任。这不仅是个人的身心安顿所需，也是社会稳定发展、文化赓续创新的契机所在。"傅先生在开头就把演讲的目的很明确地告诉听众，那就是让听众认识到儒家文化对现代中国人的价值与意义。钱理群先生在纪念北大建校110周年的时候，发表了题为《寻找失去了的"大学精神"》的讲演，他一开头就点明演讲的目的："今天是我们几代北大人在这儿聚会，我刚刚想了一下，我是1930年后的一代，看到这里有蔡恒平，他们是1960年后的一代，然后1970年后的一代，在座的是1980年后的一代，这么几代人这样聚在这里啊，来纪念北大的110周年。"这段开头很有意味，有人觉得钱理群说的是废话，故弄玄虚，其实，这段话既表现了北大精神代代传承的历史轨迹，同时，也点明了本次演讲的目的就是"纪念北大的110周年"。

2. 开头的设计

文章开头最难写，演讲稿的开头也不易把握，要想三言两语抓住听众的心，并非易事。如果演讲一开头听众就不感兴趣，注意力分散了，那后面再精彩的言论也将黯然失色。因此只有匠心独具，新颖、奇趣、敏慧的开场白，才能给听众留下深刻印象，才能立即控制场上气氛，集中听众注意力，从而为接下来的演讲内容顺利地搭梯架桥。

那么究竟怎样设计和安排演讲的开头呢？这主要取决于演讲的内容、环境和听众的情况。内容和时空环境的多样性决定了演讲开头的多样性。常见的演讲开头有下列几种。

(1)设问式开头

如果演讲者一开始就提出一个或几个出乎意料的问题,触发听众的兴奋点,就能迅速地唤起听众的兴趣和注意力,引起人们深思,自然地激发听众的参与意识,缩短演讲者与听众的距离,使两者的思想感情得以迅速沟通。同时,提问还能加深听众对问题的记忆和理解,对演讲的内容记忆深刻。

这种以设问开头的方法,可以引导听者顺着所提的问题去思考,制造一种急于知道答案的迫切心理,能够迅速集中听众的注意力。有一年,复旦大学举办以“青年与祖国”为主题的演讲比赛。正式比赛开始之后,由于种种原因,会场嘈杂混乱。当时有位同学上台,他刚讲个开头,就立即扭转了混乱局面,紧紧抓住了听众的心。他说:“我想提个问题。”台下的听众立即被他这种新奇的开头形式所吸引。他停顿了一下,继续说:“谁能用一个字来概括青年和祖国的关系呢?”这时,台下的听众议论纷纷,情绪活跃。他立即引导说:“可以用‘根’字来概括这种关系。”接着,他讲述了上海男人取名字喜欢用“根”字的原因,并归纳说:“我们青年有一个共同的姓,就是‘中华’;有一个共同的名,就是‘根’。‘中华根’应该是中国青年最自豪、最光荣的名字!”话音刚落,全场顿时掌声雷动。这样的开头新颖别致,出人意料,让人耳目一新,能激起听众浓厚的兴趣。

钱理群先生有一场很有名的演讲叫《我们今天为什么需要鲁迅》他在一开头就连续向在座的大学生提出了几个问题:“有一部电影叫《鲁迅》,我对这部电影的印象也很不错,能拍成这样,是很不容易的。在拍摄过程中,编剧和导演曾经征求过我的意见,我注意到编剧的一个陈述,强调鲁迅兼有‘儿子’‘丈夫’‘父亲’‘导师’‘朋友’等几重身份。整部电影也是围绕这五方面来展开的,着重从日常生活中来展现鲁迅丰富的情感。同学们看了电影以后,觉得亲切而感人,这说明电影是成功的,它有助于年轻一代走近鲁迅。但我可能受到鲁迅的影响,喜欢从另一面来看、来想,于是,就有了这样的疑问:今天我们花了这么大的人力、物力来拍这么一部大型彩色故事片,难道仅仅在于告诉今天的观众,鲁迅是一个好儿子、好丈夫、好父亲、好朋友吗?这其实就包含我们今天所要讨论的问题:在历史与现实生活中,我们中国并不缺少好儿子、好父亲、好丈夫……,但我们为什么需要鲁迅呢?这正是我们所要问的。鲁迅对于现代中国,对于我们民族的特殊的、仅仅属于他的、非他莫有的意义和价值在哪里？”钱理群所提出的这几个问题实际上就是他演讲的灵魂和主题所在，通过提问，既传递了他的演讲内容，也让听众知道了他的演讲主题，对听众起到了引导作用。

再如，1854 年 7 月 4 日，美国废奴运动的领袖弗雷德里克·道格拉斯应邀在美国纽约州罗彻斯特市举行的国庆大会上发表《谴责奴隶制的演说》，一开头他就用一连串的设问把听众带到一个愤怒而深沉的情境中去：“公民们，请恕我问一问，今天为什么邀我在这儿发言？我，或者我所代表的奴隶们，同你们的国庆节有什么相干？《独立宣言》中阐明的政治自由和生来平等的原则难道也普降到了我们的头上？因而要我来向国家的祭坛奉献上我们卑微的贡品，承认我们得到并为你们的独立带给我们的恩典而表达虔诚的谢意吗？”这几个强有力的设问揭露了美国奴隶制的罪恶和美国政治的虚伪，振聋发聩，在美国社会引起了强烈反响。

采用设问的开头方式，关键在于问题要提得好，提得恰当，提出的问题要新颖，不要过于简单，尽量提一些能给听者以教益和启发的问题。提问就是传递信息的过程，提问的信息要与对象、场合相适应，同时讲究内容的合理性和确定性，要使听众感到新鲜、出乎意料，能使听众积极思考，而且要与后面阐述的问题联系紧密，能巧妙而自然地引出演讲的主体内容。否则，泛泛地为提问而提问，问题设计不当，或者故弄玄虚，反而会弄巧成拙，不仅不能使人感到新颖别致，还会让人觉得浅陋庸俗。

(2)叙事式开头

这种方式是以讲述一些与演讲内容有关的新奇的、重大的、感人的事情开头，自然而然地引出主题。由于故事具有情节生动、内容新奇等特征，容易赢得听众的关注，并能造成悬念，激起听众的兴趣。1940 年底，正值美、英、苏等国家共同抗击纳粹德国的关键时刻，而处在欧洲反法西斯战争最前线的英国由于黄金外汇已经枯竭，根本无力按照过去“现购自运”的原则从美国手中获取军事装备。为此，罗斯福总统提出《租借法案》，以此来帮助英国和其他盟国获得美国的军事支持，共同抗击纳粹德国。但是，美国国会的一些保守势力目光短浅，他们只盯着眼前利益，丝毫不关心反法西斯盟友和欧洲糟糕的战局。为了说服这些议员，向社会广泛宣传《租借法案》的意义,同年12月17日,罗斯福举行记者招待会,他在会上发表了重要演讲。罗斯福首先向大家叙述了一件假设的事情:“假如我的邻居失火,在数百英尺处,我拥有一根浇花的水管,要是赶紧借给邻居拿去接上水龙头,就可能帮他灭火,以免火势蔓延到我家。但是,在救火前要不要对他讨价还价?喂,朋友,十万火急,邻居到哪里去找钱?我想,还是不要他十五美元为好,只要他灭火之后原物奉还。如果灭火后水管还好好的,他会连声道谢;如果他把东西弄坏了,他得照赔不误,我也不会吃亏。”现场的记者打断了他,问罗斯福:“请问,总统阁下所说的水管一定是指武器了?”“当然,”罗斯福毫不掩饰,“我只不过以此来阐述《租借法案》的原则而已。也就是说,如果你借出一批武器,在战后得到归还,而且没有损坏的话,你就不吃亏;即使军火损坏,或者陈旧了,干脆丢弃,只要别人愿意理赔,我想,你依然没吃亏。不是吗?”这一番回答之后,再也没有人对此提出任何质疑与反驳了。另一篇反思国内家庭教育问题的演讲《救救孩子》也是以故事开头的:“《新民晚报》曾经披露了这样一个事实。一个四年级小学生每天要带父母亲手剥光了壳的鸡蛋到学校吃。有一次,父母忘了给鸡蛋剥壳,差点憋坏了孩子。他对着鸡蛋左瞅右看,不知如何下口,结果只好将鸡蛋带回。母亲问他怎么不吃鸡蛋,他的回答很简单:‘没有缝,我怎么吃?’无独有偶,某杂志记载,一个将要留学法国的地质学院研究生,因为害怕出国后没有人照料自己的生活而吓得全身痉挛,有时竟连续5个小时。神经学专家的结论是:‘病人发病的根源在于社会生活能力差,出国反而造成了极大的心理压力……’这个结论,我想不应该只是针对这位患有‘出国恐惧症’的研究生,所有的教师,所有的家长,是否也应该考虑一下我们的学生的社会生活能力究竟怎样?今后他们能自立于社会、贡献于社会吗?”演讲者选用了两件令人啼笑皆非的真实故事作为开头,引人深思,听众很容易进入演讲者设定的“改革中国教育模式”的话题中。

用叙述故事的方式开头很容易引起听众的兴趣,但在具体的操作上要注意几个问题:一是叙事要简明扼要,短小精悍,不可啰唆拖沓;二是故事本身要有针对性,耐人寻味,能触发听众的兴趣;三是叙述的故事要与中心论题密切相关。如果忽视了这些,不仅起不到应有的作用,反而会弄巧成拙,让听众不得要领,不知所云。

(3)解题式开头

这种开头就是简明扼要地解释、说明演讲题目的含义,自然顺畅地转入正文的论述。在一档竞技真人秀节目中一位嘉宾做过一次《女人应该怎样活着》的演讲。她在一开头就对这个题目进行了解释:“我是一个对生命充满好奇和热情的人,我不怕冒险,更不怕失败。我觉得失败的经历往往给了我最宝贵的经验,让我更清楚地认知生命的本质,然后走出一条属于自己的生命之路。”这段开头就是对“女人应该怎样活着”的解释和回答,然后自然地引出下文,对开头进行具体论述。鲁迅先生在厦门大学所做的演讲《少读中国书,做好事之徒》开头告诉听众为什么要“少读中国书”:“我来本校是搞国学院研究工作的,是担任中国文学史讲课的,论理应当劝大家埋头古籍,多读中国的书。但我在北京,就看到有人在主张读经,提倡复古。来这里后,又看到有些人老抱着《古文观止》不放。这使我想到,与其多读中国书,不如少读中国书好。”威廉·萨菲尔在他的演讲《万一登月失败》的开头这样说道:“踏足太空、登陆月球的人们命中注定要留在月球,享有永恒的宁静。尽管这些勇士——尼尔·阿姆斯特朗、埃德温·奥尔德林深知自己无生还的希望,但他们相信,人们将从他们的牺牲中获得新的启示。他们为人类最崇高的追求——对真理和理解的追求献出了生命。不仅亲人和朋友会缅怀他们,全国以至全世界人民也同样如此,甚至于我们的地球母亲也为敢于闯荡未知宇宙的儿女骄傲。他们巨大的牺牲,激发全世界人们团结如一的思想感情,使各民族之间的感情纽带紧紧联系。”他将两位太空员登月失败可能造成的后果——“深知自己无生还的希望”在开头就直接告诉听众,与演讲的题目“万一登月失败”形成了一问一答,给听众带来很大的震撼。

解题式的开头,要避免冗长啰唆、反复解释,这样不仅起不到解题的作用,反而让听众感到累赘。另外,在承接前面的演讲内容时,要力求出新、不落俗套,不要矫揉造作、故弄玄虚,也不要过度粉饰、自吹自擂。

(4)开门见山式开头

开门见山式开头是一开始就用高度凝练的语言把演讲的基本目的和主题告诉听众,调动起他们的兴趣,然后在主体部分加以详细说明和论述。如恩格斯的《在马克思墓前的讲话》的开头:“3 月 14 日下午两点三刻,当代最伟大的思想家停止思想了。让他一个人留在房里总还不到两分钟,当我们进去的时候,便发现他在安乐椅上安静地睡着了——但已经永远地睡着了。这个人的逝世,对于欧美战斗的无产阶级,对于历史科学,都是不可估量的损失。这位巨人逝世以后所形成的空白,不久就会使人感觉到。"恩格斯用极为简略、精当的话语明确道出了他这次演讲的主题。再如,在某部队的一次演讲比赛中,一位战士以《战士的爱》为题参赛,他在开头说:"听到这个题目,在座的许多同志也许会联想到爱情。是的,爱情是神圣的,也是美好的。可是,我今天所要讲的,却是一种更高意义上、具有更强生命力的爱。这,就是战士的爱!"在一档竞技真人秀中的一位选手所做的《教育的意义》的演讲引起了很大轰动,他在开头讲道:"作为一名老师,我有的时候总有一些困惑,我讲的大多都是考试类的课程、大学英语四六级、考研英语等等。有一次我在讲四级翻译的时候,讲到许渊冲先生如何翻译李清照的'寻寻觅觅,冷冷清清,凄凄惨惨戚戚',讲到王佐良先生把 Samuel Ullman 的《青春》翻译成'年岁有加,并非垂老,理想丢弃,方堕暮年',我不禁手舞足蹈,作为老师的那种自豪感爆棚。然而就在这个时候,底下有一个女生直接质问我说:'你讲这个东西有什么用啊?你就是在浪费我们的时间。'我自认为也算伶牙俐齿,但是在那一刻我竟无言以对。"他通过工作中遇到的问题开门见山地提出了"教育的意义"这个主题,一下子就让听众进入正题中,引起他们的思考。

开门见山式的开头适合于比较庄重的演讲场合,因此,它要求写作者具备较强的总结概括能力。

(5)明旨式开头

明旨式开头是引用名言、警句、谚语等来开头,概括演讲的主旨,为下面的演讲做好铺垫。引用的话语一般都言简意赅、富有哲理、发人深思,对演讲内容能起到提纲挈领、画龙点睛的作用。如,一篇题为《生命之树常青》的演讲开头是这样讲的:"伟大的诗人歌德曾有这样一句话:'生命之树常青。'是的,生命是阳光带来的,应该像阳光一样,不要浪费它,让它也去照耀人间。"一位诗人在他的《月圆是画,月缺是诗》的演讲中,引用了中外多位作家的名言和诗句来概括他的人生观:"记得海德格尔曾说过,生命充满了劳绩,但还诗意地栖居于这块土地上。要感谢海德格尔,这位精神的探索者,为我的心里留下了一隅空白。让我在心烦意乱之际,能够冷静地思考,吟上一句'人生天地之间,若白驹之过隙,忽然而已';让我在忙碌中，能够偷得浮生半日闲，欣赏一段‘他年傍得蟾宫客，不在梅边在柳边’的还魂爱情。如五柳先生，‘怀良辰以孤往，或植杖而耘耔’；如东坡先生，‘诵明月之诗，歌窈窕之章’；如守着瓦尔登湖的梭罗；如遥望乞力马扎罗之雪的海明威。他们都是诗人，在属于自己的空白天地中，诗意地栖居。”演讲者通过引用众多文人的名言与诗句，将个人对生命的意义和价值的理解表达出来。

明旨式开头要尽量做到集中突出，语言准确凝练，不要转弯抹角、过多渲染铺垫，否则容易造成开头与主体比例失调，头重脚轻，冲淡演讲的主体内容。

(6)抒情式开头

抒情式开头主要是借助诗歌、散文等文学形式，通过华丽的辞藻和汹涌澎湃的激情感染听众，把听众带入诗一般的境界。这种开头意在渲染气氛，以情感人，使听众迅速受到情绪感染，聆听演讲内容。抒情式开头多采用排比、比喻、比拟等修辞手法，运用诗化的语言，有的干脆直接引用诗歌，因而自然优美，形象生动，引人入胜。这种开头方式在演讲比赛中常常可以看到。例如，演讲《我是夜幕里的一颗星》的开头讲道：“水兵喜欢把自己比作追波逐浪的海燕，飞行员喜欢把自己比作搏击长空的雄鹰，而我们警卫战士却喜欢把自己比作夜幕上闪亮的星。不是吗？在皓月当空、万籁俱寂的夜晚，疲劳的人们已进入梦乡，祖国大地的每个角落里不都闪烁着警卫战士一双双警惕的眼睛吗？它们就像天上的星星一样，不知困倦地注视着大地，搜寻着每一个可疑的目标……”演讲者采用了散文化的语言表达方式，构思巧妙，比拟得当，语言形象生动，刻画出了诗一般的意境。

除了这种借助文学手法的抒情，在一些场合下，必要的煽情也会收到很好的表达效果。美国独立战争后，林肯曾在法庭上为一位军人遗孀的正当权益发表了一段演讲，他说：“现在，1776 年的英雄早已长眠于黄泉，可是，他那衰老而可怜的遗孀，还在我们面前，要求我们代她申诉。这位老妇人从前也是一位美丽的少女，曾经有过幸福愉快的家庭生活。然而，她为美国人民牺牲了一切，到头来却变得贫困无依，不得不向享受着革命先烈争取来的自由的我们请求一些援助和保护。试问，我们能视若无睹吗？”林肯并不是直接批评政府及相关部门的失职，而是用极富感情色彩的语言将老妇人的悲惨身世向在座的听众述说,感染了陪审团成员和法官,最终为老妇人争取到了一笔抚恤金。

抒情式开头一定要体现真挚的感情,不能矫揉造作,无病呻吟。抒情应发自演讲者的内心,不一定需要华丽的辞藻,哪怕是平实朴素的话语,也能打动听众的内心。

(7)幽默式开头

以幽默或诙谐的语言及事例做开头,不仅可以调节演讲的气氛,增进演讲者与听众之间的信任和理解,而且可以让听众在笑声中得到启发,在轻松的气氛中领悟演讲者的观点。刘小溪的演讲《乌云背后的幸福线》,开头幽默又略显夸张,让听众忍俊不禁,为之叫好:“我有一个超级妈妈,她有个外号,叫‘气象局’,原因是:你根本就不需要知道第二天穿什么,她就帮你想好了。我的朋友小胖,我们两个从小就一起去上学,那个时候她已经穿上了这个白色的T恤,而我却穿着一个棉袄,比她还要胖,她站在那个楼道那等我的时候会说:‘哎呀,你这是干啥呀,穿成这样丢不丢人啊!’那我只能告诉她:‘对不起,你还小,你不懂,世界上有一种冷,叫你妈觉得你冷。’”这段开头用幽默的笔调将母亲对女儿的爱烘托了出来,正如演讲者所说:“世界上有一种冷,叫你妈觉得你冷。”被人们称为“哈佛才女”的许吉如的演讲《国家赋予年轻人最好的礼物是什么?》开头也为听众描述了一幅幽默的场景:“我想请现场的男生去设想或者去回忆一个场景:你的女朋友板着脸站在一边,忽然很委屈地哭出来了。你问她什么她都不开口,‘宝宝心里苦,但是宝宝不说’。这个时候你心里很慌张,你想:‘不对啊,怎么回事呢?上个月看中的包我买了呀,昨天的朋友圈我点赞了呀,前天前女友发过来的短信我删掉了呀。’这个时候大小姐终于开口了,她说:‘我也不知道为什么,就是没有安全感了。’”演讲者用一小段幽默的故事引出了演讲的严肃主题:一个国家的国民的安全感从何而来,让听众通过笑声去感受安全感的意义与实质。

运用幽默的方式来开头,首先要切忌油滑,要表达出演讲者的真实情感;其次要使用清楚而贴切的语言,不要将庸俗当成幽默;最后要正视听众的心理需求,立意要高,区分幽默和搞笑。

演讲稿的开头千变万化,总的要求是服务演讲主题,增进与听众的交流。除以上介绍的方式外,演讲稿的开头还有其他的方式,如议论式、归纳式、描述式等。无论采用哪种方式，演讲稿的开头都要求简短切题，力求一开始就给听众造成一种良好的心理定式，切忌套话和陈词滥调，要有真挚的感情，切不可故弄玄虚，给人留下形式主义的印象。

三、主体

主体是演讲稿的主干部分，篇幅较大。要使演讲的观点站得住、立得牢，就必须做到内容充实丰满，有血有肉，要围绕中心论点，处理好论点与论据之间的关系，合乎逻辑地逐层展开论述，做到结构严谨，层次清楚，过渡自然。在这一部分中，要组织和安排好演讲高潮，使演讲者和听众在情感上产生强烈的共鸣，达到“快者掀髯，愤者扼腕，悲者掩泣，羡者色飞”的境界。

层次是结构的基础，是在传递信息、表达主题的过程中形成的相对完整、独立的思想单位。安排层次的过程，实际上就是对所选材料进行归类的过程。要根据客观事物内部联系的特征和共性来合理安排层次。比如，事件一般有发生、发展、结局等几个阶段；问题一般有提出、分析和解决等几个过程；人物有成长变化的历史；场景有空间位置的特征；等等。因而，层次安排常以时空为序，以逻辑线索为序，或以认识过程为序，形成时空结构层次、逻辑结构层次和心理结构层次。

安排层次要注意通篇格局，统筹安排，给人以整体感；要主次分明，详略得当，给人以稳定感；要互相照应，过渡自然，给人以匀称感。同时，演讲稿主要是用来讲给人听的，是转瞬即逝的，结构层次不能太复杂，要给人以明朗感。演讲稿的层次排列形式可分为纵向组合结构、横向组合结构和纵横交叉结构三种基本类型。

（一）纵向组合结构

它是指按照时间的推移来排列层次，包括直叙式和递进式两种。

直叙式即以时间先后为序，或以事情的发生、发展和变化过程为序。这种结构层次比较单一，事情的来龙去脉很清楚。运用这种方法，要注意突出重点、兼顾一般，切忌平均用力、平铺直叙。香港影视演员张卫健的演讲《说话改变命运》，就采用直叙式的结构。

我很适合这个舞台,我这么说并不是因为我演过很多角色,曾经说过很多到现在为止大家可能还记得的对白,而是因为这个舞台是一个用说话改变命运的舞台。我在我的人生当中,曾经试过很多次用说话改变了自己的命运。

19岁的那一年,我成为一名演员。当时我跟所有的年轻人一样,目标只有一个,就是成为一名独当一面的男一号。可是我日复一日、年复一年地拍戏,拍着拍着差不多十年的时间过去了,回头一看,我还在演那些配角、跑龙套的角色。

有一天,又到了我要续约的时候了,我就对着那位艺人部经理说:"经理,可能您不知道在咱们公司里面有我这个人存在。我在公司里边已经有十年时间了,几乎所有角色我都演过。我准备好了,我准备好红了,现在我只是欠缺一个机会,一个当男一号的机会。如果您能给我这个机会的话,我将来一定可以帮公司赚大钱的。"他直直地看着我,眼睛里边写着两个字——"白痴"。接着我就说:"如果你问我续约之后我要求的工资是多少,我无所谓,真的无所谓。你随时给我一份合约,上面没有填工资的,我先签,签完之后您拿回去再填。因为对我来说,今天我要的并不是钞票,我要的是机会啊!经理!"我用余光看到他盯着我的头顶看。当时我还是有头发的。抬起头来,我看到他的双眼,又写着两个字——"感动",他被我深深地感动到了。

果然,三个月之后,第一个演男一号的机会终于降临到我的身上了,很快第二个、第三个、第四个、第五个,我演的电视剧的收视率一部比一部好,我终于可以尝到红的滋味了。我开始拍电影,票房相当不错,我发唱片销量非常高。在努力之下我终于可以存够钱,买我人生中的第一个房子。我记得那一天,我第一步踏进这个房子的时候,是我第一眼看到这个家,我的妈妈远远地坐在沙发上跟我说:"怎么了?儿子,还满意吗?咱们的家哦,挺好的嘛!""行啊!不过我们很快就搬了。""发什么神经啊,才搬进来怎么又搬呢?""妈,四个字,如日中天,您儿子现在的事业可是如日中天,能不搬去一个更大的房子吗?"

万万没想到，一年时间不到，我有一部电视剧播出，收视率很差，接着下一部更差，再下一部依然差，电影的票房一个字——“烂”，唱片的销售量低得不能再低。那一刻，我承认我的事业正式踏入了寒冬，完全掉进了谷底。我默默地跟自己说，如果给我机会，再一次爬回去的话，我以后不要再做一个那么骄傲的艺人。我要做一个踏踏实实、谦虚的人。终于，机会再一次降临到我身上了。我接到一通从公司打来的电话，他们问我有没有兴趣回去履行跟公司最后一部戏的合约。可能大家没有办法想象，当时我是多么渴望工作，多么渴望再一次站在镜头前面演戏，所以我就欣然接受了这份工作，拍了这个戏。这个戏的名字叫《西游记》，我演的角色是孙悟空。戏播出后，收视率打破了香港电视界很多的纪录。我再一次在香港起来了，接下来我选择离开这个让我长大的母校。我希望出去闯一闯，试试自己的实力。当时我碰到一位香港的制作人，他找我拍一部戏，让我开一个价钱，我就给了他一个很合理的价格，然后他是这么跟我说的：“多少钱？你不要以为你演完孙悟空，在香港很红。我告诉你，你在内地的知名度是零。送你一句话吧！记住，你的脸上没毛呢，你是不值钱的！”

听了这句话之后，我感觉好像有把刀插进了我的心脏一样。我就马上收拾行李，毅然离开香港到了北京，成为一名北漂。我跟自己说：“放下！放下你以前在香港做出的一切成绩。以前——你是一个腕儿，现在——不是，将来——不知道。如果你想再一次成为一个腕儿的话，现在你要做的只有八个字，就是努力、努力、努力和努力！”

皇天不负有心人。在第三个年头，被誉为北京四十年来最热的一个夏天，我拍了一部戏叫《少年英雄方世玉》。接下来等着我的，并不是最热的夏天，而是北京四十年来最冷的一个冬天，我演了一个角色叫韦小宝。

接下来，我的事业，可以说是进入了一个稳定期。突然有一个晚上，我想起当年那位制作人跟我说的那句话——“你的脸上没毛呢，你是不值钱的！”

行啊，那么就从现在开始我不再粘毛。我不只不再粘毛，就连头顶剩下的那几根，我都把它剃光。我要证明给你看，我的脸上一根毛都没有，我还是可以爬回去的；我就要证明给你看，我的脸上一根毛都没有，我还是可以有那么一点点价值的；我就要证明给全世界的人看，一个男人头顶一根毛都没有，还是可以很有魅力的。

我相信我做到了，我能做到你们也能做到。所以在这个舞台上，我很期待，期待着一帮年轻人，带着你们的激情，凭着你们的勇气、口才与智慧，挽起你们的袖子——来，咱们大干一场，用说话改变你们的命运吧！

在演讲中，张卫健以自己从艺的经历为线索，按照时间顺序回顾了自己从一名小演员成长为一线演员的历程，有详有略，让我们看到了一名优秀演员成功背后的辛酸与付出，增加了对演讲者的认识和了解。一些励志类的演讲往往采用这种结构形式，通过述说演讲者个人的成长经历，让听众较为完整地了解他们在某个领域的奋斗历程，从而对他们的成功由衷地产生钦佩之情。歌手李健曾回母校为学弟学妹们做了一场题为《如果不来到这个学校，我可能不会做一个歌手》的演讲。演讲内容很长，他从自己的幼年说起，告诉听众他与音乐结缘的背景。演讲中，他重点讲述了在清华大学学习期间，自己是如何走向流行音乐的领域的。李健的演讲内容很丰富，既包括了自己的音乐之路，也把不同时代的音乐现象和音乐人串联了起来，信息量很大，但主次分明，听众不仅听到了他的音乐故事，也听到了与之相连的音乐人物和音乐事件。

递进式，即按事理的展开或认识由浅入深的递进过程来安排结构层次，或按演讲者感情发展的脉络来安排结构层次。按事理展开，多采用“叙事—说理—结论”的模式，即摆情况—做分析—下结论，也就是提出问题—分析问题—解决问题。按照由浅入深的递进过程来安排结构层次，其内容则呈螺旋式层层深入，由表及里。这样的安排，说理透彻，说服力强。按照演讲者感情发展的脉络来安排层次，内容起伏跌宕。我国当代著名科学家屠呦呦在诺贝尔奖颁奖典礼上发表的演讲的结构就是递进式。这篇演讲稿是以屠呦呦的学术研究经历为线索来安排内容的层次的。稿件的脉络清楚,有条不紊,在叙述中适当加以抒情议论,声情并茂,道出了她的成长轨迹和自己对所从事的事业的热爱,以及自己对科学工作的理解和情怀。

(二)横向组合结构

这种组合结构,或按事物的组成部分展开,或按空间分布展开,或按事物的性质归属关系展开。按照不同的排列展开方式,横向组合可以分为简单列举式和总分并列式。

简单列举式,即围绕主旨,把选取的材料逐条逐项并列排出,从不同角度来表现演讲中心。毛泽东同志的演讲《反对党八股》就采取了简单列举的方式。演讲稿结构清晰,指向明确,成为经典之作。这篇演讲稿主体部分采用横向并列结构,思路清晰,让听众很容易记住演讲者所要批判和反对的现象,组织得当,过渡自然,衔接紧凑,结构完整,充分阐发了主旨,给听众留下很深的印象,可谓横向组合结构的范例。

总分并列式则常遵循总分思路辐射式地展开,并列的各部分按事物的逻辑关系分类安排,分别围绕主旨阐述一个问题,或说明事物的一个侧面。"总"就是中心意思,"分"就是分层叙述。这种结构是表示总叙和分述的关系。一般来说,总分并列式结构在开头提出论点,中间提出若干分论点,结尾总括论点(或重申论点,或总结引申),而几个分论点之间是并列关系,而不能是包含关系或交叉关系。刘旭光先生在鲁迅先生逝世八十周年纪念会上发表的《鲁迅演讲词的魅力》演讲就是这种结构的代表。

> 演讲词有一种独特的魅力:它是用来听的文学。演讲词是"演讲"这种活动的衍生品。演讲有一种现场性,不在演讲现场,是不大容易感受到演讲的魅力的。这种差异就像在现场看足球比赛和看电视转播之间的差异。"现场"仅仅是瞬间,跨越时间之流留下来的,只是它的文字部分,但这个文字部分,仍然饱含着"现场"沉淀在它之中的魅力。
>
> 人类的听觉所承载的智慧没有视觉多,看一段文字,可以不断地看,反复品味,但听一段文字,"现场"过后,就必须借助录音设备,否则不便于把对象当作一个整体来看待。因而一篇稿子

让人看一遍和让人听一遍，效果不一样，人们更能理解“看”过的，而对于“听”过的，不容易产生更深刻的理解。这是听觉的局限。演讲要作用于“现场”，作用于“听觉”，就必须扬长避短。

鲁迅是20世纪中国数得着的演讲家。据不完全统计，他一生有过67次演讲。他的演讲如同他的杂文、他的小说一样，都是闪电，都是投枪。他演讲的足迹遍布风起云涌的京师，及至惊涛拍岸的粤港。在那羸弱的身躯下，鸣响着民族魂的强音，《娜拉走后怎样》《老调子已经唱完》《无声的中国》等，至今一直回响在我们的耳畔。

虽然不能聆听其现场，但演讲的魅力不仅仅在于现场的感染，更在于“现场”过后的回响，在于人们的口耳相传。鲁迅先生逝世80周年纪念日临近，我看到他的演讲被整理成《回响——鲁迅演讲选读》。这同样是一种回响，仍然能让人感到那种“现场”的魅力和演讲本身的魅力。

演讲不是件容易事，所以鲁迅自己说：“我不会讲演，也想不出什么可讲的，讲演近于做八股，是极难的，要有讲演的天才才好，在我是不会的。终于想不出什么，只能随便一谈。”这不算是谦辞，演讲由于是现场的艺术，因此具有表演性：声音的训练与控制、形体的呈现、肢体语言的应用、情感的表现、对观众反应的控制等等。这需要专门化的训练和天赋。鲁迅没有这个天赋。曾有人攻击鲁迅说：“鲁迅很喜欢演说，只是有些口吃，而且是‘南腔北调’。”对此，鲁迅反击道：“我不会说绵软的苏白，不会打响亮的京调，不入调不入流，实在是南腔北调。”并因此将1934年3月出版的集子命名为《南腔北调集》。但普通话不好、“有些口吃”，并不影响鲁迅这些演讲词的魅力，并不影响鲁迅演讲的成功，因为演讲除了这种表演性，本质上是用语言来进行表达，因此，语言应用的水平和情感、思想表达的深度与力度，才具有决定性。

一篇演讲词是否成功，是由以下几个效果决定的：

第一，演讲必须有鼓动性与感染力。用简洁的、口号化的语言，采取便于被听觉把握和便于口耳相传的修辞方式，这是演讲的现场性的要求。“读书不忘革命,革命不忘读书。”“一首诗吓不走孙传芳,一炮就把孙传芳轰走了。”鲁迅在演讲中所用的这些句子,在现场一定会引发掌声。还有这些话:不要“读死书”,还要灵活运用;不要“死读书”,还要关心社会世事;不要“读书死”,还要注意身体健康。“读死书”“死读书”“读书死”这些话语,显然能产生入耳入心的效果。演讲不是用来讲道理的,演讲的魅力,就是感染与鼓动,演讲可以没有文采,可以不会发声,可以不够悦耳,但必须具有鼓动性与感染力。演讲是作用于行动的艺术。

第二,只有智慧,才能深入心灵。在一篇名为《少读中国书,做好事之徒》的演讲中,鲁迅说了一段现在看来有点偏颇,但在当时很有针对性的话:“少读中国书,不过是文章做得差些,这倒无关大事。多读中国书,则其流弊,至少有以下三点:一、中国书越多读,越使人意志不振作;二、中国书越多读,越想走平稳的路,不肯冒险;三、中国书越多读,越使人思想模糊,分不清是非。正是因为这个缘故,我所以指窗下为活人的坟墓,而劝人们不必多读中国之书。”其中感慨颇多,但其中的智慧,却是需要我们不断回味的,这应当是所有文化保守主义者和民粹论者应当再看看、再想想的话。

关于知识阶级,鲁迅在演讲中有这样一段评论:“真的知识阶级是不顾利害的,如想到种种利害,就是假的,冒充的知识阶级。只是,假知识阶级的寿命倒比较长一点。像今天发表这个主张,明天发表那个意见的人,思想似乎天天在进步;只是真的知识阶级的进步,决不能如此快的。不过,他们对于社会永不会满意的,所感受的永远是痛苦,所看到的永远是缺点。他们预备着将来的牺牲,社会也因为有了他们而热闹。不过,他的本身——心身方面,总是苦痛的,因为这也是旧式社会传下来的遗物。至于诸君,是与旧的不同,是二十世纪初叶青年,如在劳动大学一方读书,一方做工,这是新的境遇,或许可以造成新的局面。但是,环境是老样子,着着逼人堕落,倘不与这老社会奋斗,还是要回到老路上去的。”关于真的知识阶级的分析,多少年后仍然足以让有良心的知识阶级自省，这就是思想与智慧的力量。

第三，演讲在叙述上有一种技术。它总是从“我”开始，而以“我们”结束。从“我”开始，意味着个人的真实感受，真实想法，是演讲的出发点。演讲是不是吸引人，首先取决于这个“我”是不是够真诚，修辞立诚，这是一切艺术得以成功的铁律。以“我们”为结束，意味着把个人的感受转变成了集体的感受，个人的思想唤起听众的普遍共鸣，这种普遍共鸣，正是演讲想要达到的效果。鲁迅先生深谙此道，他的每一次演讲，总是从“我”的角度娓娓道来，最后推向一个号召性的强音，导向“我们”。可见，演讲是关于“大我”的艺术。

第四，现实感是演讲成功的前提。人们听演讲，是出于对演讲者所讲之事的“关心”，也是想了解“真相”。对于身边事的关注，对于利益相关之事的关注，总是人们学习和阅读的原因。演讲者必须关注现实，关注大问题、大事件，但他不是现实的转述者，他是评论员，是密探，是分析师。他必须讲出他对问题怎么看，他还必须告诉听众“应当怎么看”。没有对现实的关切，演讲就没有必要，演讲是介入现实的一种手段，甚至是改变现实的一种手段。伟大的演讲者，往往是伟大的革命者和行动者。《回响》这本小书的编者总会补充一些关于演讲现场效果的细节，这很有趣。这些细节向我们提示着鲁迅演讲的“现实感”——它反映着现实的问题，记录着听众现实的关切，解答现实的问题。在《娜拉走后怎样》《无声的中国》《在上海野风画会的演讲》等篇目中，就体现着这种深刻的现实关切，甚至连学术性的报告都由于这种关切而体现出思想的魅力，如《魏晋风度及文章与药及酒之关系》。

虽然没有鲁迅先生演讲的影像资料，但这并不妨碍这些演讲词魅力的传播。今天我们重新触碰和阅读这些演讲词，不仅仅是为了欣赏和学习。演讲应当是当代人的基本技能。用现场化的语言表达自己，实现目的，这不仅仅是政治家的技能，这应当是每一个公民的技能。可惜我们的文化传统不太重视这种技能的训练，看看这些演讲词，或许能启迪我们怎么去表达自己，怎么去交流。

最后，用鲁迅的一句演讲词来结束这段演讲——这句话曾给了笔者深深的感动，希望读者也能得到这种感动——“希望是附丽于存在的，有存在，便有希望，有希望，便是光明……只要不做黑暗的附着物，为光明而灭亡，则我们一定有悠久的将来，而且一定是光明的将来。”

这篇演讲在前面的几个段落中对鲁迅先生的演讲特点进行了总括，可以看成一个大的部分。然后，演讲者从四个部分对鲁迅演讲词的特点进行归纳，既体现了鲁迅演讲词的总体特征，又从不同角度对这些特征进行具体分析，让听众对鲁迅的演讲词有了更为深入的了解。

在使用横向组合结构的时候，切忌开中药铺似的罗列现象，要注意发掘各部分材料间的必然联系，体现出整体效应。

（三）纵横交叉结构

有些内容丰富、容量较大、时间较长的演讲，常采用此种结构。它以时间顺序为主线，穿插横向组合材料；或者以横向组合为主，其间穿插纵向材料。先按纵向组合容易看出事物发展的全过程，先按横向组合则易于分析出事物各部分之间的联系和区别。采用这种结构的演讲，不宜搞得太复杂，否则听众难于理解。《做一个怎样的子女》（见第三章思考题）就很好地运用了这种结构。这篇演讲稿以演讲者自己的成长过程为线索，来表现子女与父母之间的关系的变化。在这种线性叙事中，作者融入自己的感受、认识和思考，纵横交错，从一个点发散到中国第一代独生子女所面临的各种社会问题上，既有温度，也有深度，在一代独生子女中产生了巨大共鸣。

四、结尾

心理学家指出：人的记忆曲线呈马鞍形。在演讲中，听众最关注的是两端，即开头和结尾。而结尾更能发挥鼓动作用，也更容易被听众记住。结尾如撞钟，撞得好，可以使人警醒，又回味无穷。明代学者谢榛认为，写文章应该做到“起句当如爆竹，骤响易彻；结局当如撞钟，清音有余”。同时代的另一位学者黄政枢也说：“好的结尾，有如咀嚼干果，品尝香茗，令人回味再三。”在演讲稿的写作中，结尾与开头同等重要。美国著名作家约翰·沃尔夫说：“演讲最好在听众兴趣到高潮时，果断收束，未尽时戛然而止。”结尾是演讲稿的自然收束，既要雄健有力，也要言止意长，回味无穷。如果把整个演讲看成是画龙，那么结尾就是点睛，因此，写好演讲稿的结尾不仅是内容完整性的需要，也是提升演讲内涵的重要环节。有人说：“结尾无定法，妙在巧用中。”这句话道出了演讲稿结尾的灵活性。但总的来说，演讲稿的收尾要简洁、果断、点题，给听众以完整、深刻的感觉。怎样设计和安排演讲的结尾呢？

（一）总结式结尾

在演讲稿的结尾处简明扼要地总结演讲内容，能够起到提醒、强调的作用，给听众留下完整的总体印象。在演讲稿《教育的意义》的结尾处讲道：“曾经，我们说‘读书无用’，才学与财富不成正比，造就了我们这个社会浮躁的状态。然而什么都可以浮躁，唯独教育不可以。它是社会良心的底线，是人类灵魂的净土，是立国之本，是强国之基。教育为了啥？教育，就是在帮助个人认知自己，帮助这个民族认知自己，我们才可以掌握个人的命运，创造这个国家的未来。教育者也好，受教育者也好，我们都要做到北宋教育学家张载所说的读书的真正目的：为天地立心，为生民立命，为往圣继绝学，为万世开太平。”这是演讲者在对现实教育的种种代表性的现象和问题进行分析和思考后总结出的“教育的意义”，它让听众对演讲的主题有了更深刻的认识。某大学的开学典礼上，演讲者在结尾处说：“人的一生是奋斗的一生，但是有的人一生过得很伟大，有的人一生过得很琐碎。如果我们有一个伟大的理想，有一颗善良的心，我们一定能把很多琐碎的日子堆砌起来，变成一个伟大的生命。但是如果你每天庸庸碌碌，没有理想，从此停止进步，那未来你一辈子的日子堆积起来将永远是一堆琐碎。所以，我希望所有的同学能把自己每天平凡的日子堆砌成伟大的人生。”这段话既是对他个人多年来奋斗的总结，也是他对生活感悟的总结，对于刚入校的新生来说，这个结尾对他们今后的发展有着很重要的启示。

（二）感召式结尾

这种结尾多是提希望，发号召，表决心，立誓言，以慷慨激昂、扣人心弦的话语激起听众感情的波澜，鼓舞士气，增强听众对演讲主题的认同。1966年3月8日，河北省邢台市发生强烈地震。第二日，周恩来总理冒着余震危险来到灾区慰问干部群众，指导抗震救灾。在灾区现场，他站在一只旧木箱上发表了《发展生产，重建家园》的演讲。他首先代表中央对大家表示慰问，接着，他将抗日战争时期的艰苦岁月与当前的抗震救灾联系起来，鼓励大家战胜灾难，重建家园。在演讲的最后，他鼓励大家说："你们不是学过《愚公移山》吗？愚公能够移山，我们对现在的困难也一定能够战胜。"结尾处，他向大家发出号召："奋发图强！自力更生！发展生产！重建家园！"周恩来总理的演讲语言通俗易懂、实实在在，充满了关怀、鼓励和希望，灾区干部群众受到了极大的鼓舞。再如，古希腊著名演说家德摩西尼发表的《斥腓力演说》是这样结尾的："敌人正在对我们铺罗设网，四面合围，而我们却还呆坐着不求应付。同胞们，我们究竟要到什么时候才能采取行动？当雅典的航船尚未覆灭之时，船上的人无论大小都应该动手救亡。一旦巨浪翻上船舷，那就一切都会同归于尽……即使所有民族同意忍受奴役，就在那个时候我们也要为自己而战斗。辞令的灵魂就是行动！行动！再行动！"这段结尾慷慨激昂，演讲者号召人民拔剑奋起，反抗外族的入侵。它既是演讲，又是一篇战斗的檄文。闻一多在《最后一次讲演》的结尾，向在场的听众表达了自己与反动势力做不屈不挠斗争的决心："反动派，你看见一个倒下去，可也看得见千百个继起的！正义是杀不完的，因为真理永远存在！……我们不怕死，我们有牺牲的精神！我们随时像李先生一样，前脚跨出大门，后脚就不准备再跨进大门！"感召式的结尾，情真意切，字字千钧，充分表现了演讲者的决心和信心，对听众来说既是鼓舞，也是奋进的号角。

（三）抒情式结尾

这种结尾常常伴随着演讲者在叙述典型事例和生动事理后油然而发的激情。以抒情方式结尾，言尽而意未尽，留有余韵，给人启迪。如，著名的演讲稿《科学的春天》的结尾处写道："春分刚刚过去，清明即将到来。

'日出江花红胜火,春来江水绿如蓝。'这是革命的春天,这是人民的春天,这是科学的春天!让我们张开双臂,热烈地拥抱这个春天吧!"这个结尾充满着诗人的浪漫情怀和澎湃热情,它唤起了听众内心的热情和激情,让科学工作者感受到了如同春天一般的希望和热情,满怀希望和信心地拥抱这"科学的春天"。北京邮电大学前校长乔建永在2015年新生入校典礼上发表了演讲。在演讲的最后,他饱含深情地说:"同学们,如果说大学生活是一本书,它的扉页已然揭开,今天的开学典礼只为你们题写了序言:志存高远、自强独立、追求卓越,做无愧于时代的北邮人!在未来的学习生活中,希望同学们每一天都在为理想而奋斗,为收获而幸福,德才并重、情理兼修,让'崇尚奉献,追求卓越'的北邮精神融入你们的生命,去书写无愧于这个时代的精彩人生!"乔校长运用了文学化的手法,将对青年学生的殷殷期望抒发了出来,也让在座的新生感受到了师长的那份关爱和厚望。

(四)警言式结尾

即通过引用谚语、成语、格言、警句、诗词等方式结尾。这种结尾言简意赅,多有韵律,使内容显得充实丰满,具有哲理性和启发性,同时还可以给听众带来生动活泼、别开生面的感觉。演讲稿《谈毅力》的结尾引用了英国著名作家狄更斯的一句话:"毅力是攀登智慧高峰的手杖,毅力是漂越苦海的舟楫,毅力是理想的春雨催出的鲜花。朋友,或许你正在向成功努力,那么,运用你的毅力吧。这法宝可以推动你不断地前进,可以扶持你渡过一切苦难。记住:顽强的毅力可以征服世界上任何一座高峰!"警言式结尾能给演讲者的思想提供有力的支撑,增加演讲的可信度,使演讲显得更加优美、含蓄、睿智、大气,具有较强的说服力和鼓舞作用。

(五)幽默式结尾

一位喜剧演员曾说:"当你结束演讲时,你应让听众继续笑个不停。"除了某些较为庄重的演讲场合外,用幽默、风趣的语言结尾可以为演讲添加欢声笑语,使演讲更富有趣味,让人在笑声中深思,并给听者留下一个愉快的印象。如,鲁迅先生《在上海中华艺术大学的演讲》的结尾就采取了这个方法:"以上是我近年来对于美术界观察所得的几点意见。今天我带来一幅中国五千年文化的结晶。请大家欣赏欣赏。”说话时,鲁迅一手伸进长袍,把一卷纸徐徐从衣襟上方伸出,打开看时,原来是一幅病态十足的月份牌,引得哄堂大笑。在笑声和掌声中结束了他的演讲。这个别出心裁、极具喜剧性的结尾,不仅进一步深化了主题,使听众对那种拙劣的美术创作加深了认识,同时也给听众留下了许多演讲者没有讲出来而又令人深思的空白,并让听众在美的享受和回味中,带着愉快的心情离开会场。

再如,有一次老舍先生应邀去做演讲,他开头就说:“我今天给大家谈六个问题。”接着,他第一、第二、第三、第四、第五,按顺序一个个谈下去。谈完第五个问题,他一看离散会的时间很近了,于是提高了嗓门,一本正经地说:“第六,散会。”听众起初一愣,几秒钟后,响起了热烈的掌声。1936年,《纽约时报》和“美国书籍出版者协会”共同举办了第一届全美书展。林语堂应邀去演说。林语堂一上台,先不说话,四下打量,气势就出来了。接着,他不慌不忙地讲起中国人的人生哲学和生活态度。他没有拿稿子,好像句句是临场发挥。纯正的发音,地道的表达技巧,机智俏皮的口吻赢得了一阵又一阵的掌声。就在大家听得入神时,他却猛地收起话匣子:“中国哲人的作风是,有话就说,说完就走!”他挥一挥衣袖,背着手踱起方步,飘然而去。在座的人面面相觑,半天没回过神来,随后,爆发出热烈欢快的掌声。不管是老舍还是林语堂,他们的演讲结尾出乎听众的意料,达到了一定的幽默效果。一个演说者如能在结束时赢得笑声,不仅能体现出自己演说技巧的娴熟,还能给本人和听众双方都留下愉快美好的回忆,使人产生意犹未尽之感。

幽默的结尾能在一定程度上缓解听众的精神疲劳,让人的精神得到鼓舞,同时使演说熠熠生辉、余音不绝。以幽默的方式结尾时要做到自然、真实,幽默的动作或语言要符合演讲的内容和演讲人的个性,不要矫揉造作、装腔作势,否则只会引起听者的反感。像老舍和林语堂两位文学大师,他们平时生活里和写作中都渗透着幽默,这种艺术风格已经与他们的行为、语言融为一体,两人出人意料、说结束就结束的演讲形式与他们平时的性格完全一致,所以没有人感到这是做作的行为。

(六)期望式结尾

期望式结尾是演讲人回应演讲的内容和主题,对未来提出期望,展示出演讲人的理想与信念。余秋雨的演讲《走向21世纪的中国文人》的结尾对百年之后中国文化的地位与发展进行了展望:"如果再过很多年,譬如我设想——现在朱熹先生去世800年了——如果在朱熹先生去世900年的时候,又有很多人在这里聚会,集体朝拜前辈大师,就会突然发现,中华文化的世界地位已经很高很高了。如果我们觉得整个民族的素质由于我们文化地位的提高发生了很大的变化——文化地位的提高会使本身的素质发生变化,因为我们这种自重的感觉就与这个文化地位本身的提高有关——如果是这样的话,那么,我相信,即使我们到时已经不在了,我们在座的大多数已经不在了,也会感到非常高兴。"期望不是空想,更不是毫无根据的推测,而是根据现在的事实做合理的想象和推断,它能够给听众带来希望。再如,1941年12月7日,日本突袭美国珍珠港,太平洋战争爆发。次日,美国总统罗斯福发表了《一个遗臭万年的日子》的演讲。在演讲的结尾,他对战争的发展趋势有一个断言:"我们不仅要做出最大的努力来保卫我们自己,我们还将确保这种形式的背信弃义永远不会再危及我们,我这样说,相信是表达了国会和人民的意志。敌对行动已经存在,毋庸讳言,我国人民、我国领土和我国利益处于严重危险之中。信赖我们的武装军队——依靠我国人民的坚定决心,我们将取得必然的胜利。"罗斯福的断言实际就是对美国人民提出的期望。他通过这种期望式的结语,鼓舞人民战胜日本法西斯的勇气,树立起他们必胜的信心和信念。

(七)呼应式结尾

这种结尾与开头呼应,使整个演讲首尾照应,结构完整,深入主题,加深听众对演讲的理解和认识。但我们应该注意的是,使用这种结尾方式,并不是对开头的简单重复,而是对演讲主题的升华。

毛泽东同志善于演讲,而且掌握了它的精髓。他的演讲特别讲究首尾呼应,在洋洋洒洒、层层论说之后,经常在结尾再次强调开篇的主题,以凸显它的重要性,帮助听众加深对问题的理解。1940年1月9日,毛泽东在陕甘宁边区文化协会第一次代表大会上以《新民主主义的政治与新民主主义的文化》为题,做了长篇演讲(即后来的《新民主主义论》)。在这个著名演讲中,毛泽东开宗明义地提出"中国向何处去"的问题,并做出明确的回答:"我们要建立一个新中国。"然后,他论述了中国社会的性质、中国革命和任务、中国革命必须分两步走、新民主主义革命的动力和领导力量,还论述了新民主主义的政治、经济、文化纲领等问题。最后,毛泽东回归演讲开篇时的主题,总结说:“新民主主义的政治、新民主主义的经济和新民主主义的文化相结合,这就是新民主主义共和国,这就是名副其实的中华民国,这就是我们要造成的新中国。”演讲结束了,毛泽东阐述的新民主主义论深深地烙在了人们的心里,成为全党同志的明确的奋斗目标。

演讲的结尾样式还有很多,诸如议论式结尾、象征式结尾、示物式结尾、赞颂式结尾等等。总之,结尾要有一定的高度,如异峰突起,韵味深刻,能激发出听众的情绪;切忌虎头蛇尾、画蛇添足,落入俗套。同时,该收尾的时候要毫不犹豫地收尾。正如一位演讲家所说:“人们最为青睐的时刻标志着厌恶腻烦的心理即将到来。”

第三节 演讲稿的语言与修辞

著名作家老舍先生说:“我们的最好的思想,最深厚的感情,只能被最美妙的语言表达出来。若是表达不出,谁能知道那思想与感情怎样好呢?”演讲稿是演讲的基础,它具有较强的逻辑性和艺术性。演讲稿有了好主题、好材料、好思路还不能说是成功,最后还需要用准确、恰当的语言表达出来,将深刻的思想、精巧的结构物化出来,只有这样,演讲内容才能得以体现和传播。当写作者完成了主题的提炼、材料的搜集、结构的安排之后,下面就要运用恰当的语言和表达形式将这些构思呈现出来。语言是人们交流思想、表达情感、传递信息的工具,演讲稿的语言运用得好与坏,将直接影响演讲的效果。因此,写作者必须研究和掌握演讲稿的语言特点和修辞手法,这样才能写出一篇优秀的稿件。

一、演讲稿语言的特点

(一)通俗易懂

演讲稿通俗易懂的标志就是语言的口语化。何谓口语化?口语化即口头语言化,指我们日常生活中脱口而出的普通语言,它不拘泥于文字的修饰或句子的结构,也不像写作文那样要用正式的文雅的语言。演讲稿的语言要体现口语化的特点,究其原因,在演讲过程中,演讲者始终处于“说”的状态,而听众始终处于“听”的状态。这是个“说—听”的信息接收过程,也是彼此沟通的过程。既然是沟通,那就得讲求彼此的语感问题。吕叔湘先生说过:“语感就是对言语现象恰当与否的敏感。”通俗点说,语感就是判别言语可否接受的直觉能力。一个人的语感和很多因素都有关系,不同行业、不同年龄、不同地域、不同性格、不同爱好、不同文化水平的人的语言感受能力不尽相同,而演讲者要想引起听众倾听的兴趣或让听众对自己演讲的内容产生共鸣,就必须选择符合大多数人语感水平的表达方式,而口语化的语言正是听众日常生活中接触最多的语言,自然而然,演讲稿的语言就要符合口语化的要求,而且口语讲起来上口,听起来易记。

口语具有丰富多变的特点。它不仅有声有意,而且还有语音的轻重、语调的高低、语气的变化、停顿的长短、速度的快慢等特点,这些因素结合,才能起到有效传递信息的作用。如何才能做到“口语化”呢?应该从两个方面入手。

一是要从语法的角度把握好语言的表达方式,具体来说就是撰写稿件的时候把长句改成短句,把倒装句变成正装句,把单音节词换成双音节词,把听不明白的文言词语、成语改换或删去。演讲表面上是演讲者一个人在讲,但其实演讲者是和听众进行沟通的,而这种沟通是一种很特殊的对话,需要采用双方都能接受的语言才能展开。因此,写作演讲稿时,应通俗易懂、简短明了。当代文化大家余秋雨先生曾做过题为《把黄帝作为一个文化坐标》的演讲。作为一名优秀的作家和文化研究者,他所创作的系列文化散文以独特的文化视角、优美的笔调和精致的结构而著称。但是,当他提笔写演讲稿的时候,就不可再按照文学创作的模式来撰写,他也必须遵循口语化的写作要求。他在开头说了一件发生在1911年的事情:

大家知道在1911年的时候,中国发生了辛亥革命。辛亥革命不但颠覆了清王朝,而且也结束了之前王朝的历史。辛亥革命的闯将当时在武汉,他终究完成了辛亥革命主要的奋斗目标。

在那儿要发布公告的时候,有一个细节非常重要。公告写完了,最后要写年代的时候,我相信这个年代比这个公告本身的内容还重要,震动了全中国。这个公告什么时候发的?它的年代是黄帝纪元四六〇九年。这下把大家震动了,前面讲的我们为什么要颠覆清王朝?为什么要举起我们的枪?这个话都很重要,但是它更重要的是提示全中国人民,我们现在在过着这样一个日子,这个日子是四六〇九年的一个延续。这是第一个,就是表面上一看,他们不要清朝统治,是要回到黄帝纪元。这是表面上看,实际内容多得多,实际上一下子又重新恢复了中华民族的尊严。这个话怎样说呢?由于辛亥革命面对的当时的中国,实在是被列强欺负得太严重了,我们的民族自信心遭到了重大的伤害,好多人都在思考:中国怎样走?中华民族的前程如何?当时真的让人觉得非常非常懊丧的时候,发动了一场革命,但是革命以后会怎样?还是不清楚。当我们是黄帝纪元四六〇九年这个日子一出来的时候,就告知所有的列强,你们这些列强有的只有一百多年历史,有的国家只有二百多年历史,有的了不起六七百年的历史,你们面对的地方是这样一个地方。所以一下子在我们辛亥革命这样的一个纪年当中,把中国人的自尊心、把一段历史全部复活了。

作为一名作家,余秋雨在演讲稿中并没有使用文学性的语言,而是大量运用了口语,不仅朗朗上口,而且通俗易懂,很容易拉近与听众的距离。像文中出现的“这个话怎样说呢”“但是革命以后会怎样?还是不清楚”等语句,都是近乎我们常说的大白话,听起来明白晓畅,说起来也自然流利。我们不妨比较一下他的散文语言,如《西湖梦》中有这样一段描写:“然而,多数中国文人的人格结构中,对一个充满象征性和抽象度的西湖,总有很大的向心力。社会理性使命已悄悄抽绎,秀丽山水间散落着才子、隐士,埋藏着身前的孤傲和身后的空名。天大的才华和郁愤,最后都化作供后人游玩的景点。”显然,这里的语言不仅精致,甚至有些深奥,在文字后面还寄托着作者的哲学思考。如果把这种文字拿到演讲中去,恐怕听众很难接受和理解。

二是要将实际生活的口语艺术化。演讲稿中使用的口语不是生活口语,是经过加工和净化的口语,更精彩、凝练,使那些看起来很平凡的语言具有了新意和光彩。正如古罗马哲人朗基努斯所说:"我们要来不厌其烦地说,恰当的、引人注目的措辞会对于读者有惊人的威力,迷人的魅力;说这是一切演说家、作家所追求的主要目的。"毛泽东倡导用准确、鲜明、生动的语言文字向人民群众传递马克思主义思想。他认为,对人民群众的宣传教育,通俗、细致地讲明道理非常重要,"一个人只要他对别人说话,他就是在做宣传工作",在他的文章中,特别是在他的演说中,采用了许多大众化的口语,利用简洁明了的比喻来向群众解释道理,如:"'到什么山唱什么歌','看菜吃饭,量体裁衣',我们无论做什么事情都要看情形办理,文章和演说也是这样。"在《改造我们的学习》的演讲中,他批评了两种主观主义的态度,并指出它们在工作中的危害:"这两种人都凭主观,忽视客观实际事物的存在。或作讲演,则甲乙丙丁、一二三四的一大串;或作文章,则夸夸其谈的一大篇。无实事求是之意,有哗众取宠之心。华而不实,脆而不坚。自以为是,老子天下第一,'钦差大臣'满天飞。这就是我们队伍中若干同志的作风。这种作风,拿了律已,则害了自已;拿了教人,则害了别人;拿了指导革命,则害了革命。"这些语言都来自我们的日常生活,听起来既熟悉又容易理解,形象、生动、活泼,给听众留下了深刻记忆。

古希腊哲学家亚里士多德说过:"为了做到清楚明白,在选用词汇的时候,应当选用那些通行的、日常的词汇。"对于一篇文学作品,语言可以朦胧一点、晦涩一点,供读者反复琢磨体会。而演讲的声音却转瞬即逝,听众来不及去琢磨每一句话的含义。因此,演讲的语言提倡"大众化",反对"小众化",要直白、简洁、易懂、易记,少用书面语言,多用口头语言,少用长句子,多用短句子。

(二)准确简洁

演讲是向大众传播自己观点、主张的一种语言形式,只有使用准确、简洁、规范化的语言,才能将演讲者的思想和观点准确无误地传达给听众。"准确"要求演讲语言清晰、确切地表达所要讲述的思想和事实,能揭示事物的本质和联系。它要求我们在写作演讲稿时仔细地推敲,准确地使用概念,让自己的表达更加准确。"简洁",就是用较少的字句,准确、完整地表达出所要陈述的思想内容。恩格斯说:“言简意赅的句子,一经了解就能常常记住,变成口语;而这是冗长的论述做不到的。”

“准确”,就是恰如其分地说明情况、阐述问题、表达思想。清朝人刘淇在《助字辩略》中说:“一字之失,一句为之蹉跎。”这句话的意思是,文章中的每一个字都会影响内容的表达。要使语言具有准确性就必须在以下四个方面下功夫:

一是思想要明确。演讲者如果对客观事物没有看清、看透,自己的思想还处于混沌和模糊的状态,演讲的用词、用语自然就不会清晰晓畅,语言的模糊与思想的模糊是一致的。鲁迅先生在演讲《关于知识阶级》中对知识阶级进行了准确定义:“真的知识阶级是不顾利害的”,“要是发表意见,就要想到什么说什么”。寥寥数语就把近代知识阶级的本质特征表达出来,这与鲁迅提到的满口“八股文”的酸腐文人形成鲜明对比。

二是要具备丰富的词汇量。中国的语言博大精深,尤其是词汇丰富,表意精确。演讲者要掌握一定的词汇量,这样才能在演讲中用准确的词语表达出自己的思想。1951 年 9 月 29 日,周恩来同志应北京大学校长马寅初之邀做了一场题为《关于知识分子的改造问题》的演讲,听讲对象为京津地区高等学校的教师和学生代表。在这些名校的教授和学生面前,周恩来同志很谦逊,他说:“讲到改造问题,我想还是先从自己讲起。我中学毕业后,名义上进了大学一年级,但是正赶上五四运动,没有好好读书。我也到过日本、法国、德国,所谓留过学,但是从来没有进过这些国家的大学之门。所以,我是一个中等知识分子。今天在你们这些大知识分子、大学同学面前讲话,还有一点恐慌呢。”他把自己看成是“中等知识分子”,而把那些名校的大学教授看成是“大知识分子”,既体现了周恩来一贯谦虚的风格,同时,也是与他的求学经历相吻合的。正是他的这番敞开心扉的话,让那些怀着不安的心情到来的教授们立刻消除了紧张的情绪。

三是要注意词语的感情色彩。词的感情色彩是非常鲜明而细微的,只有仔细推敲、体味、比较,才能辨别出词语的褒贬色彩。恩格斯在《马克思墓前的讲话》的开头说:“3 月 14 日下午两点三刻,当代最伟大的思想家停止思想了。让他一个人留在房里还不到两分钟,当我们进去的时候,便发现他在安乐椅上安静地睡着了——但已经永远地睡着了。”恩格斯用“睡着了”而不是用“去世”或是“死去了”,这里饱含着他对马克思的深厚感情和敬意。在演讲的最后，他说："现在他逝世了，在整个欧洲和美洲，从西伯利亚矿井到加利福尼亚，千百万革命战友无不对他表示尊敬、爱戴和悼念，而我敢大胆地说：他可能有过许多敌人，但未必有一个私敌。"这里，他用了"敌人"和"私敌"两个词。前者是指那些反动的、没落的阶级，这些人是马克思一生反抗和斗争的对象，从这个词中我们可以看到马克思革命的彻底性和坚韧性。恩格斯又补充了一句"未必有一个私敌"，既体现了马克思的大公无私，又体现出马克思的高尚情怀：他是为无产阶级而战，而非为了个人。

四是要恰到好处地使用一些有生命力的文言词语。中国古典语言精练隽永，表现力强，如果能恰当使用，不失为神来之笔。习近平总书记在国内外很多场合的演讲中，经常使用一些古诗文和文言词语，既蕴含着立身做人、为官理政的丰富哲理，又有力地彰显了中华民族的文化精神。如："'不矜细行，终累大德。'各级干部要从我做起、从小事做起，带头坚守正道、弘扬正气，努力营造良好从政环境。""历史使命越光荣，奋斗目标越宏伟，执政环境越复杂，我们就越要增强忧患意识，越要从严治党，做到'为之于未有，治之于未乱'，使我们党永远立于不败之地。""'知屋漏者在宇下，知政失者在草野。'让群众满意是我们党做好一切工作的价值取向和根本标准，群众意见是一把最好的尺子。""'奢靡之始，危亡之渐。'不正之风离我们越远，群众就会离我们越近。我们党历来强调，党风问题关系党的生死存亡。""'道私者乱，道法者治。'纪律不严，从严治党就无从谈起。"等等。这些文言语句，不仅言简意赅、内涵丰富，而且体现出了中国人的智慧，加深了大家对习近平总书记思想的理解和认识。

在演讲过程中，要充分考虑到听众的心理变化。听众是一个情况各异的群体，他们可能来自不同的行业，有不同的信仰和爱好，有不同的学识和修养，但是他们都是人，都有基本的心理活动。如果演讲者在台上演讲的时间过长，听众势必会产生审美疲劳感，甚至会产生厌烦感。一般性的演讲时间不能太长，基本都控制在五分钟左右，因此，写演讲稿的时候也要力求简短。"简"强调的是简洁明了。莎士比亚说："哪里的语言精练，哪里的语言就有分量。"演讲的时候，每一句话都是稍纵即逝的，为了让听众能迅速地听清、听懂，写作演讲稿时要尽量避免使用复杂的句式或很长的复句，而要多采用短句和短语，同时要减少不必要的修饰和限制词句，力求语言达到言简意赅的效果。“短”强调的是篇幅短小，一般一篇演讲稿的字数控制在1200字左右。为了分清演讲稿内容的主次，通常情况下，演讲稿的开头和结尾要略写，而揭示主题思想的内容要详写，但并不是所有揭示主题内容的段落都要详写，而是要根据这些段落和段落之间存在的内在逻辑关系来适当地安排段落的详略。1931年，鲁迅先生曾在上海同文书院做过题为《流氓与文学》的演讲，全文不过1000多字，却像一把匕首刺向了反动政府和反动文人。在他讲述《奔流》《拓荒者》《萌芽月刊》三种刊物被禁止、有些作者遭杀害时，他对反动派的憎恨之情是可想而知的，纵千言万语也难抒尽胸中的愤懑。可鲁迅先生只评论了一句：“嗐，你瞧，这比秦始皇还厉害若干倍哪！”没有什么话能比这一句更有力量。第二次世界大战期间，时任首相丘吉尔向全体英国民众发表了著名的演讲《我们将战斗到底》，虽篇幅不长，但表达了他抗击德国法西斯的坚定决心和意志，极大地鼓舞了全民的士气：“我们将战斗到底。我们将在法国战斗，我们将在海洋上战斗，我们将充满信心在空中战斗！我们将不惜任何代价保卫本土，我们将在海滩上战斗！在敌人登陆地点作战！在田野和街头作战！在山区作战！我们任何时候都不会投降。即使我们这个岛屿或这个岛屿的大部分被敌人占领，并陷于饥饿之中，我们有英国舰队武装和保护的海外帝国也将继续战斗。”

（三）生动鲜明

生动指的是演讲的语言能感染人。生动形象的语言可以帮助人们理解演讲的内容。一次成功的演讲带给听众的不仅是思考和启发，同时也有美的享受和精神的愉悦。要做到这点，演讲的语言必须生动、有特色，要对语言进行必要的加工。

毛泽东同志在《反对党八股》的演讲稿中把“无味”的语言比喻成“瘪三”，并加以“讨伐”。要使语言生动起来，就要学习人民群众的语言、外国的语言、古人的语言以及网络的语言，学习其中丰富的、新鲜的、生动活泼的、表现实际生活的东西，就要“陈言务去”，讲新话、求新意。老舍先生曾说过：“我们的最好的思想，最深厚的感情，只能被最美妙的语言表达出来。若是表达不出，谁能知道那思想与感情怎样好呢？这是无可分离的、统一的东西。”这里所说的“美妙的语言”，就是指形象生动的语言。形象生动的语言可以使抽象的、深奥的理论具体化、浅显化,变得绘声绘色,使听众容易接受并得到启示;形象生动的语言可以给听众逼真的印象,从而感染和打动听众;形象生动的语言可以直接作用于听众的听觉,可以代替颜色、声音、形状和气味而作用于听众的第一信号系统。只有使用形象生动的语言,才能使演讲产生强大的说服力,才能准确形象地阐述真理、描述事物,才能激发起听众投身实践的热情。鲁迅先生在《无声的中国》的演讲中用了一个很形象的例子来说明国人调和、折中的性情:"中国人的性情是总喜欢调和,折中的。譬如你说,这屋子太暗,须在这里开一个窗,大家一定不允许的。但如果你主张拆掉屋顶,他们就会来调和,愿意开窗了。没有更激烈的主张,他们总连平和的改革也不肯行。那时白话文之得以通行,就因为有废掉中国字而用罗马字母的议论的缘故。"这个例子很形象,也很生动,把中国人的性格中的弱点暴露无遗。

所谓鲜明就是演讲者在演讲中要旗帜鲜明地赞成什么或反对什么。模棱两可的语言,让人揣摩不透,甚至会引起歧义,让听众无所适从。

视频制作人卡斯特观看了大量的科技公司 CEO 和创始人的演讲,他经过认真总结和分析,找出了其中一些演讲受欢迎的六大原因,其中一条就是"观点鲜明且坚定"。他认为在演讲中不应泛泛而谈,而是要持有鲜明的立场:"是"或"否",并且直率地表明自己的态度。立场鲜明要比模棱两可更讨喜,要永远保有清晰的思路:做这个,就不要做那个。你几乎从未听他建议过"B 计划",或是提出自相矛盾的观点。在实际生活中,只有那些语言鲜明的演讲,才能让听众准确理解演讲者想表达的内容。

(四)情真意切

演讲既要说服人、启迪人,也要能感染人、打动人,使听众听了后会激动、会兴奋,从而产生共鸣,不仅心服,而且心动,不仅认识有所提高,而且愿意付诸行动。演讲既是一种信息交流的活动,也是一种情感交流活动,演讲不仅要以理服人,也要以情动人。因此,演讲者要将自己的思想情感蕴藏在演讲稿中,并在演讲过程中抒发出来。正如古罗马哲学家贺拉斯所说:"你自己先要笑,才能引起别人脸上的笑容,同样,你自己得哭,才能在别人脸上引起哭的反应。"演讲者所抒发的情感应是发自内心的真情实感,是个人情感的自然流露。"情真"指的是演讲的内容和表达有真挚的感情;“意切”是指表达的旨意切合内容,切合时代,切合听众的要求。演讲《乌云背后的幸福线》感动了无数观众。这位选手在幼年的时候就失去了父亲,她在演讲中既表达对母爱的感恩和对不可触摸的父爱的向往,也对现实中子女与父母之间产生的嫌隙表示了理解,并由此产生对亲情思考和感悟。她在演讲中不仅采用了自己的真实生活素材,也选取了周边朋友的生活素材,由己推人,由个人的感受推及社会的普及感受。她幼年丧父,她渴望父爱,当有朋友与父亲发生矛盾的时候,她的内心就会有疑问:“哎,你能告诉我,跟爸爸吵架、顶嘴是个什么样的感觉吗?或者说,你能告诉我,有一天你放学,你突然发现那个高大的身影在那接你的时候,那个感觉是什么样子的?再或者你能不能给我描述一下,那双大手拉着你,又是什么样的感觉?实在不行,你告诉我,叫一声爸爸的感觉是什么?”这段话感人肺腑,催人泪下,是一个渴望父爱而不得的女孩子的最真挚的感情流露。她通过自己的切身感受告诉年轻的朋友珍惜那份宝贵的父母之爱。

马丁·路德·金在《我有一个梦想》的演讲最后,用饱含深情的话语抒发着自己对未来美好生活的憧憬:“我梦想有一天,深谷弥合,高山夷平,歧路化坦途,曲径成通衢……这是我们的希望。这是我将带回南方去的信念。有了这个信念,我们就能在绝望之山开采出希望之石。有了这个信念,我们就能把这个国家的嘈杂刺耳的争吵声,变为充满手足之情的悦耳交响曲。有了这个信念,我们就能一同工作,一同祈祷,一同斗争,一同入狱,一同维护自由,因为我们知道,我们终有一天会获得自由。”他一连用了三个“有了这个信念”来表达自己对自由的渴望。这些话发自肺腑,一气呵成,大气磅礴,说出了千百万非洲裔美国人的心声,令在场的所有人激动不已,唤起了他们内心的激情和渴望。

(五)富有个性

演讲中演讲者要用自己的语言讲出自己的思想,体现出自己的个性和风格。个性化的语言是一个人思想、学识、阅历、才华、性格、气质以及语言修养的表现。只有运用有个性的、有风格的语言,演讲才能精彩感人。马克思曾经说过:“你怎么想就怎么写,怎么写就怎么说。”这告诉我们,不管“说”也好,“写”也好,都要用自己的语言,而不是别人的语言或现成的语言。世界上没有个性完全相同的两个人,就如世界上没有完全相同的两片树叶一样。演讲者应该力求在演讲中突出自己的风格,创造出独特的氛围。当演讲者的个性与演讲稿的风格不一致时,演讲者的演讲是很难打动听众的。很多演讲,虽然主题和内容挑不出毛病,并且从某种意义上来说也算得上是优秀的演讲,但就是不能给听众留下深刻的印象。其原因在于演讲者没有把自己的个性与演讲融为一体,造成了演讲者的个性与演讲稿的内容的分离。

演讲具有自身的艺术特征,它要求演讲者强烈地意识到自我的存在,表达出自己的真实情感,面对广大听众公开发表自己的主张和观点。大卫·奥门说:"尽量培养出一种能力,使别人能够了解你的思想和感觉。学习在个人面前、团体面前、大众面前清晰地表达自己的思想和观念。在你通过不断努力而获得进步时,你会发觉:你——真正的你,正在人们心目中塑造出前所未有的印象,产生前所未有的震动。"演讲表达的不是假定性的情境和形象,而是真实的自我。很多名人的演讲之所以深入人心,不仅仅在于内容,更多的是他们通过演讲展示出独特的自我,这对听众的冲击和震撼才是最有影响力的。伟大的革命导师列宁是一位伟大的演说家,他无论是在群众集会上还是在庄严的会场上发表演讲,总能很快地征服听众。他的语言风格鲜明,时而慷慨激昂,时而冷嘲热讽,时而热情洋溢。他的语言简练明确,富有节奏感和震撼力,从不拖泥带水。他的语言所表现出的激情和热情没有一丝一毫的夸张的痕迹,这正是他对革命事业无比热忱和无比坚定的情感自然流露,他的热情和执着用他富有个性的语言恰如其分地表达了出来。1916 年,列宁赴伯尔尼参加国际群众大会,并在会上发表演说。在这场演讲的最后,他对"一战"之后欧洲各国风卷云涌的革命浪潮做了一番精彩的论述:"在战争中牺牲的以及由于战争而丧生的几百万人,是不会白白地死去的。千百万人在忍饥挨饿,千百万人在战壕中流血牺牲。但是他们不但在经受苦难,而且也在聚集力量,在思索战争的真正原因,在锻炼自己的意志,在得出越来越清楚的认识。在世界上所有的国家里,群众的不满情绪都在日益增长,风潮、罢工、游行示威和反战的抗议运动都在不断高涨。对于我们,这就是保证,保证反对资本主义的无产阶级革命一定会随欧洲大战之后而到来。"这段演讲充分体现了列宁的语言个性:语言干脆利索,长短句结合,具有鼓动性和思辨性。

他的语言与他的性格完美地结合在一起,形成了独特的热烈、激越的演讲语言风格。

美国前总统林肯的好友比尔·格林评价他的语言风格时说:"他活像个从儿童图画中钻出来的人物。""他的严密的说理与诙谐滑稽,很少能有人与他并驾齐驱。""他讲起笑话来简直能使人笑破肚皮。我从来没见过一个真正的滑稽演员,而林肯算得上一个。"这段评价实际上道出了林肯演讲时语言幽默的特点,而林肯的幽默又是与"严密的说理"结合在一起的,这种语言风格与一般的幽默截然不同,它体现出了一个政治家的睿智。

一些演讲者在撰写演讲稿的时候,爱使用一些"时髦"的词语和套话,或从报刊、书籍上摘抄一些现成的语句,生硬地拼在一起。这样的语言乍听起来挺"新鲜",但内容干瘪,缺乏生活的真实感,不能深究。而用自己的话讲,可能看起来很朴素、很普通,但却更真实、自然,更富有吸引力。

二、演讲稿的修辞

从本质上说,演讲是一门语言艺术,而语言艺术是离不开修辞的。恰当、合理地运用辞格,是美化语言的重要途径。所谓辞格,就是用以表达一定的思想、内容,具有特殊的修辞效果和某种语言形式的修辞方法。辞格不仅表达通顺、准确,而且生动形象,音韵和谐,表意深刻,富有艺术性和审美价值。它能使枯燥变生动、抽象变具体、平凡变神奇。因此演讲中恰当使用辞格,能为演讲增辉添色。演讲中常用的辞格有比喻、比拟、排比、层递、设问、反问等。

(一)演讲稿的修辞原则

1. 风格协调原则

常用的修辞一般都具有一定的语体特征与风格色彩,比如能够形成委婉含蓄风格的反语、象征、双关和婉曲等修辞手法;能够形成讽刺幽默风格的仿拟、借代和夸张等修辞方法。由此可见,和句子、语音、语法一样,不同的修辞手法可以形成不同的语体风格。所以,演讲中的修辞应注意风格协调。例如,毛泽东同志的演讲稿《反对党八股》中就运用到比喻、比拟等修辞手法,使演讲内容活泼风趣,通俗易懂。

2. 服务主旨原则

所有的演讲都是围绕某一主旨展开的,所以,修辞的选用也必须根据演讲主旨进行,这也是演讲修辞的基本原则,是衡量演讲中修辞运用是否得体的首要标准。比如军事演讲、社会问题演讲、政治演讲等具有浓重鼓动色彩的演讲,主要是为了通过演讲促使受众采取某种行为,达到“以辞促行”的效果,所以在这些演讲中时常采用反问、排比、反复等修辞手法,增强演讲的感召力,以排山倒海之势号召听众跟随演讲者的思想行动。比如秋瑾的《敬告中国二万万女同胞》、丘吉尔的《关于希特勒入侵苏联的广播演说》、闻一多的《最后一次讲演》等,都是采用排比、反问等修辞,围绕主旨加以论述,以便达到演讲目的。

3. 适合时空原则

一切演讲都在一定时空中进行,所以,演讲中的修辞运用还必须考虑时空因素。优秀的演讲者时常运用时空条件引出观点或话题。比如,鲁迅先生在 1927 年到中山大学做《读书与革命》的演讲,就革命和读书的关系进行阐发。他根据当时的时空条件就地取材,在演讲中引入孙中山先生的遗言和中山大学的标语“读书不忘革命,革命不忘读书”,极大地增强了演讲的即时性和感染力。

(二)演讲稿常用的修辞格

1. 比喻

比喻就是打比方。它是运用具体、通俗、浅显的事物或道理来说明抽象、深奥的事物或道理的一种修辞方式。它具有深刻、形象和幽默诙谐的特点,可以增强语言的表现力和感染力,也能增强语言的抒情色彩和喜剧效果。它把精彩的论述与模形拟象的描绘融为一体,既给人以理性的启迪,又给人以艺术上的美感。它可以说是语言艺术中的艺术。这种辞格运用范围很广,在演讲中恰当运用能收到理想的表达效果。一个新鲜、隽永、精彩的比喻,可以使抽象的概念形象化、深奥的道理浅显化、复杂的事物简单化,让演讲听起来妙趣横生、耐人寻味。

1924 年 1 月 17 日,鲁迅在北京师大附中校友会上发表《未有天才之前。的演讲,巧妙地把比喻融入了事理之中,他说:“天才并不是自生自长在深林荒野里的怪物，是由可以使天才生长的民众产生，长育出来的，所以没有这种民众，就没有天才。有一回拿破仑过 Alps 山，说：'我比 Alps 山还要高！'这何等英伟，然而不要忘记他后面跟着许多兵，倘没有兵，那只有被山那面的敌人捉住或者赶回，他的举动、言语，都离了英雄的界线，要归入疯子一类了。所以我想，在要求天才的产生之前，应该先要求可以使天才生长的民众。——譬如想有乔木，想看好花，一定要有好土，没有土，便没有花木了，所以土实在较花木还重要。花木非有土不可，正同拿破仑非有好兵不可一样。然而现在社会上的论调和趋势，一面固然要求天才，一面却要他灭亡，连预备的土也想扫尽。"这篇演讲的中心是针对当时文坛上一些空喊缺乏天才，实际却在时时扼杀天才、戕害天才的怪现象，提出自己的看法。他的这段演讲是想表达出这样的观点：天才是由可以使天才生长的民众产生、抚育出来的。他用拿破仑的故事和花与土的关系来作比，生动形象，寓意深刻，听众一听就明白。在这篇演讲稿中，鲁迅还使用了不少比喻的手法，比如，他用"新旧马褂"来说明继承文化遗产与创新的关系；用"婴儿的第一声啼哭"来说明天才也有幼稚的时候；用"在嫩苗的地上驰马"来比喻当时恶意的批评家戕害文学青年的行径。这些比喻使深刻的道理通俗化、抽象的哲理形象化，不仅起到了摆事实、讲道理、以理服人的作用，而且增添了语言的生动性，让听众在轻松愉快的气氛中领悟了演讲者的观点。

再如，1858 年 6 月，林肯发表了题为《家庭纠纷》的演讲。光看这个题目就知道这是一个比喻：他把美国比喻为一个大家庭，南北闹矛盾、搞分裂，就像家庭闹纠纷一样。演讲中有这样一段话："一幢裂开的房子是站不住的。我相信这个政府不能永远保持半奴隶、半自由的状态。我不期望联邦解散，我不期望房子崩塌，但我的确期望停止分裂。"他以"裂开的房子"作比，说明了联邦垮台正如裂开的房子要崩塌一样。林肯用一个巧妙贴切的比喻，将他对美国南方各州主张奴隶制的不满表现了出来。

比喻这种修辞格被广泛用于各类演讲中，它可以把陌生的东西变为熟悉的东西，把深奥的道理浅显化，把抽象的事理具体化、形象化。这不仅可以帮助演讲者更好地表达自己的观点，加强与听众的沟通，而且也便于听众对演讲有直观的认识和了解。特别是在那些专业性很强的演讲中，如果演讲者能够灵活地运用比喻，将专业性的理论转化为听众日常所见所闻的内容,那么,演讲就会取得良好的效果。如李克强在出席第八届东亚峰会时向来宾们发表演讲,他在演讲中提出了“筷子论”,以此来说明区域合作的重要性。他说:“东亚许多国家都使用筷子,一根筷子很难吃着东西,两根筷子一起用才能夹到食物,一把筷子捆在一起就不易折断。每个峰会成员国对地区的安全稳定都负有责任……希望和平之光永远普照东亚大地,让东亚永享稳定安宁。”现场的听众绝大部分来自东亚各国,大家对筷子都比较熟悉,所以,听众都明白李克强总理这个比喻的内涵。区域合作是个老话题,一般人很难再把这个话题说出新意,而这里李克强总理妙用“筷子论”来说明合作的必要性和重要性,蕴含深刻的社会意义,见人之所未见,发人之所未发,体现出演讲的创新性。再如,爱因斯坦创立相对论后,不少人对此很难理解。在一次集会上,爱因斯坦被请上台,主持人希望他用最简单的话把这个理论解释清楚。爱因斯坦稍做思考,发表了以下演讲:“你同你最亲爱的人坐在火炉边,一个钟头过去了,你觉得好像只过了五分钟;反过来,你一个人坐在热气逼人的大火炉边,只过了五分钟,但你却像坐了一小时。这就是相对论。”爱因斯坦用日常生活中人们所体验过的真切感受来解释高深玄妙的相对论,通俗明了,一听就懂。

运用比喻要贴切得体。要根据对不同本体的爱憎感情,恰当地选择具有不同褒贬色彩的喻体,不能用假恶丑的事物来比喻真善美的事物,也不能用真善美的事物去比喻假恶丑的事物。比喻要有生命力,它不在于量而在于质,在于推陈出新。比喻要新鲜、奇特,切忌陈词滥调。英国作家王尔德说得好:“第一个用花比美人的人是天才,第二个再用的是庸才,第三个就是蠢材了。”只有那些新颖绝妙的比喻,才能给人留下深刻的印象。

2. 比拟

比拟是拟人和拟物的合称。把物当作人来描写,赋予人的行为和思想感情等,叫作拟人。把人当作物来写,或把甲物当作乙物来描写叫作拟物。比拟富有形象性、生动性。比拟或寄情于物,或托物言志,引起听众的共鸣和深思,具有深刻、形象和幽默诙谐的特点。恰当地使用这种语言艺术手法,既可以增强语言的表现力和感染力,也能增强语言的抒情色彩和喜剧效果。把精彩的论述与模形拟象的描绘融为一体,既能给人理性上的启迪，又能给人以艺术上的美感。

比拟的第一种类型为拟人，就是把事物当成人来写，赋予人的思想、感情、活动。人具有会说话、会思想、会劳动、会创造和富有感情的本质特点，人类对自己的这些本质特点最为熟悉，也最为理解，最易接受，最易产生共鸣。演讲中，为了表达的需要，将人的本质特点转移于其他事物，让它们具有人的某些特点，可以将事物描写得具体、生动、形象，使听众感到亲切，容易受到感染。如，演讲稿《信念的力量》中有一段是这样写的："翻开中国的历史看看吧，中华民族经历了多少深重的灾难……长江在哭泣，黄河在哀号。广大的中国土地上，多少人流离失所，妻离子散；多少人逃荒要饭，家破人亡。"演讲稿中的"长江""黄河"是中华民族的象征，说"长江在哭泣，黄河在哀号"是震撼人心的拟人手法，生动形象地表现出祖国受难的沉重历史，发人深思。

比拟的第二种类型为拟物，就是把人当作物，或把此物当作彼物来写的修辞方式。如，一位师范院校的老师在毕业典礼上的一段演讲给同学们留下了深刻印象，他就是采取了拟物的手法："如今，你们就要离开母校了，尽管情丝不绝，可你们在四年的风雨中练硬了翅膀，现在也该驮回去一幅春天的图画了……"人无翅膀，这里"练硬了翅膀""驮回去"就是拟物手法，用描写动物的词语来描写人物，表现出师范生锻炼成长的过程和他们将载着母校的重托走向工作岗位的热情，语言中流露出对毕业生的无限依恋和充满期望的感情。

运用比拟手法一定要正确恰当，要抓准被比拟物和比拟物之间的相似点，特别是褒贬色彩要恰当。例如，海燕、苍鹰英勇顽强，常用来比拟革命英雄；豺狼、狐狸凶残狡诈，常用来比拟奸贼坏人。爱憎好恶，十分鲜明。

3. 排比

南宋陈骙在《文则》中说过："文有数句用一类字，所以壮文势，广文义。"这种修辞方式就叫排比。所谓排比就是三个或三个以上结构相同、字数相近、语气一致、意义相关而互相平行的词语或段落连续排列在一起。排比可分为短语排比、句子排比和段落排比三种类型。它在演讲中运用广泛，既可以用来铺陈描述，又可用来议论说明，还可用来抒发情怀，使演讲增强语势，增强节奏感和旋律美，增强条理性和严密性，提高演讲的说服力和感染力。

习近平主席出访坦桑尼亚,在尼雷尔国际会议中心发表演讲,他用了一些数字和生动的事例说明中非友谊和关系,然后以“这段历史告诉我们”四个排比段,得出启示与结论:

这段历史告诉我们,中非关系不是一天就发展起来的,更不是什么人赐予的,而是我们双方风雨同舟、患难与共,一步一个脚印走出来的。……

这段历史告诉我们,中非从来都是命运共同体,共同的历史遭遇、共同的发展任务、共同的战略利益把我们紧紧联系在一起。……

这段历史告诉我们,中非关系的本质特征是真诚友好、相互尊重、平等互利、共同发展。……

这段历史告诉我们,中非关系要保持旺盛生命力,必须与时俱进、开拓创新。……

在谈到今后的中非关系时,他表示中国会更加重视中非关系,加大发展中非关系的力度,以排比段进一步表明了中方态度:

第一,对待非洲朋友,我们讲一个“真”字。……

第二,开展对非合作,我们讲一个“实”字。……

第三,加强中非友好,我们讲一个“亲”字。……

第四,解决合作中的问题,我们讲一个“诚”字。……

习近平主席的这段演讲从内容需要出发,丰富灵活地运用排比方式,既表达了对中非关系的立场和态度,也表达了对中非友谊的珍惜与爱护,充分表达了中国人民对非洲人民的真挚情感。

排比是一种极富表现力的辞格。用它来说理,可使论述细密严谨;用它来叙事,可使事物集中完整;用它来抒情,可使情感激越奔放;用它来批评、反驳,则如连珠排炮一般,令对方无喘息的机会。我们应充分利用这一修辞手法,为自己的演讲增辉添彩。运用排比手法,在形式上要做到结构相同，句式整齐，字数相近，音节匀称；在内容上要表意确切明了。各句间要语意平行，不可因词害意，重复啰唆。

4. 层递

层递与排比相似，两者都能使语言富有条理性和感染力。不同点在于：排比的词句之间，语意是平列的；而层递的词句之间，语意有层次和级差，是按照所表达的语意轻重、程度深浅、数量多少、范围大小、时间先后，逐层依次排列在一起的。恰当地运用层递手法，能使语言富有层次感和条理性，能产生层层深入、步步推进的修辞效果。在使用这种修辞格的时候，我们要注意三个方面的问题：一是文中要有两层及以上的事物（三层最常见）；二是这些事物之间要有一定的相似性；三是这些事物在强度、程度上必须有一定的等次，不可紊乱。上述条件缺一不可，否则就难以形成层递辞格形式的构造，更不要说发挥修辞效果了。

层递辞格有两类：一类是递升，是按照事物的发展，由小到大、由少到多、由低到高去排列。如《三字经》中有句话："一而十，十而百，百而千，千而万。"它强调一个循序渐进、积少成多的过程。一类是递降，即按着事物的变化，由大到小、由多到少、由高到低去排列。如《大学》中有句话："古之欲明明德于天下者，先治其国；欲治其国者，先齐其家；欲齐其家者，先修其身；欲修其身者，先正其心；欲正其心者，先诚其意；欲诚其意者，先致其知。"这句话正好是从大到小，由表及里，逐层阐述了得天下者所需要做的准备。

在演讲稿写作中，递升类型的层递辞格经常被使用，如，演讲稿《矿山魂》的结尾处有段抒情议论："朋友们，当你想写一首诗，想唱一支歌，请别忘了那高高的井架，那飞旋的天轮，那800米深处的一片赤心，那湛蓝天空下的巍巍矿山魂！那就是——可贵的主人翁精神！"这段话中的"井架""天轮""赤心""矿山魂"四个意象形成了层递关系，由具体形象到精神世界，语言逐层加深，表达了演讲者对矿山工人主人翁精神的热情赞美。再如，陈毅同志曾在一次全国性工作会议上发表演讲，对一些部门领导的工作态度和方法提出了批评："我们中国有许多老科学家，这是我们国家之宝，就是毛主席、周总理都尊敬他们。怎么一个副所长、一个党委书记，可以随便这样对人家粗暴？把人家弄到下面来听训，他自己在上面。马克思说、列宁说、毛主席说，他自己也在那里说，乱说一通！"这句话可以理解为按照马克思、列宁、毛泽东和“他”所生活的时代由远到近排列的，并且把“他”与伟人联系在一起落差极大，产生了讽刺、挖苦的表达效果。

运用层递手法，要注意内容上的锤炼，要精心选择在语言上确有轻重、在范围上确有大小等层次差别的词句，根据表达思想内容的需要，按照递升或递降的顺序来排列，次序不可混乱。另外，在不同类型的演讲中，层递辞格的功能也有所侧重：在以抒情为主的演讲中，表情功能占主要地位；在以说理为主的演讲中，主要帮助演讲者说服听众。一般来说，这种辞格主要用于社会性演讲，学术演讲中用得较少。

5. 对比

把两种不同事物或同一事物的两个不同方面放在一起进行比较，就是对比。从内容上分，对比可分为两体对比和一体两面对比。对立统一的两种事物或概念的对比叫两体对比。存在于同一事物中的两个对立面之间的对比，叫作一体两面对比。演讲中恰当地运用对比手法，能使形象突出，能较全面地表达演讲者的观点，深刻揭示事物的本质特征。正义与邪恶、英勇与怯懦、伟大与渺小，一经对照，泾渭分明，给人的印象极深。

英国政治家赖白斯在伦敦参事会上所做的关于劳动情况的演讲，就巧妙地运用了对比手法。据说，他在演讲中突然停顿，取出金表，一声不响地站在那里看着听众，听众对他的举动迷惑不解。他一直停顿了一分十二秒之久。就在听众几乎都坐不住的时候，他突然大声说道：“诸位适才所感觉的局促不安的七十二秒的长时间就是普通工人垒一块砖所用的时间。”赖白斯在这里确实匠心独具，高人一筹。他巧妙地利用停顿进行了一次生动的时间对比，形成弦外之音、言外之意，收到了独特的修辞效果。

再如，曾任贵州大学校长的郑强在《你为什么读大学？》这篇演讲稿中，比较多地使用了对比手法，他将自己的求学经历、思想经历、生活经历与当代大学生进行相比，以此告诫当代大学生要珍惜宝贵的大学时光，要“简单一些，也纯洁一些，自然一些，用这样一种心态去面对大学生活”。“我是1978年考上大学。想起那时候为什么读大学，就是从一种苍白一下渴望读书，所以我们那时候的复习资料可不是像你们现在，有这么厚的，印刷很精美的复习资料，而是同学们用手在钢板上刻复习的提纲。我记得晚上印这个考卷，复习的卷子，印得最晚的时候，印到晚上三点。高考那一天,为了怕迟到,早晨五点钟就起床了,要步行十里赶到考场的地方。我记得那时候我们中午考完了以后就坐在地上,所有的考生都吃一个干馒头,馒头里面就夹一点咸菜。第一次离开家庭,十八岁,我到今天为止都记得,没有像今天你们读书有被套,当时所有的学生都要自己缝被子。我第一床被子缝了三个小时五十分钟,而且当中有无数次把自己的手指给扎破了。我觉得那个时候的艰苦是我最难忘的。我有时候在想,今天的幸福,今天一切一切为你们准备好的东西,到底对你们今后的成才、成长是利多,还是弊多。实际在大学期间,多经受一些磨难、困难,哪怕是上一次邮局,哪怕是自己去寄一次钱,都是对自己的一种历练。"

比较常见的对比是两个事物之间的对比,但是,在演讲稿中也曾经出现多个事物之间的对比。如,毛泽东同志的《纪念白求恩》中就从三个方面将白求恩的工作态度与一些同志的工作态度进行对比:"白求恩同志毫不利己专门利人的精神,表现在他对工作的极端的负责任,对同志对人民的极端的热忱。每个共产党员都要学习他。不少的人对工作不负责任,拈轻怕重,把重担子推给人家,自己挑轻的。一事当前,先替自己打算,然后再替别人打算。出了一点力就觉得了不起,喜欢自吹,生怕人家不知道。对同志对人民不是满腔热忱,而是冷冷清清,漠不关心,麻木不仁。这种人其实不是共产党员,至少不能算一个纯粹的共产党员。从前线回来的人说到白求恩,没有一个不佩服,没有一个不为他的精神所感动。晋察冀边区的军民,凡亲身受过白求恩医生的治疗和亲眼看过白求恩医生的工作的,无不为之感动。每一个共产党员,一定要学习白求恩同志的这种真正共产主义者的精神。白求恩同志是个医生,他以医疗为职业,对技术精益求精;在整个八路军医务系统中,他的医术是很高明的。这对于一班见异思迁的人,对于一班鄙薄技术工作以为不足道、以为无出路的人,也是一个极好的教训。"在这段话中,作者从对待工作、对待同志、对待技术三个方面进行对比,有力地论证了白求恩同志身上所具有的高尚的共产主义精神。

使用对比辞格要注意用来比较的事物之间的可比性和鲜明性,在进行比较时,可以从横向与纵向不同的角度进行比较。只有把握住了用以比较的事物之间的联系,才能更好地发挥这种辞格的作用,以比较来突出演讲的主题。

6. 设问

设问就是提出问题,但并不要求别人回答,是为了启发人们去思考。这种辞格常用于表示强调,为了强调某部分内容,故意先提出问题,自问自答。使用这种修辞手法,可以将听众的注意力吸引到演讲者的身上。不少演讲者都喜欢使用这种修辞手法,以增强演讲的效果。

复旦大学创始人、著名教育家马相伯先生在国家危难之际发表过一次电台演讲。一开头,马相伯先生就用一个设问来提醒国人:“请看,今日之中国,竟是谁家之天下?”在另一次演讲中,他也用一个设问开头:“诸位,时间不早了,醒一醒,醒一醒!枕头旁边放了火药,我们能睡吗?房子里有小贼,我们能睡吗?”他以此来提醒国人要警惕日本的侵略,唤醒还在沉睡的中国人。闻一多的《最后一次讲演》也是以设问开头:“李先生究竟犯了什么罪,竟遭此毒手?”他不是有疑而问,而是无疑而问,以此来论证李公朴先生其实没有罪,有罪的是那些反动势力。演说家帕特里克·亨利发表的《诉诸武力》的演讲中,号召美国人民拿起武器,抗击英国殖民者:“我们的同胞已经身在疆场了,我们为什么还要站在这里袖手旁观呢?先生们希望的是什么?想达到什么目的?生命就那么可贵?和平就那么甜美?甚至不惜以戴锁链、受奴役的代价换取吗?……在这场斗争中,我不知道别人会如何行事,至于我,不自由,毋宁死!”他在演讲中连用了六个设问句,表达了反抗殖民统治的坚定决心。演讲结束后,全场听众起立,高呼:“拿起武器!”

使用设问这种辞格要注意以下三个方面:一是设问可以是自问自答,这就要求问句和答句要贴切,不能答非所问;二是设问句应用在描写、议论、抒情的前面,以提醒听众,引起下文;三是设问句要用在关键之处,不需要强调时就不要用。

在撰写演讲稿的过程中,上述的辞格经常是综合使用的,根据不同辞格的特点,发挥不同的表达作用。如“设问”可以引人入胜;“排比”能让演讲气势磅礴;“层递”能使演讲者的感情逐步强化;“反复”可以有效地突出题旨。灵活地运用好各种辞格,不仅可以增添演讲稿的文采,更能增强演讲的表现力和感染力。

思考题

阅读下面的演讲稿，然后回答问题。

失败在大学生活中的三种功能

梅赐琪

首先请允许我代表我的同事们向今天(9月2日)入学的2021级同学们表示最热烈的祝贺！每一级的清华人都是特殊的，但是你们还是要更特殊一些。……你们中的绝大多数见证了其中最危险的两次，一次懵懵懂懂的还在父母的襁褓，一次脱颖而出来到了清华的怀抱。

我能够作为教师代表来跟大家讲几句话，也是一个特别特殊的经历。上个星期收到通知以后，我就一直在回忆自己1995年考入这所学校以后的全部人生。我的思虑如此过度，以至于有几个晚上我都梦见，学校在查看了我的大学成绩单以后决定取消我这次发言的资格，非常的失败和沮丧。相信我，这样的梦你们在大一的时候也常常会做。毕竟，对过于美好的事物突然降临到自己头上表示怀疑，是一种正常的应激反应。

但是，这几个夜晚吓醒的经历，让我找到了今天跟各位分享的关键词。因为我发现，真正伴随着我们成长的，一直都是对于失败的恐惧或者失败本身。所以，作为老师，我特别想跟各位同学分享的是失败在大学生活中可能发挥的几个功能，供各位缺乏失败经验的同学们参考。

首先，失败会让你看见自己能力的边界。对你们很多人来说，之所以考不到更高的分数，完全是因为有总分的限制。所以，你们应该会愿意，在更广阔的知识空间里和更充裕的自主时间里，试探一下失败何时到来。因为正如跳高比赛一样，你跳不过去的时刻才能看见自己最大的标高。大家放心，这场跳高，我和我的同事们已经安排上了。我打一个小广告。在清华传统的各种大一硬菜之外，学校从2018年起还开设了一门必修的"写作与沟通"课。你们的学长说这是"一门至少和微积分一样硬的课程"，我们写作中心将在这门硬课当中等着你们发现自己的边界。

当然，认识自己的边界并不总是那么愉快的经历。"跳出舒适区"的另一面就是"跳进不适区"。除了建议大家在碰到失败的时候勇于寻求学校提供的各种专业帮助之外,我也建议大家常常想起考入清华的初心。荣耀不是你来这里的目的,通过自己的努力,在一个跳一跳才够得着的平台上打开自己新的可能才是。所以,面对未来的失败,你要学会忍耐。

其次,失败会让你看到输赢之外的风景。我们过去的成功通常都与输赢相关。一分之差,天上地下。然而,宏观经济学家早已指出,任何抽象的指标一旦用于评价,就一定会失去它的测量价值。你们来到清华之前,可能也已经厌倦了单向度的输赢体系,然而,只是碍于赢家的身份,不愿背上"凡尔赛"的骂名。所以各位,是时候放下你们的偶像包袱了!与其把所有的精力放在如何"科学"地提高 0.1 个绩点上,不如承受这一点小小的失败,在打好基础的前提之下,尽快地把更多的精力投入到更有意义的知识探索和创造实践中去。"立大志、明大德、成大才、担大任"是习近平总书记 4 月 19 日考察清华大学时对广大青年学生提出的殷切要求。各位,要做心怀国之大者,就要多看前路风景,少谈一时输赢。我期待在你们的未来数年里会有忘了时间的阅读、不取悦老师的写作、想解决问题的实验、把一件事情做到底的社工,并从这里开始,走向不再被输赢羁绊的人生!

再次,失败很有可能让你看到个人以外的世界。卢梭说:"当人们从事一个人能单独操作的工作和不需要许多人协助的手艺的时候,人的生活是自由、健康、善良而幸福的,并且在交往中无拘无束。"然而,这种"自由"和"无拘无束"很可能只是哲学家的想象。来到清华以后,你们很快就会发现,几乎在所有方面,自己都不再是中学里无所不能的那一位,失落在所难免。然而,如果可以就此学会用平视的眼光欣赏他人的成就,用开放的心态寻求他人的支持,你们将有可能在与他人的合作中打开一个新的世界。甚至,你们可能还会发现合作不仅仅是为了双赢。在我们生活的北京,正在推广汽车礼让行人的做法,这是人们在一个超大城市里追求合作的努力。比起在交通安全上的共赢,让我这个公共管理学者更加感慨的是,原来人与人之间的耐心、包容和合作可以那么动人。

最后,请允许我回忆一下 26 年前我入学时最难忘的一个片段。那天我和你们一样兴高采烈地走进清华。奔向独立生活的愿望如此强烈,我迫不及待地就让我的父亲早早离开。收拾行李,认识同学,宿舍夜谈,度过了非常充实的一天。然而,第二天天刚亮,我和我的舍友们被一阵敲门声惊醒。开门一看,原来是我的父亲,他一手拿着一块捡来的砖头,一手拿着一枚钉子,跟我说:"你上铺的铺板有些松动,我昨晚一直在担心,我来帮你固定一下就走。"父亲钉完钉子就离开了,但他拿着砖头的背影直到今天我还记得。各位亲爱的学弟学妹,在今天典礼结束之后,请记得给爱你的家人打一个电话。他们是今天最高兴又最失落的人。在未来的几年中,也请你们常常地记得他们。他们虽然最盼望的是你们的成功,但是如果有一天,你们遇到了失败,他们还是会爱你,直到最后的人!

谢谢大家!

问题:

1. 这篇演讲稿在结构安排上有哪些特色?

2. 演讲者是如何表现出演讲主题的?

第六章　演讲的表达

思想充满庄严的人，言语就会充满崇高。

——朗吉弩斯

演讲是语言的艺术，最终都要通过语言表达出来。因此，演讲者的表达能力的训练和培养是演讲活动中重要的内容，而且，演讲表达能力的培养是没有止境的，它伴随着演讲活动的始终。演讲表达能力的培养不仅是在口头语言和体态语上，还包括演讲表达的策略和方式等方面。

第一节　表达的策略

所谓表达的策略，是指为了增强演讲效果，更好地传播演讲信息的谋略。同样一篇演讲，表达的策略不同，演讲的效果也大相径庭。因此，一位优秀的演讲者会在演讲的准备中，在完成了演讲稿的写作后，结合演讲的对象、主题、目的开展必要的策略研究，提高演讲的质量和效果。

一、欲擒故纵

所谓欲擒故纵，就是首先故意避开目标，使人放松戒备，然后抓住要义一举擒拿，达到目的。采用此策略往往可以异峰突起，获得出奇制胜的效果。关于这种策略最典型的故事就是“西门豹治邺”。战国时期，魏王派西门豹去管理邺这个地方，他到任后发现当地的一些官绅和巫婆相互勾结，残害百姓。为了打击这些地方势力，为百姓主持正义，西门豹决定用计谋惩治装神弄鬼的巫婆。为了让对方放松警惕，他故意装成十分虔诚的样子,对乡民们说:“至为河伯娶妇时,愿三老、巫祝、父老送女河上,幸来告语之,吾亦往送女。”不少人都认为西门豹是诚心诚意的。等到了为河伯送女的那一天,西门豹看过即将投入水中的河伯妇之后,突然对身边的三老、巫祝说:“是女子不好,烦大巫妪为人报河伯,待更求好女,后日送之。”说着,便命人先后把巫妪及弟子、三老一一投入河中。这个时候,大家才明白过来西门豹根本就没相信所谓的“不为河伯娶妇,水来漂没,溺其人民”的鬼话。为了铲除这些愚弄和残害百姓的地方恶势力,让百姓看清他们虚伪丑恶的面目,西门豹一开始装作很虔诚的样子,让当地官绅和巫婆放松了警惕,等到“为河伯娶妇”的那一天,他巧妙地借神权迷信来打击神权迷信,以出其不意的一击,严惩了害人者,挽救了受害者,使百姓猛然惊醒,陋俗得以破除。

关于欲擒故纵式的表达策略有一个典型的例子,那就是莎士比亚的剧作《裘力斯·凯撒》中安东尼的演讲。这部剧的剧情是围绕古罗马的两个政治党派之间的斗争展开的。在剧中,凯撒是独裁派的代表,他功高位尊,黄袍加身势在必行;而以凯歇斯等人为首的共和派则反对个人专权,企图铲除凯撒势力,于是撺掇德高望重的勃鲁托斯带领共和派刺杀了凯撒。之后,凯撒的心腹安东尼在葬礼上以热情的演说鼓动罗马民众,使他们改变初衷,转而反对勃鲁托斯,并将勃鲁托斯等人逐出罗马城,共和派覆灭。该剧的高潮和转折点是第三幕第二场的凯撒葬礼。先登台的是凯撒的政敌兼朋友勃鲁托斯,他以“极其沉着凝练,富有对比、排句等修饰美的语言”,向民众解释他杀死凯撒是为了让大家“享有自由人的权利”,并赢得了罗马民众的认可和支持。等到安东尼上台演讲,他先讨好民众,既表达了对勃鲁托斯的尊重,又表达了对在场民众让他发表演讲的感谢。但在现场,民众中仍有人警告他最好不要在这儿说勃鲁托斯的坏话,也有人附和议论“凯撒是暴君”,“幸亏罗马除掉了他”。面对这种一边倒的敌对情绪,身临其境的安东尼知道,他面对的是情绪对立、缺乏知识经验但又讲究实惠的罗马市民。他要打开局面,赢得罗马民众的支持,首先要与民众建立和谐的言语环境。而当务之急就是笼络民众,消除他们的排斥心理,改变他们的心理定式,让他们对自己的演讲产生相容心理,只有这样才能使演讲正常进行,并“产生共识与共鸣”。为了解除民众的戒备心理,消除抵触情绪,安东尼采取平等沟通的姿态,并在称呼语上下足了功夫。他先用赞美之词向民众打招呼:“善良的罗马人——”接着,他亲切地称呼他们“各位朋友、各位罗马人、各位同胞”,这种称谓果然被民众接受,缩短了双方的心理距离。

之后,安东尼引入正题,他用低沉舒缓的语调声明:“我是来埋葬凯撒的,不是来赞美他的。”他借境切入,说明他得到勃鲁托斯的允许,来在凯撒的丧礼中说几句话。“尊贵的勃鲁托斯已经对你们说过,凯撒是有野心的。要是真有这样的事,那诚然是一个重大的过失,凯撒也为了它付出残酷的代价了。”安东尼掩藏自己的意图,避开与罗马民众发生冲突。他借用勃鲁托斯的话——“凯撒是有野心的”切入。对于这种立论,他委婉地表示质疑,说“要是真有这样的事”,像那些做了恶事死后遭唾骂的人一样,凯撒所做的善事也随着尸骨一齐入土。显然这种善恶不分、盖棺定论的做法是有悖常情的。安东尼在顺接前面演讲者勃鲁托斯的话题的同时,绵里藏针,将自己的爱憎情感摆给罗马的民众。作为凯撒的朋友,无论出于为凯撒复仇的感情,还是从自己的政治前途打算,他要掀起一场暴动而剿灭贵族共和力量的决心都是坚定不移的。因此,对于他所要攻击的目标——勃鲁托斯,安东尼反话正说,有意称他“尊贵的”,肯定他是“正人君子”。这种表达一方面是为了迎合民众的心理,另一方面也是为了引发民众注意,照应后面演讲中的对比,有的放矢。安东尼看到大家的情绪开始平复了,认为反击的火候已到,他列举了三件体现凯撒善良品格的事例,并在每件事后都加上一句:“然而勃鲁托斯却说他是有野心的,而勃鲁托斯是一个正人君子。”从安东尼说到的这些论据的表层看,充分证明凯撒没有野心,是“正人君子”勃鲁托斯说他有野心。言外之意,勃鲁托斯在说谎。在这个基础上,安东尼开始反问在场的民众:“他(指凯撒)曾经带许多俘虏回到罗马来,他们的赎金都充实了公家的财库,这可以说是野心者的行径吗?”“我三次献给他一顶王冠,他三次都拒绝了,这难道是野心吗?”安东尼用这种句式营造了一种既能引起听众的注意和思考,又能够使听众感到新鲜的气氛。直到这时,安东尼还声称:“我不是要推翻勃鲁托斯所说的话,我所说的只是我自己所知道的事实。”而这所谓的“不是要推翻”是正话反说,实际上的意义跟字面意思正相反,就是要颠覆勃鲁托斯的话语。安东尼用欲擒故纵的表达方式让被蒙蔽的民众逐步看到的真相,动摇了原来对凯撒怨恨的观点,引起了他们对凯撒的同情和对叛乱者的愤怒。安东尼不慌不忙,先麻痹对手,再用事实一点点揭露叛乱者的阴谋,时机一旦成熟,最后全盘托出自己的观点:“看看亲爱的凯撒的伤口,可怜的、可怜的无言之口,让它们代替我说话。可是假如我是勃鲁托斯,而勃鲁托斯是安东尼,那么那个安东尼一定会激起你们的愤怒,让凯撒的每一处伤口里都长出一条舌头来,即使罗马的石块也将要大受感动,奋身而起,向叛徒们抗争了。”就这样,这场哀悼凯撒的即兴演讲,却被安东尼以欲擒故纵的表达策略在潜移默化中转变为向叛乱者的复仇动员,引发了民众强烈的共鸣。被鼓动的民众高喊着:“我们要暴动!”“我们要烧掉勃鲁托斯的房子!”杀死了勃鲁托斯等人。

在演讲中,特别是在辩论性较强的演讲中,欲擒故纵之法经常被采用。其原因在于它符合“情随境迁”的心理活动过程,易于收到事半功倍的奇效。演讲者常常把基本主题组织到另外一些能为听众所接受的主题中去,使听众产生一种印象,似乎演讲者与听众在观点方面是接近的,造成演讲者与听众心理吻合的情境,使演讲者的观点自然被听众顺利接受。林肯在伊利诺伊州的一次演讲中也采用了这个策略。19 世纪中叶,美国维护奴隶制与反奴隶制的斗争空前激烈。1858 年,伊利诺伊州南部奴隶主对废奴主义者十分愤恨,声称林肯若来演讲,必置之于死地。林肯并没被吓倒。他十分自信:“只要他们给我谈几句话的机会,我就可以把他们说服。”他在演讲的一开头,运用的就是操纵手法:

> 南伊利诺伊州的同乡们,肯塔基州的同乡们,密苏里州的同乡们——……让我们大家以朋友的态度来交往。我立志做一个世界上最谦和的人,决不会去损害任何人,也决不会干涉任何人。我现在对你们诚恳要求的,只是请你们允许我说几句话,并请你们静心地听。你们是勇敢而豪爽的,这一点要求,我想一定不致遭到拒绝。现在让我们诚恳地讨论讨论这个严重的问题吧。

面对强悍的反对者,林肯开头没有直接批评,而是以“纵”的手法,先颂扬他们勇敢豪爽,和他们拉近距离,渐渐地消除他们的戒备心理和敌对情绪,使演讲得以顺利进行,最后赢得了喝彩大潮。

二、制造悬念

作为语言的艺术,演讲需要在短时间内调动起听众的积极性,使其想听、爱听。制造悬念是增强演讲艺术感染力的有效方法。特别是一些叙事性较强的演讲,通过制造悬念,可使听众对事物发展和人物命运产生强烈的关切心情,急切希望能得到解答。悬念能调动听众的想象力、思维能力,使听众从质疑、释疑中受到启迪。没有悬念,就难于吸引听众的兴趣。

演讲中设置悬念的方法很多。

一是根据演讲内容,通过向听众提出问题来设置悬念。提出问题,但并不急于给出答案,以引起听众的思考和注意。用问题设置悬念时要注意:所设的问题应是全篇演讲主旨的凝聚点,回答了问题,揭露了悬念,也就讲明了主旨;另外,所提的问题必须与在座听众有密切关系,这样才能引起听众的关心和关注;提出问题的方式要新奇且具有艺术性,不可流于一般化,这样方能收到良好的效果。有一位演讲者应邀到某机关做关于工作效能的演讲,在演讲的开始,他问了听众一个问题:“人从哪里老起?”听众甲说:“大脑。”听众乙说:“大腿。”听众丙说:“肚皮。”听完这几位的回答,演讲者说:“我看有的人从屁股老起。”此话引起全场哄堂大笑。演讲者在听众的笑声中给出了理由:“工作中不深入实际,整天泡在‘会海’里,坐而论道,屁股受苦了,既要负担上身的重压,又要与板凳摩擦,够劳累的了。如此一来,岂不是屁股先老吗?”演讲人没有直接入题,而是利用提问的方式给听众制造了一个悬念,调动了绝大多数听众的积极性,紧接着他又做出一个意料之外的解答,制造了“第二悬念”,从而调动了听众的思想和情绪,让人们在笑声中获得了思考。

二是利用意外事件制造悬念。出人意料的事件有悖于听众原来的思考,必然会促使听众产生探寻出个究竟的想法。出人意料的事,既能引起听众注意,又能回答听众的问题,从而增强演讲的艺术感染力。如,党的早期革命家彭湃当年在海陆丰(今汕尾)从事农民工作,一次到乡场上准备向农民发表演讲。怎样才能吸引来去匆匆的农民呢?他想出了一个好主意。他站在一棵大榕树下,突然高声大喊:“老虎来啦!老虎来啦!”人们信以为真,纷纷逃散。过了一会,才发现虚惊一场,于是都围上来责怪他。彭湃说:“对不起,让大家受惊了。可我并没有神经病,那些官僚地主、土豪劣绅难道不是吃人的老虎吗?”接着,向大家宣讲革命道理。这次演讲后,该地的农运工作很快就开展起来。

三是通过悖论制造悬念。所谓悖论就是与现实生活的实际不符合的事与理,以此引起听众的疑问。如,一位专家到高校为学生做演讲,明明是在晚上,但他一开口就说:“大家早上好!”学生们听了都发笑,以为专家是口误,可转念一想,这些大牌专家身经百战,怎么可能犯这种低级错误呢? 于是,悬念自然产生了。学生们个个端坐身子,瞪大眼睛,竖起耳朵,想看看演讲人如何解释。停顿了一小会,这位专家镇定自若,笑眯眯地问大家:“立志成才,早点走上理想之路,好不好?”学生回答:“好!”“回报父母、报效祖国,早点走上幸福之路,好不好?”学生回答:“好!”“为中华崛起而读书,早点走上成功之路,好不好?”学生回答:“好!”“为了早点走上理想之路、幸福之路、成功之路,我们花点时间学习演讲和沟通,早点上这门课,好不好?”学生回答:“好!”“早上好吗?”学生回答:“好!”专家在一连串的发问中,不仅跟学生们快速进行了沟通、互动,也巧妙地解释了跟大家说“早上好”的原因,这不可不说是一个绝招。

悬念的设置可以使整个演讲一波三折、跌宕起伏,很好地控制整个演讲的节奏,拉近演讲者跟听众之间的距离,直接触及听众的内心,从而引起共鸣。

但悬念的设置在演讲中也需要呼应。往往是先把疑问悬置起来,引起听众对某一事态的密切关注,演讲者却引而不发,故意暂不理会,让听众念念不忘,做出种种猜想;在蕴蓄一段时间后,再行作答,与开头呼应,揭开谜底,产生一种出奇制胜的效果。悬念常常带有一定的偶然性和突发性,既要新奇,又要真实;解除的过程必须入情入理,交代清楚。没有根基的悬念,无异于空中楼阁,自我否定。从某种意义上讲,首先设置疑问,然后逐层剖析,进行严谨的逻辑推理,也是一种“悬念吸引”。有位教师给高中生举办演讲,这时会场秩序比较混乱,学生对讲座不感兴趣,老师转身在黑板上写了一首诗:“月黑雁飞高,单于夜遁逃。欲将轻骑逐,大雪满弓刀。”写完后他说:“这是一首有名的唐诗,广为流传,又选进了小学课本。大家都说写得好,我却认为它有点问题。问题在哪里呢? 等会儿我们再谈。今天,我要讲的题目是《读书与质疑》……”这时全场鸦雀无声,学生的胃口被吊了起来。演讲即将结束,老师说:“这首诗问题在哪里呢?不合常理。既是月黑之夜,怎么看得见雁飞?既是严寒季节,北方哪有大雁?……”这样首尾呼应,能加深听众印象,强化演讲内容,令人回味无穷。

三、先声夺人

演讲者为了阐述自己对某种事物、事件的深刻见解,可以根据演讲主题的需要,从各个角度、各个侧面对该事物或事件进行铺陈渲染,以造成一种“先声夺人”的气势,把听众的思绪引入特定的演讲氛围。在此基础上,再阐述演讲者的思想观点,对听众进行宣传鼓动,就会水到渠成,事半功倍。这种表达策略需要演讲者事先估计听众可能从某方面质疑、反问,然后在演讲时先主动引出疑问,并加以驳斥,这样便形成了主动进击,先声夺人的局面。这种策略可以帮助演讲者从多方面树立起自己的观点,增强演讲的表达效果。

要取得先声夺人的艺术效果,演讲者要在演讲的开头多下功夫,它不仅能帮助演讲者迅速进入预设的演讲情境中,也能让听众对演讲者的观点有鲜明的认识。好的开头的表达效果是多方面的,或让人感奋,或让人惊异,或发人深思,或催人警醒等,这些先声夺人的现场效应可以一下子吸引、感染和震动听众,迅速吸引听众的注意力。大量的演讲实践表明,以下几种方法可以产生先声夺人的效果。

(一)恰如其分的称呼

怎样称呼听众,这并不是一个无关紧要的小问题。高明的演讲者往往善于针对特定的听众对象,在开讲时就运用十分精当的呼语来和听众沟通感情,震荡他们的心灵。得体的称呼可以把演讲者的感情传导给听众,容易让听众与演讲者同欢乐,同伤悲,共希望,共思索。

演讲中的称呼可分为泛称和特称两种形式。泛称是指不分职业,不看年龄,不管层次的统称。这种称谓广泛用于多层次听众参与的演讲。如“各位朋友和同胞”“我的朋友们”,一般的还有“朋友们”“同志们”“同伴们”“各位小姐、先生们”“女士们,先生们”“有相同爱好的青年朋友们”

“姐妹们”等。特称是指在一些特殊行业、特殊年龄、特殊层次的听众面前用的称谓。如,“副总统先生、议长先生、参众两院各位议员先生”(见于1941年12月6日罗斯福的《要求国会对日宣战》),“总理先生、中华人民共和国和美利坚合众国的我们十分尊贵的客人们”(见于1972年2月尼克松《在答谢宴会上的祝酒词》),还比如“在座的各位老师”“尊敬的教练”“各位评委”“未来的工程师们”“尊敬的白衣天使”“可爱的小朋友们”“祖国的卫士们”等。

称谓要能反映出对方的身份、地位和双方的关系,更重要的是表达出演讲者的感情,融洽气氛,拉近距离。无论是泛称还是特称均要做到以下几点:

一是称谓要发自内心;句句有义,字字含情;语气要亲切,语速要缓慢。景克宁有一次到山西一所农业大学演讲,面对大学生他是这样称呼的:“三晋热土,大地之子,绿色生命的守护神。”一下子让在座的学生感到一种使命感。

二是称谓要轻快得体。在一般情况下可用“朋友们”称呼。当演讲者没有了解听众的具体情况时不要乱用特称,以免喊错对象而闹出笑话。比如演讲者面对的是年龄大小不一的女听众,而演讲者又是年轻男士,就不能称呼“女同胞们”。当演讲者很清楚听众的职业、年龄等情况时最好用特称,特称比泛称显得更亲近,听众有一种受尊敬感。

三是称谓要适时适度,在开头处可以激起听众的感情狂澜。如诺曼底威廉大公的一段演讲:“我的勇士们啊!一个屡战屡败,对军事一无所知,连弓箭都没有的民族竟能陈兵列阵挡住我们,这岂不是奇耻大辱!背信弃义的哈罗王竟敢露面和你们作战,岂不叫人羞耻?令我十分惊异的是,将你们的亲属和我的族人艾尔弗雷德斩首,犯下滔天大罪的凶犯仍未授首。勇士们,高举战旗,奋勇前进吧!你们的叱咤之声将震动山河,东西回荡;你们的刀剑之光将气冲牛斗!”威廉大公的演讲还没进入正式话题,将士们就已经被他的这些赞美的称谓鼓舞得热血澎湃。

四是称谓可直接与感叹句、反问句、双重否定句连用,更能表达出一种强烈的肯定感情。起到振聋发聩、掷地有声的作用。

(二)恰到好处的提问

提问,是演讲者常用的先声夺人的开篇方式。因为一句突如其来的问语,不仅可以激起听众的关注,产生强烈的吸引力,而且能够引发听众思考,产生巨大的启示作用。经验表明,这种提问是集中听众心理意向、强化演讲现场感应的有效途径。例如,妇女运动的先驱蔡畅在一次演讲的时候,曾以这样的问语开篇:“今天讲一个问题,就是一个女人能干什么?”这个提问,以鲜明的针对性,一下就吸引了听众的注意力,并促使其在参与思考的过程中,产生了非听不可的感觉,这就是先声夺人的心理效应。有一位即将毕业的研究生在一场校内演讲中以《职业与理想》为题,对当下大学毕业生自身存在的问题进行了反思。他一开头就一连提出了五个问题:“为什么有的人拼命工作却乐在其中?为什么有的人工作清闲却总是吐槽?为什么同一所学校、同一个专业、同一个岗位,五年后薪资却相差十倍?为什么我们的师兄师弟们失业率那么高,跳槽率也狂高?”他把这几个问题一下子抛给在座的听众,每一个问题实际上都切中他们思想的要害。这些问题实际上也是演讲者的主要演讲内容,他通过这种提问的方式,从一开始就牢牢地把握住演讲的节奏,也让听众从开始就处于思考的状态中。

(三)一波三折的叹语

演讲者一走上讲台,就有感而发,用一个感叹句来开场,往往可以先声夺人,使听众受到情绪的感染,产生心理的共鸣。只要这种叹语不是无病呻吟的装腔,而是发自肺腑的心声,就很容易获得强烈的现场情感反应。例如,近代民主革命志士秋瑾发表的演讲《敬告中国二万万女同胞》就是这样开头的:“唉!世界上最不平的事,就是我们二万万女同胞了。”秋瑾以一个由叹词“唉”构成的感叹句开篇,一下子就激发了听众的心理感应。接着,用一个陈述句补充说明感叹的原因,促使现场的女同胞内心产生了共鸣,这就自然形成了一种富有强烈感情色彩的演讲氛围。一句唉声叹气的开头语,然后转入强烈的语气,一波三折,听众情绪瞬间就被激发出来。

(四)醍醐灌顶的警语

所谓警语,是指简练而含义深刻动人的语句。演讲者在现实生活体验的基础上,经过情感的凝聚和思想的升华提出警语,并在开场时表达出来,往往能够促使听众受到心灵的陶冶和哲理的启发。这也是先声夺人的一条有效途径。例如,革命先驱李大钊的题为《艰难的国运与雄健的国民》的演讲,就这样以警语开篇:“历史的道路,不全是平坦的,有时走到艰难险阻的境界,这是全靠雄健的精神才能够冲过去的。”演讲者以透视历史进程的深邃目光洞察当时的艰难境界,激励和张扬了一种雄健的民族精神。这先声夺人的警语,充满理智和豪情,不仅昭示了人类历史发展的规律,而且给听众以巨大的鼓舞和力量。秋瑾在演讲《敬告中国二万万女同胞》中,面对男女不平等的世道,开篇就以一段警语愤怒地质问:“上天生人,男女原没有分别。试问天下没有女人,就生出这些人来吗?”掷地有声,振聋发聩,一下子将中国传统社会中男尊女卑的旧观念的虚伪性揭露出来。

(五)震撼人心的壮语

豪壮的语言最能表达出演讲者的真情实感。这些壮语充满着豪放的气质和雄壮的精神,能够产生强烈的震撼力和巨大的征服力。因此,演讲以壮语开头,往往会造成一种先声夺人之势。例如,巴黎公社著名女英雄米歇尔曾在法庭这样开始她的辩论演讲:“我不想为自己辩护,我不接受辩护!我身心都属于社会革命,并且愿意对我的一切行为负责。”演讲者把审判台当作对敌斗争的战场,在法庭上理直气壮地慷慨陈词,表现出为自由而献身的大无畏革命精神。这义正词严的开场白产生了多么强烈的现场震慑力!真可谓豪言壮语,先发制人。“我要说的是,不管有再大的牺牲,这都是我们必须承受的代价,因为我们是军人,我们肩负着守土抗敌的使命和责任!我们不牺牲,难道,还要牺牲我们的父老乡亲吗!同志们!尽管敌众我寡,实力悬殊,但是我们敢于与敌人以命相搏,杀出一条血路!狭路相逢勇者胜,我们要杀出独立团的威风!”电视剧《亮剑》中,赵刚在做战前动员演讲时用这种铿锵有力的表述,起到了激发战士斗志的良好作用。

四、委婉风趣

同一个道理,在不同情况下,可以有不同的表达方式。一般来讲,直径近，曲路远。然而，有时候人们常避直就曲，采取“以迂为直”的谋略。诚如有人所说：“在战略上，那漫长的迂回道路，常常是达到目的的最短途径。”这种谋略，在演讲中也常运用。明明目标在东而先向西选取一种“抵触情绪”最弱的方式，打开说服的“突破口”，避其锋芒，迂回诱导。幽默是进行委婉风趣表达的重要手段，正如演讲家约翰·哈斯灵所说：“幽默是演讲者与听众建立友好关系最有效的手段之一。当你讲得听众眉开眼笑时，他们也就主动参与思想交流过程。”幽默本身就是通过影射、讽喻、双关等修辞手段，去揭露生活中的荒谬，揭示生活的哲理，让人们得到启迪。1860年，美国大富翁道格拉斯作为民主党总统候选人公开羞辱共和党总统候选人林肯：“我要让林肯这个乡巴佬闻闻我们贵族的气味。”后来，林肯这个没有专车、乘车靠自己打票或乘朋友的马车的总统候选人，在发表演讲时这样介绍自己：“有人写信给我，问我有多少财产。我有一个妻子和三个儿子，他们都是无价之宝。此外，还租有一个办公室，室内有办公桌一张、椅子三把，墙角还有一个大书架，架上的书值得一读。我本人，又穷又瘦，脸蛋很长，不会发福。我实在没什么可依靠的，唯一可以依靠的就是你们。”对于这些富豪们的挑战和挖苦，林肯并没有畏惧，也没有正面与他们针锋相对，而是采用了委婉风趣的表达手段，既以讽喻的方式回击了民主党候选人，又委婉地表达了清廉为政的政治理念，得到了广大选民的拥戴。与林肯同时期的美国律师约翰·罗克勤，为反对奴隶制度到处发表演讲。一次，他登台演讲，一开头就说：“女士们，先生们——我到这里来，与其说是演讲，不如说是给这个场合增添点颜色。”他用一语双关，以幽默的方式直接入题，缓解了现场的严肃气氛，又获得了听众的好感。

演讲的表达策略还有很多，诸如抑扬并举、波澜起伏、转折灵动、巧妙穿插、绵里藏针等等。同一个演讲，同一个道理，同一种信息，由于时空环境不同，对象各异，要用不同的方式来表达，有时委婉规劝，有时愤怒斥责，有时循循善诱，有时平静舒缓。演讲表达策略的选择，其最终目的是征服听众，拨动听众心中的“琴弦”。直言不及巧说为妙，巧说既“出人意料”又“入人意中”，使人折服。

第二节　语言表达的技巧

演讲的过程就是语言表达的过程,再好的构思和内容,没有经过语言表达,也无法传递给听众。演讲的语言包括两个部分:一个是有声的语音表达;一个是无声的体态语的表达。这两种语言表达在演讲中所发挥的作用各有千秋,如果能准确地把握好它们的作用,相互补充,相得益彰,演讲的整体效果就会十分明显,演讲的主题就会得到很好的渲染。

一、有声语言的表达

以声音为主要媒介的演讲,对语音的要求很高,既要能准确地表达出丰富多彩的思想感情,又要悦耳爽心,清亮优美。有声语言的表达,最基本的要求是语音清晰、语言规范,进一步的要求是抑扬顿挫、流畅自如,最高要求是丰富多彩、声情并茂。这三种要求明显地划出了低、中、高三个层次。为了达到最高层次的要求,演讲者要学习和掌握有声语言必要的表达技巧。有声语言的表达包括语音表达和语义表达两个方面的内容。

(一)语音表达

法国艺术家泰纳在《艺术哲学》中说:"人的喜怒哀乐,一切骚扰不宁、起伏不定的情绪,连最微妙的波动、最隐蔽的心情都能由声音直接表达出来,而且表达得有力、细致、正确、无与伦比。"听话听声,清亮甜美的声音具有一种动听迷人的魅力,使人情不自禁地被其吸引。反之,演讲者声音含混不清,尖锐刺耳,或者南腔北调,听众就会不舒服,甚至难以忍受。这样的演讲,即使内容很好,也不会收到很好的效果,因而历来演讲家都非常重视有声语言的表达技巧的训练。

语音表达的技巧主要指音准、音色、音量和音调等的运用技巧。

1. 音准

音准是指发音的标准、规范程度。演讲对音准有三点要求:一是使用普通话,二是发音准确,三是吐字清晰。因此,初学演讲者,首先,要学会汉语拼音及正确的拼读方法,使每个字都能读准;其次,要多进行朗读训练,以使各种发音器官准确到位地发音,使字音正确清晰;最后,对个别发音有困难的音节可以选择一些“绕口令”来反复训练,以纠正不正确的发音。

2. 音色

音色是指人的嗓音质量。好嗓音的标志是:响亮悦耳、圆润柔和、富有情感。所谓字正腔圆是指字音精纯和准确。近听,语音纯正,吐字清晰;远听,声音洪亮,圆润优美。这包括两个方面:一是要“真”,即音纯调准,按普通话语音规律发音,毫不含糊,干净利落;二是要“美”,即发音好听、圆润、优美,富于感染力。字正腔圆的核心是掌握好吐字归音的方法。吐字归音是我国传统戏曲中对吐字方法的概括,是指对字头、字腹、字尾的完整处理过程。一个字音的头、腹、尾不仅要分得明,还要连得好,听得清,有人概括为“字头摆得准,字腹收到家”,形成“枣核状”的吐字归音过程。演讲人可以通过向专业人士学习,掌握该类发音方法。

音色与天赋有很大的关系,然而音色也是可以改进的,只要方法正确,持之以恒地练习,就可以使音色在原有的基础上大大提高。练好音色必须克服以下几种不良声音:一是弱音。这要靠多进行高声发音练习来纠正。二是喉音。它会导致声音生硬、沉重,缺乏音色变化而削弱声音的表现力,纠正方法是将舌尖轻触下齿龈,使喉头放松,让腹部去控制呼吸和发声。三是鼻音。为克服鼻音的发声含混朦胧,发声时,呼气要有节制,注意适当控制声波流入鼻腔。四是刺音。这种声音是呼吸冲击强烈,声音频动厉害造成的,纠正方法是呼气有节制,避免气息对声带的强烈冲击,在声音延长时力求平稳。五是沙音。如有疾病,要及时对声带或喉头进行医治;如是发音方法不当所致,那就要改正呼吸与发音,减少喉头负担,使声音响亮悦耳。

3. 音量

音量是指演讲者在台上讲话声音响亮的程度。人在说话中,声音的大小会不断变化,这个变化不是随意的、无目的的,而是由思想感情的变化所决定的。一般来说,思想内容重要的地方,感情激烈的地方,声音要大些,反之,就可以小些。通过对声音大小的控制来传情达意也是一种演讲技巧。一般来说,演讲时的音量大小有两个基本要求:一是要恰当、适度。演讲者应根据听众听觉的承受能力,适度地调整自己的音量,既要使后排听众听起来不吃力,又要使前排听众不觉得刺耳。有个别演讲者在演讲时始终处于亢奋状态,音量始终处于高分贝状态,可能他自己认为这种情绪会感染听众,殊不知听众被这种高音量的声音刺激得浑身难受,普遍产生逆反情绪。二是要顺畅、自然。音量不可没有根据地忽大忽小,生硬地变化,否则听起来不自然、不舒服,干扰内容的正常表达。恰到好处地运用语音的高低、升降,不仅可以赋予语句以抑扬顿挫的感觉,而且可以帮助演讲者更好地表达思想情感。音量的确定、调整,一方面要根据听众人数和会场环境而定,即人多、场大则音量大一些,反之则小一些;另一方面要"以情发声",情绪激动,则声高一些,情绪平稳,则声低一些。如下面这段演讲词,如果合理地运用音量,就会起到很好的表达效果:

现在有这样一些人,他们整天对祖国的现状评头论足,什么我们的经济太落后啦,我们的生活水平也不高啦,科学也不发达啦,等等。可是我们要问这些人一句:当你对伟大祖国怨声不绝的时候,你可曾为改变生你养你的祖国的落后面貌做了什么?难道在你的怨声中祖国会富强起来吗?难道让别人去为祖国的富强艰苦奋斗,到头来就该你坐享其成吗?

在这段演讲中,前面部分的声音应当小些,慢些,以表现"这样一些人"思想境界的低下。但到"可是"这里,音量提高,情感变得激烈而充沛,表达对"这样一些人"的批评,促其醒悟。

4. 音调

音调是指发音音域的高低变化。音调在现代汉语中一般分为平直调、高升调、弯曲调和降抑调四类。平直调从头至尾一样高低,平缓而无变化,往往表示庄重、严肃、冷漠等情绪。高升调是由低向高,逐步上升,一般用来表示惊讶、反问、鼓动、号召等思想感情。弯曲调是先降后升两头高,常常表示讽刺、怀疑、愤慨、幽默等感情色彩。降抑调是由高向低,逐步下降,通常用来表示自信、坚持、赞扬、感叹等情感。音调也具有传递信息、交流感情的作用,如"好"这个词,用平直调表示应允、赞同,用高升调表示怀疑,用弯曲调表示赞叹。音调还具有影响听众情绪的作用:音调变化和谐优美,就会悦耳,吸引听众;反之,没有音调变化的声音,犹如钟表与机器的声音,虽然前者清脆,后者响亮,但都令人不感兴趣,使人疲乏易睡。

5. 重音

重音有强调语义重点、突出主要感情的作用。语句中的词语在语义上并非完全并列、同等重要,而是有主有次,轻重有别。利用重音增强语言的表现力是语音表达的重要技巧之一,能够安排好重音,感情就能表达得清晰明白。在表意重点处适当重读,还能起到画龙点睛的作用,给听众留下深刻的印象。安排不好重音就不能准确地表情达意。如“今天我来这儿讲课”一句中,重音位置不同,句子的意思就有改变。如果重音放在“今天”上,就表明不是明天来;重音放在“我”上,表明不是别人来;重音放在“这儿”上,表明明天不在别处讲课;重音放在“讲课”上,表明来这里不是聊天的。在使用重音这种语言表达技巧时要注意三点:一是表现重音要顾及整句乃至整段、整篇的思想感情和声音变化,因为声音的轻重是相对而言的,语流过程的重音和轻音只有通过比较才能显示出来。二是听众对重音的感受既有听觉的,也有心理的,所以在特定情境下,轻而低的声音也可以使听众感受到重音之所在。三是说话清楚、逻辑性强的人,一般重音都说得很明显,而说话含糊、逻辑性较差的人,往往安排不好重音,这是一个普遍现象。后者必须进行多方面的学习与刻苦练习才能改正。

6. 停顿

停顿是指语言顿挫。演讲中的停顿可以形成具有韵律美的演讲节奏。停顿在口语表达中的作用有两个方面:一个是停顿起着标点符号的作用。它作为话语中换气的间隙,既表明上句话的结束,又是下句话的前奏,以此加强语言的清晰度和表现力。另一个是停顿能使口语抑扬顿挫。它以间歇的长短、一定时间单位里次数的多少,形成讲话的节奏,给人以韵律美。停顿要得当、得体,应当根据传情表意的需要合理设置停顿,而不可随意为之。

在实际演讲中,除生理需要的自然停顿,还有以下四种停顿。

一是语法停顿,即根据语法结构安排的停顿。它是口语表达中的语法标志。它的处理方法是:分清主谓宾,短句一句说完后停顿,长句说出主语后,稍稍停顿,然后以明确语义为前提再酌情停顿。一般来说,句与句之间做短的停顿,能使听众清楚地弄懂上下句的逻辑关系;段与段之间有稍长的停顿，能使听众迅速理清思路，消化前面所听内容，以保持清醒的头脑，继续往下听。

二是逻辑停顿，是为了强调某一语义而安排的停顿。这种停顿应以语法停顿为基础，按照语句的逻辑关系，配合重音的运用，从演讲者的意图及当时情绪出发，来确定停顿的时间。这样的停顿往往能使强调的重点字字千钧，深深印在听众的脑海里。在演讲中，每当演讲者想把一个重要的意思深深地印在听众心里时，他就将身体前倾，两眼盯着听众，忽然一言不发，这极能引起听众注意。等他讲完了这重要的句子后，又突然停下来，因为他深知这一短暂的静默可以使他刚讲的重要意思完全送入听众心中。训练有素的演讲者，总是善于利用瞬间的停顿，让听众思索，回味，体会出重要的和丰富的思想感情。

三是修辞停顿，是演讲者在表达异常复杂的思想感情时，为了渲染某一思想情绪或使情绪转化而突然沉默的一种艺术化的手段。这种艺术性的停顿不是表现空白，正如一则格言所说："出言不应无物，沉默不应无语。"演讲中的不尽之言恰恰表现在这不言之中，而且比出言更加韵味无穷，是"此时无声胜有声"，是"不著一字，尽得风流"。这种停顿，运用时持续时间不宜过长，以免冲淡气氛，也不宜使用过多，否则会弄巧成拙。

四是心理停顿，是以演讲者与听者心理活动为依据而采取的一种停顿。它能激发听众的好奇心，集中听众的注意力。如在演讲中，讲重要处前忽然一言不发，即将听众的注意力高度集中起来。但这种停顿不可长，否则会令听众不满。

总之，巧设停顿可以造成言外之意和弦外之音，形成"此时无声胜有声"的艺术效果。

7. 语速

语速一般分为快速、中速、慢速三种。演讲语速的快慢绝不是由演讲者随意而定的，也不仅仅受篇幅与时间的制约。它必须根据演讲的思想内容、演讲者的感情、演讲时的环境气氛等恰当而巧妙地安排，成为能圆满体现主题的有秩序、有节拍、有变化的速度。一般来说，讲到盛怒、紧张、激越等内容时用快速，进行一般的叙述、说明时用中速，讲到庄重、沉静、悲伤和要言至理等内容时用慢速。只有恰当地运用语速，才能有助于表达思想，增强语言的表现力和感染力。

要正确运用语速必须做到两点。一是语速要富于变化。一篇完美的演讲应该缓急相间,快慢结合,要快中有慢,慢中有快,而且快而不乱,慢而不拖,给人一种节奏美感。二是语速的变化要有过渡,无论由快到慢还是由慢到快,都应有一个渐变过程,使之转换自然,不令人觉得突然。

8. 语气

语气即说话的口气。演讲语气是指演讲者口语中体现的立场态度、政治倾向、个性色彩以及感情起伏变化的语音形式。它是演讲者的思想感情、词句篇章和语音形式的结合体。有了恰当的语气,才能真切地反映演讲者的立场、态度及心境,才能使演讲具有形象、感情、理性、语体、风格等,从而提高语音表达的艺术魅力。语气是一个综合性的表达技巧。

一次演讲要有一个基调,即具有某种相对稳定的基本语气形态。但在演讲进程中,具体的语气随着演讲内容的发展而发展,依照演讲者情绪的变化而变化,这样,在一个主基调下,又呈现出多种语气交错运用的状态。在语气运用中应注意两个问题:一是语气要服从演讲的内容,做到以情发声,以声传情,声情并茂;二是语气要质朴自然,高于生活语气又近似生活语气,使听众感到真实自然,无矫揉造作之感。

(二)语义表达

在演讲中,演讲者的思想精深、学识丰富及才华横溢都首先要靠语义的表达来体现。形式为内容服务,如果语义干瘪,肤浅,无文采,少深意,那么再出色的语音表达技巧都将失去其价值和意义。演讲作为一种具有较强审美价值的、艺术化的宣传教育形式,其语言必须具有相应的艺术性,尤其是语义表达必须做到以下几点:

1. 准确贴切

准确贴切是指演讲语言要有科学性,遣词造句能够确切地表情达意,如实地反映客观事物的实际面貌。无论是政治演讲、学术演讲、法律演讲,还是礼仪演讲都要讲究科学性。而没有准确的语言,科学性就无从谈起,更不用说用演讲去宣传真理了。所以,对演讲语言的第一个要求就是,要准确贴切地阐述事物,表情达意。

准确贴切包括选词的词性、范围、语意及感情色彩的正确,还包括造句时句子成分、语序、虚词、复句运用得无误,这是语法方面的要求。但更重要的,也是更难的,是对所表述的对象,即思想内容有正确而深刻的认识,能在反映事物时一语破的地点出事物的本质,并做出中肯精当、恰如其分的表述。演讲语言要准确贴切就应做到以下几方面。

一是演讲语言必须符合客观事物的实际。这是说话的前提,也是演讲的一个基本要求。要表达得准确贴切,首先得思想认识正确。没有正确的认识,就谈不上准确的表达。在演讲中,我们常看到有些人说话流利,表达清楚,但细一品味其内容,就会感到有一些表面化、片面化的地方。这主要是因为演讲者自身思想文化素养不够,因其未能准确而深刻地认识事物,所以语言表达也必然不能准确贴切。

二是正确地选词造句。要想用词恰当,必须弄清词义、词性及其用法。汉语中,有大量的同义、近义词,有些虽然含义相同或相近,但有感情色彩和语义轻重等区别,如果用错,便影响意思的正确表达。造句时,要合乎语法规则,避免出现句子残缺、语气紊乱及语意模糊等现象。为了准确贴切地使用语言,必须平时努力学习语言,丰富自己的语汇,以在表达思想感情时选择出最富有表现力的恰如其分的语汇,而不是“饥不择食”,去抓一些“代用品”。语汇越丰富,演讲就越生动活泼,表现力就越强;反之,演讲就越可能失败。

三是词以达意为目的,不追求形式上的华丽。古人云:“辞达而已矣。”切不可过分雕琢,弄得晦涩难懂。有些初学演讲者喜欢追求华丽的辞藻,希望以此取胜,结果往往适得其反。

佩特瑞克·亨利发表的演讲《诉诸武力》是语言贴切的典范:“没有人比我更钦佩刚刚在会议上发言的先生们的爱国精神与见识才能。但是,人们常常从不同的角度来观察同一事物。因此,尽管我的观点与他们截然不同,我还是要毫无顾忌、毫无保留地讲出自己的观点,并希望不要因此而被认为是对先生们的不敬。此时不是讲客气话的时候,摆在各位代表面前的是国家存亡的大问题。我认为,这是关系到享受自由还是蒙受奴役的大问题。鉴于它事关重大,我们的辩论应该允许各抒己见。”在亨利发表演说前,已经有几位代表表达出了妥协的想法。针对这一点,亨利采取了欲擒故纵的策略,先是所谓的赞美,但用语很有分寸,只是赞美他们所谓的“爱国精神与见识才能”。接着话锋一转,很有策略地表明了由于“从不同的角度来观察同一事物”,所以,“观点与他们截然不同”。这

"截然不同"充分强调了分歧的严重性。尽管有严重分歧,但自己的态度是鲜明的,那就是"毫无顾忌、毫无保留地讲出自己的观点"。这"毫无顾忌"旨在强调主观上没有任何顾虑和忌讳的坚定性,"毫无保留"则强调知无不言,言无不尽的坦率彻底性。两个词都用得十分精当,表达了十分鲜明的态度。为什么要这样做呢?因为"此时不是讲客气话的时候,摆在各位代表面前的是国家存亡的大问题"。"国家存亡"四个字,简明有力,点出了问题的分量。为什么这么严重?因为"这是关系到享受自由还是蒙受奴役的大问题"。一个选择句带出"享受自由"与"蒙受奴役"两个对比鲜明的词组,利害关系昭然若揭。于是顺水推舟,"鉴于它事关重大","辩论应该允许各抒己见"。"各抒己见"一语态度谦逊平和,更利于争取听众。而各抒已见的结果是什么?由近而远,由实而虚,这段演讲准确而全面地说明了辨明是非的必要性。

2. 简洁明快

简洁明快是表达的内容简短明了,集中概括;表达的线条清晰,主干突出;表达的句式结构精约,短句多,节奏感强。莎士比亚有句名言:"简洁是智慧的灵魂,冗长是肤浅的藻饰。"契诃夫也说过:"简洁是天才的姐妹。"演讲语言的力量不是取决于它的数量,而是取决于它的质量。"言不在多,达意则灵",这是演讲者必须记住的要诀。

有人认为话讲短了就没有分量,其实不然。演讲虽然"意则期多",但"言唯求少"。恩格斯说过:"言简意赅的句子,一经了解,就能牢牢记住,变成口号;而这是冗长的论述绝对做不到的。"我们面临的五光十色的大千世界,不论事物如何庞杂多变,都能够用简单明了的话语来表达。而我们今天又处于讲效率、生活节奏明显加快的时代,因此演讲更要讲究以最经济的语言表现出最丰富的内容,做到言简意赅,以与时代生活的节奏合拍。要使演讲语言做到简洁明快,必须做到以下几点:

一是要言不烦,切中要害。古语说:"事以简为上,言以简为当。"演讲语言要简洁明快,就得简明扼要地表达出演讲的思想内容,并能一语切中事物的要害,做到要言不烦。"修氏定理"的提出者修瑞娟出席美国第二十八届微循环年会,会议规定每个学术报告不得超过十五分钟,而修瑞娟的报告反映的是难度极大的尖端研究成果,这个规定逼得她非浓缩内容、锤炼精华不可。她关在屋内练了三天后,又请来同事模拟演练,选用最经济的语言,在十五分钟内驾轻就熟地做完了精彩的报告,使“修氏定理”一举闻名于世。这个例子告诉我们,要让演讲语言简洁明快,首先要在内容精辟上下功夫。而要使内容精辟,则需要对客观事物的本质与规律有深切的了解。只有对事物复杂的联系和本质认识清楚,才有可能一语道破它。如果思想模糊,对事物没有形成正确完整的认识,头脑里只有一大堆芜杂纷乱的印象,那么语言表达就不可能要言不烦,而只能是零碎冗杂,抓不住要害,令人厌烦。

二是删繁就简。人们说:“写作艺术就是提炼的艺术。”其实,同为语言艺术的演讲也是如此。一般来说,长句比较严谨,短句比较明快。但是长句成分复杂,附加语多,很难一听就明白。因此在演讲中如果不是非用长句不可,那么还是少用为好。语句简洁明快也是我们汉语的特色。长句化短,除了删繁,还要进行压缩。压缩往往比删繁更困难。经过压缩的文字才是最简练的文字。1976 年 1 月 8 日,周恩来总理逝世时,设在美国纽约的联合国总部门前的联合国旗降了半旗,这是非常罕见的事。一些国家感到不平了,他们的外交官聚集在联合国总部大门前的广场上,言辞激愤地向联合国总部发出质问:我们的国家元首去世,联合国为什么没有降半旗呢?当时的联合国秘书长瓦尔德海姆站出来,在联合国总部大厦门前的台阶上发表了一次简短的演讲,他说:“为了悼念周恩来,联合国降半旗,这是我决定的,原因有二:一是,中国是一个文明古国,它的金银财宝多得不计其数,它使用的人民币多得我们数不过来。可是它的周总理没有一分钱存款!二是,中国有 10 亿人口,占世界人口的 1/4,可是它的周总理没有一个孩子。你们任何国家的元首,如果能做到其中一条,在他逝世之日,总部将照样为他降半旗。”说完,他转身离开,广场上的外交官们个个哑口无言,随后响起雷鸣般的掌声。瓦尔德海姆并没有过多地与这些国家的外交官纠缠,也没有用太多的语言进行解释,他就抓住了周恩来总理的两点品质,简单明了的语言却字字千金。

二、体态语言的表达

人类传递信息的方式主要有三种,即书面语言、口头语言和体态语言。体态语言也叫态势语言、无声语言,是指人际交往中用以表情达意的姿态、神情和形体动作。古希腊著名的演说家德摩西尼认为："演讲的秘诀在于姿态。"我国的教育家陶行知先生说过："演讲如能使聋子看得懂，则演讲之技精矣。"古今中外的演讲家都十分重视体态语言的运用，并把它当作辅助工具，来增强演讲效果。作为有声语言的一种辅助形式，体态语言甚至可以部分代替有声语言或表达有声语言难以表达的感情和态度。美国心理学家艾伯特·梅瑞宾认为，在一条信息的传递效果中，词语的作用只占7%，声音的作用占38%，而面部表情占55%。正如体态语研究的先驱欧文·戈夫曼所说："尽管一个人可能停止说话，但是他不能停止身体习惯动作的传播。"所以，在演讲中，恰当地运用体态语言，对于补充、强化口语表达效果具有重要意义。

（一）体态语言的作用

1. 产生良好的首因效应

首因效应也称最初效应，是指在印象形成过程中，信息出现的顺序对印象形成有影响，最初获得信息的影响比后来获得信息的影响更大的现象。心理学家卢钦斯已经证明，首因效应在印象形成过程中有举足轻重的作用。在演讲中，如果演讲者给听众留下很好的第一印象，听众的心理状态就会兴奋，从被动听演讲转化为主动听演讲，这将给演讲的顺利开展打下良好的基础。如果演讲者给听众留下的第一印象不好，甚至听众根本就不想听，则会影响演讲的正常进行，给演讲带来沟通的障碍。在第一印象中，体态语的作用尤为明显。在正式的演讲场合中，演讲者面对不熟悉的听众，由外貌、表情、行为举止等构成的整体仪态给人的印象要比言语更直观。心理学研究表明，视觉印象在头脑中保持的时间超过了其他器官。演讲者得体的着装、热情的态度、友好的目光、真诚的笑容等良好的体态语言可以使人在很短的时间内以自身形象获取对方的信任，有利于口语交际的展开，促进双方建立和谐融洽的关系。

2. 增加有声语言的表现力和感染力

苏联教育家赞科夫认为："人说出来的话，不单是靠它的内容来激发对方的思想和感情，这里有交谈者一副兴致勃勃的面孔，有表情，还有手势……"演讲者运用恰当的体态语言，不仅能加强言语表达的效果，而且在表达情感、情绪和态度方面，体态语言有时甚至比口头语言更明确、更具体、更有感染力。在口语交际过程中,体态语言多是伴随着有声语言,通过动态的、直观的形象传递着各种信息。这使得有声语言直接诉诸人的听觉的同时,还具有了视觉的形象可感性,是对演讲内容的强化表达,能给听众留下深刻印象,使表达更加生动、鲜活。另外,演讲者的体态语言还可以调动听众的情绪,也可以将自身的情绪从体态语言中表现出来。如:当一个人高兴时会眉飞色舞、手舞足蹈;当说到沉重的话题时会脸色凝重;等等。列宁在演讲中对体态言语的把握是非常到位的,他在演讲时"两眼凝望听众,精神饱满,习惯用右手下劈来加强语气,或者把手臂有力地伸向前方,表现出自信和坚毅"。听过列宁演讲的人说,他的演讲除了口语极富鼓动性和感染力外,他的体态语言更加丰富,使口语表达的表现力和感染力得以升华,获得良好的现场表达效果。

3. 部分代替有声语言沟通、交流情感

有声语言虽然是我们表达思想感情的重要工具,但它也有言不尽情、词不达意的时候,这时体态语言作为有声语言的重要补充,同样也可以起到表达思想、沟通情感的作用。《诗经》中云:"言之不足,故嗟叹之。嗟叹之不足,故永歌之。永歌之不足,不知手之舞之,足之蹈之。"这就是说,体态语言可以把有声语言不便说、说不出的意思表达出来,或者帮助表达未尽之意,它具有取代和补充功能。雅罗斯拉夫斯基也曾说过:"演讲者的态势是用来补充说明演讲者的思想、情感与感受的。态势语言本身就像文字一样富有表现力,在言辞少于思想,两三句话中蕴藏着通篇哲理的时候尤其是这样。"

在演讲中,演讲者的身姿体态、举手投足特别是面部神情等,始终发送着各种信息,不经意地流露着内心的情感、愿望等。听者也会不自觉地从演讲者的面部表情中捕捉信息。许多时候,只需一个眼神、一种表情、一个手势,我们就会明白对方要表达的意思,看似默默无语,沟通与交流却没有停止,这就是所谓的"此时无声胜有声"。

(二)体态语言的运用

20世纪70年代,国外的语言学家通过研究表明:人们交谈时,只有35%的信息是单纯通过语言表达的,其余的65%的信息则是通过体态语言表达的。古希腊大演讲家德摩西尼就把自己演讲成功的秘密归结为恰当自如地应用体态语言。演讲中涉及的体态语言主要包括仪表与风度、面部表情、手势等方面,合理科学地运用好体态语言,是提高演讲质量的有效手段。

1. 仪表与风度

仪表,是指人的容貌、身材、体型、姿态,也包括服饰打扮等,具体到演讲方面则侧重演讲者的外表形象。风度是指人的言谈、举止、神情、姿态等方面总的表现和风貌,演讲所说的风度侧重演讲者的思想文化修养、精神面貌以及心理禀赋、性格、气质、脾气等在言谈、举止、神情、姿态等方面的外化表现。仪表并不完全排除精神方面的因素,风度也要通过人的容貌、姿态体现出来。

美学家别林斯基说:"讲究风度,这种必要性不是来自社会身份或等级地位的虚假观念,而是来自崇高的人类称号;不是来自礼仪体面的虚假观念,而是来自人类尊严的永恒观念。"别林斯基告诉我们:一个人不是为了追求社会地位,讲究身份、体面才来追求风度美,而是任何一个人都得具备这种必备的品行。在我们提倡精神文明和加强公民道德建设的时代,每个人更应该努力培养自已良好的风度。演讲者的仪表风度是演讲中不可或缺的因素。孙中山先生曾指出,一个演讲者"身登演说会,其所具风度姿态",应该是"衣着整洁、举止大方,还没开口即使全场有肃穆起敬之心"。他认为,演讲"最忌轻佻作态",要"处处出于自然,有时词旨严重,唤起听众注意,切不可故作惊人模样"。南开大学创始人张伯苓在南开中学校门一侧设立一面整容镜。镜上刻着严范孙书写的:"面必净,发必理,衣必整,纽必结,头容正,肩容平,胸容宽,背容直。"由此可见,无论是政治家还是教育家都把仪表与风度作为提升个人综合素养的重要条件来培养。对于演讲者来说,其仪表、风度主要包括身材容貌、服饰打扮、举止礼仪三个方面。

(1)身材容貌

身材容貌是人的先天条件,包括身材的高矮、体型的胖瘦、容貌的美丑,以及人的精神面貌。前几者是人的固有生理条件决定的,一般难以改变。心理学上有一种理论叫"晕轮效应":一个人给别人的第一印象往往是人们对其做出判断的依据。古今中外许多政治家、革命家的演讲,之所以能使听众陶醉入迷,除去演讲内容的感召力之外,与他们英俊的容貌,潇洒而稳健的举止是分不开的。比如,法国前总统戴高乐身高近2米,他军人出身,身材魁梧挺拔,在第二次世界大战中,他创建并领导了自由法国政府抗击德国的侵略,并出任战后法兰西第五共和国第一任总统。戴高乐深受法国人民的尊敬和爱戴,他经常在不同场合发表演讲,宣传自己的思想和主张。每当他高大挺拔的身影出现在人群中的时候,全场就会立刻发出欢呼声,同时,听众们也被他的演讲深深吸引。有人说,第二次世界大战中戴高乐就是法国的灵魂,法国人民听从他的召唤,坚持抵抗侵略者,终于获得了民族的解放。当然,演讲者如果有一副好身材和好容貌,更容易引起听众的注意和兴趣,但是,正如古希腊哲学家德谟克里特所说:"身体的美若不与心灵的美相结合,则是某种动物的东西。"好身材和好容貌与个人的内在素养结合在一起所产生的魅力才是最动人和最能吸引听众的。

那么,身材、容貌欠佳,至有生理缺陷的人难道就不能登上神圣的讲坛吗?当然不是。生理条件不是影响演讲效果的决定因素,具有美好的心灵、高尚的道德情操和精神风貌、深厚的造诣和渊博的学识的演讲者,同样能获得听众的爱戴和信任。比如,身残志不残的张海迪,5岁因患脊髓血管瘤而高位截瘫。虽然由于身体原因,她没有上过一天学,但是,凭借顽强的毅力,克服了许许多多常人难以想象的困难,在家人的帮助下,自学完了小学、中学的全部课程,并自学了大学英语、日语和德语以及世界语,最后还攻读了大学和硕士研究生的课程。20世纪80年代,她的励志演讲风靡全国,人们无不为她身上体现出的坚韧精神所感动,她的故事整整影响了一代人。第二次世界大战时的美国总统罗斯福也是一位残疾人,他因患脊髓灰质炎而腿部残疾,牙齿参差不齐且突出。但是他充满智慧,做事干练,胸怀宽广,深孚众望。由于身体原因,罗斯福在面对公众演讲时都使用特制的金属支架来支撑自己的臀部和腿部,有时候需要儿子或助手搀扶才能站直。罗斯福的政敌们往往以此来攻击他,但是,美国民众却十分拥戴他,每当他向公众发表演讲时,大家都会被他卓越的口才、睿智的思想和身上表现出的坚强意志所折服。罗斯福在总统任期内,遭遇了经济危机、珍珠港之难两次空前困难时期,但是,他凭借一次次演讲宣传自己的施政理念,争取了广大民众的支持,通过不断努力,使美国渡过一个又一个难关。因此,身材与容貌并不是演讲成功与否的关键性因素,只有将个人的外在形象与内在涵养结合在一起,演讲者的魅力才能真正发挥出来。

(2)服饰打扮

人们的服饰穿戴也属于仪表风度的范畴。演讲者应注意自己的服装、发式,乃至饰物的佩戴,这对于演讲活动是十分必要的。具体来说,对服饰打扮的一般要求是:一要符合自己的年龄、职业和身份等,服饰打扮要得体、协调、适当。这是最起码的要求,不然,就有可能适得其反,甚至会使听众感到憎恶。二要符合自己的脸形、肤色、身材的特征。鲁迅先生对这个问题,曾经从审美意识的角度阐述过十分精辟的见解:"人瘦不要穿黑衣裳,人胖不要穿白衣裳;脚长的女人一定要穿黑鞋子,脚短就一定要穿白鞋子。方格子的衣裳胖人不能穿,但比横格子的还好;横格子的胖人穿上,就把胖子更往两边裂着,更横宽了,胖子要穿竖条子的,竖的把人显得长,横的把人显得宽。"当然,每个演讲者在决定自己的服饰穿戴时有充分选择的余地,要根据自己的具体情况,因地因时制宜,不必墨守成规。三要符合时代精神、社会风尚和民族审美意识。不同时期的演讲者,他们的服饰穿戴无疑都要受同时代社会风尚的制约和影响,符合大众的审美意识和欣赏习惯。四要与演讲内容、具体演讲环境和氛围协调一致。如果演讲内容是严肃、郑重的,或愤怒、哀痛的,穿深色或黑色衣服就比较合适;如果演讲内容是欢愉喜悦的,穿浅色衣服或明快鲜艳的衣服就比较合适。服装的打扮还要注意与具体演讲环境、氛围相适应,以保持协调。

周恩来总理在仪表、着装上堪称楷模。他在所有场合下都给人留下衣冠楚楚、风度翩翩的印象。他在公共场合中的衣着从来都是一丝不苟的,作为一国的总理,他把自己的衣着风貌视为国家的象征。新中国成立不久,国家要组织一批外贸人员赴国外参加商贸会,由于这是新中国第一次向外派出规模较大的团队,事关外界对新中国的认识,所以,周恩来事无巨细都亲自过问。有人反映,这批出国人员的服装质量有点问题,主管这项工作的同志以为凑合一下就行了,周恩来知道后严肃地批评了这位同志,他说这关乎新中国的形象,穿到国外去要漂亮、高档。显然,他不是从功能性方面单向度地看待服饰,而是能从服装中阅读出丰富多样的社会信息来。在他注重仪表的背后,却是惊人的朴素与节俭。周恩来深知新中国经济困难,他处处带头做艰苦奋斗的表率。他仅有的几套服装,大都穿了几十年,有的破损了,精心织补后继续穿。他的衬衣磨破了,换上新的领口和袖口照旧穿。1963年,他出访亚非欧14国,到了开罗,他换下缝补多次的衬衣,随行工作人员不便拿给外国宾馆去洗,只好请我国驻埃及使馆的同志帮忙,并叮嘱洗时不要用力,以免搓破。大使夫人看到后,感动得边洗边流泪。周恩来曾对身边的秘书说:"我参加活动多,仪容是否整洁,国内国外都注意。给你们提个要求,我的衣服一定要能表现出中国人的脸孔。"新中国成立后,他的衣料、鞋帽都是国产货,上衣的款式都是最能体现中国特色的"中山装",整体的着装简朴、大方、合体,既体现了大国领导人的风范,也体现出中国共产党人的精神面貌。

(3)举止礼仪

举止,即演讲者整个身体行为动作的姿势,也就是身体动作;礼仪即指演讲者在演讲前后和演讲时对听众的礼节。举止与礼仪是演讲者思想、品格修养的外在表现,是构成演讲者风度和形象的重要因素。这是演讲前听众就能见到和感到的,它给听众留下的是"第一印象"。演讲者举止礼仪方面的基本要求是不卑不亢、落落大方、彬彬有礼、温文尔雅、潇洒自如、不失身份。听众对演讲者傲慢的态度、轻佻的作风、随便的举止极为反感。演讲者的举止礼仪包括以下几个部分:

一是进入会场时,如有几位演讲者同时进入会场,不可在门口推托谦让,而应以原有的顺序进入会场。听众如果起立、鼓掌欢迎,应边走边举手表示谢意,不可东张西望,更不要止步与熟人打招呼、握手。

二是有人陪同时要等陪同人指示座位,并应等待与其他演讲者同时落座,先人而坐有失礼节。如果先进入会场,有工作人员给调换座位,则应马上服从,按指定座位坐好,并表示谢意。坐好后不要回头回脑左顾右盼找熟人,更不要主动与别人打招呼,那样显得轻浮。

三是演讲前主持人常常要向听众介绍演讲者。主持人提到名字时,演讲者应主动站起来,立直身体、面向听众,并微笑致意,估计听众可以认清后再转身坐下。如果主持人介绍词中介绍了演讲者的成绩和事迹,听众反响强烈,演讲者应再次起身,向听众致谢。

四是当主持人提到演讲者名字时,演讲者应站起身来,首先向主持人点头致意,然后走向讲台。走路时上身要直立,不躬腰,不腆肚,步伐适中,目视前方,虚光看路。头要正,不偏不摇,双手自然摆动。走上讲台后要慢步自然转弯,面向听众站好,正面扫视全场,仿佛与听众进行目光交流,然后以诚恳、恭敬的态度向听众敬礼,稍稍稳定一下之后,再开始演讲。

五是站位和目光。站位不但要考虑演讲时活动方便,更要考虑听众观察演讲者方便。听众不论在什么地方都应能看清演讲者的演讲,方便情感的双向交流。演讲者要讲究站立的姿势。站姿得当,会显得英俊干练,生气勃勃,给人美感。站姿不当,不但形象不美,而且不利于做动作,如果失去平衡会造成失态,这是对听众的不敬。演讲者的目光要分散到全场,落到每位听众的脸上,让听众觉得光顾到他,仿佛与每位听众都进行过目光的交流。但是,目光又不要总与某一个听众的目光相撞、交流。演讲者的目光集中一隅,盯住不放就是对听众的失礼。

六是演讲完毕,走下讲台时要向听众敬礼,向主持人致意。如果听到掌声,应再次上台表示谢意,然后下台回原座位。走路要和上台一样,不要为了抓紧时间而匆匆忙忙、慌慌张张。这会给听众留下不好的印象,有失礼节,甚至影响下面演讲者的演讲。

七是演讲全部结束后,演讲者可能由主持人陪同先行退场。听众出于礼貌,或站起身来,或热情鼓掌,这时演讲者要同样以热情回报,或鼓掌或招手以致意,直至走出会场。如果听众先退出会场,演讲者应起立,面向听众,目送听众。

2. 面部表情和手势

面部表情是演讲者情感的变化在面部的自然流露,并影响到体态的动静趋向。手势是人手受思维语言、情感的驱使而做出的各种连贯或断续动作,它是体态语中最重要的表达手段。表情与手势在表达人的情绪、情感和态度方面要比有声语言更明确、更有感染力,也更容易被接受。

(1)面部表情

一是贵在保持自然。演讲者丰富的面部表情具有很强的感染力。但表情的动人之处还在于自然,自然才显得真挚,做作的表情则显得虚假。二是面部表情应随着演讲内容和演讲者的情绪发展而变化。表情不仅要自然,而且还应该丰富、生动,表情的变化应当和演讲的内容合拍,把听众引入演讲者所希冀达到的形象、感情、理性的各种境界。如果不管演讲内容的思想多么博大精深,演讲的思想感情多么丰富多彩,都始终笑口常开,那么自然也不会得到听众的青睐。三是在整个演讲过程中,眼睛的表情达意起着关键的作用。意大利文艺复兴时期著名艺术大师达·芬奇有一句名言:“眼睛是心灵的窗户。”人的喜怒哀乐都可以通过眼睛反映出来。通常,愤怒便睁目,思虑便凝眸。双眉深垂,表示岑寂。内心善良、坦荡、忠诚、天真,眼神则专注、明澈;内心奸诈、虚伪、嫉妒、狭隘,眼神就诡谲、狡黠。因此,演讲者应该善于运用自己的眼神,辅助有声语言,来表达自己的情感,引起听众的注意,使听众透过这心灵的窗户,窥见演讲者的内心世界。

那么,在演讲实践中,应当如何运用眼神呢?

一要尽量看着听众说话。脱稿的演讲应该如此,不脱稿的演讲也要尽量如此,这样才能使听众看到演讲者的目光,看到其内心的真情实感。有的演讲者的眼睛或仰视天棚,或俯视地板,或左顾右盼,躲避听众的目光,这样显得很不庄重,很不礼貌。但演讲者也不应该一味地直视听众,而应将两眼略向下平视,目光自然、亲切、专注,这样才能吸引听众的注意力。

二要多和听众进行目光接触。在演讲之初,或演讲之中,不妨有几次遍及全场的扫视。这样不仅能增强双方的感情联系,而且可以同听众建立灵敏的信息交流和反馈,迅速地获得听众的反应,掌握听众的情绪和心理变化,以便随时调整演讲的内容,改变演讲的方法。

三要注意眼神运用的多样性。眼神的运用,虽然都是面向听众的情感交流、信息传播,但有的是依据演讲的具体内容,有的是依据对听众的态度,有的则是依据自己的特殊的情绪、情感体验等,还要兼及听众范围局部和全场的关系。

不同的眼神传递着不同的信息,交流着不同的情感。因此,演讲内容的波澜起伏、演讲情感的抑扬跌宕,无不可以通过不同的眼神,配合有声语言以及神情、姿态,协调地反映出来。

(2)手势

在演讲中,手势是最重要的表情达意的手段。手势的种类很多。从运用的部位来看,手势的种类可分为单式手势和复式手势;从手势的作用来看,可分为指示手势、摹状手势和抒情手势三种。

单式手势是指用单手做的手势，复式手势则是双手并用做出的手势。两者都是作为有声语言的辅助工具，帮助表情达意，来加强演讲的效果。

指示手势是用来指示具体对象(人、事、物、方向)，指示出听众视觉可及范围内的事物和方向，便于听众通过视觉形象地感受到具体事物。摹状手势主要用来模拟状物，给听众一种形象可感的印象。摹状手势中有具体性的手势和象征性的手势的区别。具体性的手势要比画事物的形状、大小，象征性的手势是根据演讲内容，做出相应的动作，以启迪听众的思维，触发听众心理上的联想，引起感情上的共鸣。抒情手势是用来表达演讲者喜怒哀乐的强烈情感，使之形象化、典型化、具体化。

演讲中具体运用手势时，应遵循以下两条原则：

一要简约干净。手势虽然重要，但毕竟是辅助手段，不可过多、过于烦琐。手势过多、过烦琐会喧宾夺主，分散听众的注意力，使听众感到眼花缭乱，目不暇接，仿佛在观看杂技表演，时间一长，会产生逆反心理和疲劳情绪。因此，做手势要根据表情达意的需要，该用手势的地方就用，可用可不用的地方则不用。同时，手势还要清楚、明快、干脆利索，不要拖泥带水，花里胡哨，使听众如堕五里雾中，茫然不知所以。

二要自然恰当。演讲者的手势贵在自然，自然才是感情的真实流露，自然才能真实地表情达意，给人以美的享受。此外，演讲者在设计自己的手势时还必须考虑自己的身份、职业、年龄等因素。

尤其重要的是，演讲手势还应与演讲内容协调一致。演讲者的手势从来不是单纯、孤立地使用的，它总是和有声语言、表情、神态、姿势等密切配合的。手势的起落应当和有声语言同步，否则就会闹出笑话来。

(三)运用体态语言的基本要求

在演讲中运用体态语言，应注意以下几个问题：

1. 目的明确

在演讲中，演讲者的一举一动、一颦一笑都应该有明确的目的，切实起到传情达意的作用。否则，不仅对演讲无益，还会闹出笑话。在一次记者招待会上，一名官员对记者们说："大家请坐！"可是他却举起双手示意大家站起来。还有一次，他发表演说，嘴上说"我"，手指却指着听众，然后又说"你们"，手指却指着自己，这些失误都被传为笑柄。

2. 准确得体

演讲者的体态语应与自己所要表达的思想内容相吻合,与听众的社会习惯和接受能力相吻合,同时,还必须考虑到听众的审美能力。要知道,由于存在着民族和地域的差别,同样的表情、手势和其他动作,往往具有不同的意义。例如耸肩动作在西方表示疑惑,而在我国则表示厌烦;在我国跷大拇指表示称赞,伸小手指表示差劲,而在国外有的国家跷大拇指表示"老爷子",伸小手指表示"情人"。即使在同一地区,不同的时代,同一种体态语言也代表不同的意义。

"言为心声",体态语言也应该是内在情感的自然流露,是配合有声语言的一种情不自禁的动作、表情。在口语交际过程中,体态语言并非越多越好,一定要顺其自然,不要刻意为之,动作的幅度、力度、频率等要适中,要能够突出口语交际的目的,否则会使人望而生厌。只有自然、适当的体态语言才会让人们的沟通更加自如。另外,演讲者要根据实际情况,选择恰当得体、符合听众审美要求的体态语言,而不能不顾条件随意套用。

3. 协调一致

体态语言要与自己的身份、交际语境、表达内容,特别是有声语言协调一致,并且体态语言本身各构成要素(如身姿、手势、表情、目光)之间要做到局部与整体的协调一致。人及其言语和身体的动作是复合的,在口语交际中,只有将这些因素有机结合起来,才能达到真正的沟通,从而取得良好的沟通效果。在实际演讲中,要注意以下协调关系。

一是体态语与口语协调一致。初学演讲者,往往事先设计好一些体态语言,然后配上演讲词去表演。所以,有的演讲者的体态语言使用得不是早了,就是晚了。例如,有个演讲者一句话讲完之后,才想起有关的体态语言还没有表现,于是赶紧补上一个手势。这就使体态语言与口语严重脱节。其实,既然口语内容已经变化,原来的体态语言就不一定适用,不必再牵强附会地使用。

二是体态语言与感情协调一致。这是要求演讲内容和形式的统一,它要求演讲者的眼神、手势、体态和面部表情都与演讲内容统一。一般来说,初学演讲者,不宜去使用比较复杂、含义模糊的体态语言。相比之下,抒情手势和指示手势含义比较明确。初学演讲者,可以首先用这两种体态语言。

三是不同类型的体态语言之间协调一致。不仅体态语言要和口语协调一致,而且不同类型的体态语言之间也要协调一致。初学演讲者,有的手势与体态不一致,有的体态与面部表情不吻合。体态语言之间不协调,就难以发挥其应有的作用。

四是自然雅观。演讲者的体态语言要自然雅观。按照我们国家的审美观,演讲时表情、手势等应自然含蓄,温文尔雅,既不拘谨,也不造作,即使是表现强烈的感情,也不使用过火的体态语言。这就要求演讲者在运用体态语言时,应该力求自然,而不应该给人以表演、做作的感觉,当然,我们强调演讲者体态语言的自然,并非意味着在讲台上可以随随便便。因为有些体态语言虽然自然,但不够雅观,这也会影响演讲的效果。

五是富有个性。演讲者的体态语言,应该有其鲜明的个性,这是由演讲者不同的性别、年龄、身材、气质、性格所决定的。富有鲜明个性的体态语言,运用恰当,能使演讲者具有独特的魅力。在长期的演讲实践中,不少著名的演讲家逐渐形成了自己体态语言的鲜明个性和独特魅力,从而极大地提高了演讲的表达效果。

六是简约精练。体态语言是丰富多彩的,具有很强的表意作用,然而它毕竟只是口语的一种辅助手段,不可过多过滥地使用,否则就会喧宾夺主。例如,有人演讲时老是手舞足蹈,两眼扫来扫去,身子左摇右晃,这不仅会大大损害演讲者的形象,而且也大大降低了演讲的效果。所以,运用态势语,必须简约精练,防止过多过滥。可以说,成功的演讲家都非常注意控制自己的体态语言,绝不轻举妄动。他们所采用的手势、动作、表情等都力求得体、精练。

孔子在谈到文章的内容与形式的关系时说:“质胜文则野,文胜质则史,文质彬彬,然后君子。”这里的质是指内在素质,文是指外在表现。这句话的意思是说:只注重内在素质而忽视外在表现,就会显得粗俗、野蛮;只注重外在表现而忽视内在素质,就会导致浮华、迂阔。只有文质兼备,即内在美与外在美、精神内涵与外貌风采完美统一,才称得上是君子风度。同样,演讲体态语言与演讲者的内在素质以及演讲的内容要完美融合在一起,才能真正做到“文质彬彬”,达到相辅相成的效果。

第三节 演讲稿的记忆与表达

演讲稿写得再好,也只是完成了演讲的前期任务,接下来就要将演讲稿的内容熟记于心,并按照演讲稿设计好的结构与情感用语言表达出来。除了一些重要的关系到政治和政策的演讲外,一般来说,演讲是要求脱稿的。学会和掌握记稿和表达的能力既是演讲的一项基本功,也是帮助演讲者战胜畏惧心理的有效武器。

一、记稿的步骤

背记演讲稿看起来是个比较简单的工作,其实要想做得好并不容易,它需要根据演讲的内容有步骤地完成。

(一)分析内容

演讲稿大部分都是由演讲者本人完成的,但演讲稿一旦完成,它就变成了一个蓝本,演讲者仍需对演讲稿进行记忆。在这个过程中第一个任务就是分析内容。分析内容就是对演讲稿做整体性的研究,对演讲稿做整体性把握,具体任务包括:分析演讲稿的主题、分析演讲稿的写作逻辑、分析演讲稿中情绪的特征、分析演讲稿的语言特征等。分析内容的目的是理清头绪,分清重点,以便消化演讲稿的内容,进一步强化记忆。演讲者在写作演讲稿的过程中,既按照拟定好的大纲行文,又在写作中不断调整和增加新的内容,完成的演讲稿与最初构思的内容和结构相比会出现很大不同。所以,演讲者有必要对已完成的演讲稿进一步研读和分析,大体了解整体与细节,对稿子有个宏观和微观的认识,对最有说服力的论据进行核实。同时,要搞清楚整个文本的逻辑顺序和结构,明确演讲稿中哪些是重点,哪些是非重点;重新审视演讲的主题是否明确,材料是否能说明问题,语言是否准确。分析清楚了,演讲稿也就在演讲者的头脑中留下了一个大概的轮廓,然后再逐字逐句记忆就容易得多。另外,通过对内容的分析,还可以对发现的问题及时修改和调整,使演讲稿日臻完美,对提高演讲的质量有很大的帮助。

（二）体会感情

古罗马哲学家贺拉斯曾说过：“你自己先要笑，才能引起别人脸上的笑容，同样，你自己得哭，才能在别人脸上引起哭的反应。”演讲既是一种信息的交流活动，也是一种情感交流活动。在写作中，演讲者已经将个人对文中所涉及的人和事的价值判断、感情判断等意识观念融入文字中，整个演讲稿蕴藏着演讲者个人浓厚的思想情感。演讲者要将演讲稿中的这些情感准确地表达出来，在背记稿件的过程中就要进一步去体会其中的情感因素，不仅要体会演讲稿中的爱与恨、喜与悲，还要深刻领会这些情感背后的思想基础。只有准确地体会和把握了这些情感因素，演讲者在演讲中才能将其中的欢乐、悲苦、忧愁、愤怒发自内心地表达出来，而不是毫无思想基础地装腔作势、虚情假意，也不是空洞苍白、口号式地叫喊。只有将演讲稿中细腻的情感把握准确，融汇到自己的思想中，演讲中抒发的情感才是真实感人的，才能感染和打动听众。反之，如果对演讲稿的情感内涵体会不深，演讲中难免会出现漫无节制的感情宣泄。这种失控的感情抒发演变成虚伪的感情表演，不仅令听众厌烦，也会失去听众的信任。

林肯既是美国总统，也是闻名遐迩的演说家，他从年轻的时候就开始从事演讲活动，为他最后赢得总统职位打下了坚实基础。美国内战爆发后，林肯每日忙于指挥战争，但他仍然经常向公众发表演讲，表达自己的政治观点，争取更多的民众支持政府。虽然每日忙于处理国事，但他始终坚持自己撰写演讲稿。并且，如果有时间，他还会一遍遍揣摩演讲稿，再在白宫的工作人员面前试讲，让大家提意见。有时在演讲的前一天，他还会再次推敲、修改，反复体会，直到满意为止。所以，人们所看到和听到的林肯演讲，都是经过精心打磨的，浸透着演讲者的心血。

（三）把握脉络

演讲稿写作时，内在的层次分明，所以，演讲者在记忆演讲稿的时候就要努力去把握其中的层次，掌握它的开头、主体、结尾，同时也要把握住它的逻辑线索和情感线索，只有把层次记清楚了，稿件的整个脉络把握住了，才有利于演讲者对演讲整体的驾驭，有助于演讲者在演讲中遇到意外或其他特殊情况时进行调整和取舍。不少有经验的演讲者已经能够很好地驾驭演讲语言,因此,在记忆稿件的时候,他们的侧重点就是把握演讲稿的脉络,记住稿件的层次、逻辑线索和情感线索,在实际演讲中,他们往往只要记住这些脉络性的材料,就能自如地在现场发挥。相反,如果演讲者只是一味机械记忆演讲稿,不能很好地领会和把握演讲的层次、脉络和各部分的逻辑关系,那么,演讲中一旦遇到一些意外情况,演讲者就会陷入混乱之中,语脉被打断,很难再回到原先的演讲中,局面就会失控。

(四)内化讲稿

从准备演讲稿到登台演讲就是一个由内向外,再由外向内,再由内向外的反复进行的过程。首先是在头脑中构思,然后以语言文字为载体写成讲稿,这是第一个由内向外的过程;接着就是将客观存在的讲稿内化为演讲者头脑中的讲稿,这是一个由外向内的过程;最后演讲者面对听众,将记忆在头脑中的讲稿表达出来,这又是一个由内向外的过程。

内化讲稿,就是将已写成的演讲稿重新消化吸收,使之成为自己的思想感情,演讲中所要说的都是自己的心声,所表达的思想是自己的思想,所抒发的情感是自己的情感,而且这个内化过程绝不单是在构思、写作演讲稿的水准上徘徊,而是经过了演讲者的重新思考、审视、研究,使有些内容沉淀,有些内容升华,最后使演讲稿达到了一个新的境界,这才是内化的真正目的。有人说,演讲的过程是对演讲稿的再创作,这点是肯定的。演讲稿是演讲者某一个时段的思想的表现,在记忆演讲稿的过程中,演讲者对演讲内容的理解和认识也在不断升华,这是对原始的演讲稿的第一次再创作。在实际演讲中,随着演讲者与听众的交流不断深入,演讲者会产生新的灵感和新的认识,这是对演讲稿的第二次再创作,也是对演讲稿的又一次升华。

(五)脱稿试讲

古罗马哲人塞涅卡有句谚语:“在向别人说些什么之前,首先要把它说给自己听听。”试讲是演讲前必不可少的一个准备环节,对经验不足的人来说,这个环节尤为重要。宋朝大理学家朱熹在《读书之要》中说过,凡读书,需要读得字字响亮,不可误一字,不可牵强暗记,而且要“逐句玩味”

“反复精详”“诵之宜舒缓不迫,字字分明”。他还说:“大抵读书,须先熟读,使其言皆若出于吾之口;继以精思,使其言皆若出于吾之心,然后可以省得尔。”朱熹说的虽是读书方法,但这种方法很适用于试讲。首先,试讲的第一个步骤就是反复朗读演讲稿,也要“逐句玩味”“反复精详”,只有这样,才能将演讲稿真正化为自己的语言,也就是“使其言皆若出于吾之口”;其次是要将演讲稿的内容内化为演讲者的思想,反复琢磨,反复研究,“使其言皆若出于吾之心”,这个试讲过程就是将演讲者口中说的与心里想的高度统一,从简单的内容记忆升华为理解性的记忆。

演讲家普拉格介绍自己的试讲经验时说:“在淋浴时练习演讲或者是在脑海中练习的效果要好于在镜子前练习的效果,后者比较容易令人分心……不过你还是需要出声练习,最好能有一小群观众。”另外,他说试讲时不要使用“呃”“所以”“比如”之类的词语。试讲的方法很多,既可像林肯那样对着树桩或成行的玉米反复训练,也可像孙中山那样对着镜子反复揣摩。一般来说,试讲先是自己一遍遍读演讲稿,在熟读的基础上再尝试脱稿演讲,最后,模拟真实演讲环境,在他人面前试讲,听取他们的意见,反复修改内容,合理设计演讲的动作、表情和姿态,确定好演讲的情感表达等。演讲者通过试讲,不仅可以较为透彻地了解自己的演讲风格和演讲水平,也可以发现实际演讲中可能出现的纰漏和疏忽,以便及时采取相应的措施。另外,还可以进一步加深和巩固演讲的内容,使演讲更顺畅、自然、纯熟。试讲的过程,就是把记熟的内容外化的过程,使谙熟于心的无声的东西变成抑扬顿挫的有声语流。试讲也是消除紧张感和对演讲稿不断修订的过程。

二、记稿的技巧

记稿的方法有很多,每个演讲者在经过一定时间的实践后,都会找到一种适合自己的记稿方法。在此之前,演讲者还是要掌握一些行之有效的记稿技巧,以便能够更好地从事演讲活动。

(一)提纲记忆

提纲记忆又称整体记忆。心理学家认为:思想和言语的表达有不可分割的联系，前者是后者的基础，而后者是前者的转化形式。一篇好的演讲稿，总是有明确的思想内容和鲜明的主题的。因此，记忆演讲稿，首先要从意义入手，把握主题和中心思想，找出各部分"意义的据点"，提纲挈领，在此基础上记忆全篇演讲稿内容就容易得多了。其核心就是抓住演讲稿的大体内容，只记讲稿的"骨架"。不同类型的演讲稿可以采用不同的记忆方法。例如，在记忆议论型的演讲稿时，可以从内容和结构方面展开记忆，按照"提出了什么问题""采取了哪些分析的方法""提出了哪些解决问题的办法和思路"这样的线索，提纲挈领地进行记忆。再如，在记忆叙事型演讲稿时，一般都离不开事件发生的时间、地点、原因、结果、个人认识等要素，记忆时，将上述要素进行排列，或是以空间为线索，或是以时间为线索，在大脑里形成一个完整的逻辑链，就能快速、高效地记忆讲稿内容。通过这种记忆，可以使演讲脉络特别清楚，条理性很强，而且能够恰当地将整个演讲分为几个部分。

（二）口诀记忆

口诀记忆是把复杂的记忆内容编成一个简单的口诀来提高记忆效果的方法。这种方法可以缩小记忆材料的数量，把记忆材料分成组块来记忆，加大信息浓度，增强趣味性，不但可减轻大脑的记忆负担，而且记得牢，避免遗漏。

心理学研究表明，人的短时记忆容量是非常有限的，通常是5—9个记忆单元，这在心理学上被称为"组块"。一个字母可以被看作一个组块，一个单词、一个词组也可以被看作一个组块，一个句子也可以被看作一个组块。组块内部的信息不是各自独立的，而是相互联结的，如果善于把记忆材料分成适当的组块，就能够大大提高记忆效果。口诀记忆法就是组块记忆的一种形式。例如，中国的二十四节气歌就是组块记忆一个特别好的例证："春雨惊春清谷天，夏满芒夏暑相连。秋处露秋寒霜降，冬雪雪冬小大寒。每月两节不变更，最多相差一两天。上半年来六、廿一，下半年是八、廿三。"本来二十四节气很难记忆，而且在记忆的过程中很容易漏掉某个节气，但是将二十四节气编成一首小诗，记忆起来就十分容易了。

（三）理解记忆

理解记忆顾名思义就是在理解的基础上记忆，而不是死记硬背。理解记忆的效果如何,依赖于学习者对材料理解的程度。总的来说,理解记忆的效果优于机械记忆,尤其是在记忆一些有意义的内容时。心理学家艾宾浩斯在做关于记忆的实验时发现:为了记忆住 12 个无意义音节,平均需要重复 16.5 次;为了记住 36 个无意义章节,需重复 54 次;而记忆 6 首诗中的 480 个音节,平均只需要重复 8 次。这个实验结果也告诉我们,理解可以增强记忆效果,死记硬背是费力不讨好的。我们在记忆演讲稿时应遵循“先理解,后记忆”的要求,对演讲稿的内容认真分析,充分理解内部的层次关系和思想内涵,在此基础上开展记忆,就会收到很好的效果。当然,理解和记忆是相辅相成的,演讲者也不能认为自己理解了材料就放弃记忆了,这样,同样不会达到好的记忆效果。

(四)联想记忆

联想记忆就是将各种各样的主题与一系列相关的实物联想在一起。这种记忆方法可以追溯到古罗马哲学家、政治家和演说家奇切罗。今天,古罗马广场遗址的导游会告诉游客,奇切罗及其同代人是如何不依靠任何笔记滔滔不绝讲上几小时的。那个时代的罗马演说家还没有纸张,于是,他们将广场上的大理石柱当作“记忆触发器”。每根柱子代表一个主题及其相关内容。演说家在发表演讲时,会从一根柱子踱到另一根柱子,从一个主题换到另一个主题,利用某个具体形象提示演讲者想起相关内容。这种记忆方法又不断演讲,形成了颇为流行的“罗马房间”记忆法。在这种记忆法中,演讲者在房间里看到的实物起到了古罗马广场上大理石柱的联想作用。

(五)形象记忆

形象记忆是以感知过的事物形象为内容的记忆。通常以表象形式存在,所以又称“表象记忆”。它是直接对客观事物的形状、大小、颜色、声音、气味、滋味、软硬、温冷等具体形象和外貌的记忆,直观形象性是其显著的特点。形象记忆按照主导分析器的不同,可分为视觉的、听觉的、触觉的、味觉的和嗅觉的等等。人的形象记忆发展的水平受社会实践活动制约,如音乐家擅长听觉形象记忆,画家擅长视觉形象记忆。

画图记忆是记忆演讲稿的一种办法。图画是具体形象化的作品,最便于记忆,尤其是自己画的图画。每次演讲稿的内容都可以用图画表示,画好后,排好顺序,仔细看看,记住顺序。演讲时,这些图画就会依次清晰地浮现在脑海里了。这个办法符合记忆特性,而且简单易学。

记忆的方法还有很多,演讲者可以根据自己的兴趣和爱好有意识地去选择,当然,也可以多试试,综合使用,不断提高自己的记忆水平。演讲是项专业性工作,在自己摸索前行的同时,也要接受专业培训,特别是记忆方法的培训。比如,20世纪70年代中期,英国前首相撒切尔夫人的助手就给她请过语音教师。总之,只要我们做个有心人,就一定能够成为一位优秀的演讲者。

思考题

阅读下面的演讲稿,然后回答问题。

在伯尔尼国际群众大会上的演说

列宁

同志们!欧洲大战逞狂肆虐已经一年零六个多月了。战争每拖长一月,每拖长一天,工人群众就更加认清齐美尔瓦尔德宣言说的是真理:"保卫祖国"之类的词句不过是资本家骗人的话。现在一天比一天显得更清楚:这是一场资本家、大强盗的战争,他们之间所争吵的不过是谁能分到更多的赃物,掠夺更多的国家,蹂躏和奴役更多的民族。

说起来似乎令人难以置信,特别是对于瑞士的同志们,然而这一点却是千真万确的,这就是:在我们俄国也一样,不但血腥的沙皇政府,不但资本家,而且有一部分所谓的社会党人或过去的社会党人,也说俄国进行的是"防御性战争",俄国不过是抵抗德国的入侵。其实全世界都知道,沙皇政府压迫俄国境内人数达一亿以上的其他民族已经有好几十年,俄国对中国、波斯、亚美尼亚和加里西亚实行强盗政策也已经有好几十年了。无论是俄国、德国或其他任何一个大国,都没有权利谈什么"防御性战争",因为一切大国所进行的都是帝国主义的、资本主义的战争,强盗的战争,压迫其他弱小民族的战争,保证资本家利润的战争,资本家可以从群众水深火热的处境中,从无产阶级的流血牺牲中榨取亿万纯金的收入。

4年以前,1912年11月,当战争显然日益逼近的时候,世界各国的社会党人的代表在巴塞尔举行了国际社会党代表大会,那时已经无可怀疑:即将到来的战争是大国之间、大强盗之间的战争,战争的罪责应当由所有大国的政府和资本家阶级承担。全世界的社会党一致通过的巴塞尔宣言也公开说出了这个真理。巴塞尔宣言没有一个字提到"防御性战争",提到"保卫祖国"。它一无例外地抨击所有大国的政府和资产阶级。它公开说,这场战争是最大的犯罪行为,工人认为互相残杀是犯罪行为,战争的惨祸和工人对此的愤慨,必然引起无产阶级革命。

后来战争真的爆发了,于是大家都看到,巴塞尔宣言对这次战争性质的判断是正确的。但是,社会党组织和工人组织并没有一致地照巴塞尔决议办,而是发生了分裂。现在我们都看到,世界所有国家的社会党组织和工人组织都分成了两大阵营。一小部分人,就是那些领袖、干事和官吏,背叛了社会主义,站到各国政府一边。另一部分人,包括觉悟的工人群众,则继续聚集自己的力量,为反对战争、实现无产阶级革命而斗争。

这后一部分人的观点也反映在齐美尔瓦尔德宣言里。

在我们俄国,从战争一开始,杜马中的工人代表就坚决进行了反对战争和沙皇君主政府的革命斗争。彼得罗夫斯基、巴达耶夫、穆拉诺夫、沙果夫、萨莫伊洛夫这5位工人代表散发了反对战争的革命号召书,大力进行了革命鼓动。沙皇政府下令逮捕了这5位代表,对他们进行了审判并判处他们终身流放西伯利亚。这些俄国工人阶级的领袖已经在西伯利亚受了好几个月的折磨,但是他们的事业并没有被摧毁,全俄国觉悟的工人正按照原来的方向把他们的工作继续进行下去。

同志们!你们在这里听到各国代表介绍了工人如何进行反战的革命斗争。我只想给你们再举一个最大、最富的国家即美国的例子。这个国家的资本家现在由于欧洲大战而得到巨额的利润。他们也在鼓动战争。他们说,美国也应当准备参战,应当向人民榨取亿万金钱用于新的军备,用于无穷无尽的军备。美国的一部分社会党人也响应这种骗人的、这种罪恶的号召。但是我要把美国社会党人的最有声望的领袖、美国社会党的共和国总统候选人尤金·德布兹同志写的一段话念给你们听一听。

在1915年9月11日美国的《向理智呼吁报》(《*Appeal to Reason*》)

上,他说道:“我不是资本家的士兵,而是无产阶级的革命者。我不是财阀的正规军的一员,而是人民的非正规军的战士。我拒绝为资本家阶级的利益作战。我反对一切战争,只有一种战争除外,只有这样一种战争我是衷心拥护的,那就是为社会革命而进行的世界战争。如果统治阶级终归要挑起战争的话,我准备参加这种战争。”美国工人爱戴的领袖、美国的倍倍尔—— 尤金·德布兹同志就是这样向美国工人讲的。

同志们,这又一次表明,在世界上所有的国家里,工人阶级确实在准备集聚力量。人民在战争中遭受着难以想象的灾难和痛苦,但是我们不应当也没有任何理由对将来悲观失望。

在战争中牺牲的以及由于战争而丧生的几百万人,是不会白白地死去的。千百万人在挨饿,千百万人在战壕中流血牺牲。但是他们不但在经受苦难,而且也在集聚力量,在思索战争的真正原因,在锻炼自己的意志,在得出愈来愈清楚的革命的认识。在世界上所有的国家里,群众的不满情绪都在日益增长,风潮、罢工、游行示威和反战的抗议运动都在不断高涨。对于我们,这就是保证,保证反对资本主义的无产阶级革命一定会随欧洲大战之后而到来。

1. 请认真阅读和揣摩这篇演讲稿,然后试着脱稿当众试讲,并用恰当的语气表达。

2. 从表达的策略来说,你认为该演讲稿的特点是什么?

第七章　演讲的现场艺术

获得是一种满足,给予是一种快乐。

——汪国真

当完成了演讲前的所有准备工作之后,演讲者就要开始正式登台演讲。写好了演讲稿,试讲顺利,演讲者自己也较为满意,是不是一定能在演讲现场发挥得好呢?回答是否定的。因为演讲的时空环境较为复杂和特殊,不同于平日一般的社会活动,演讲者面临的对象往往是生疏的、频繁变换着的听众,演讲现场情况也千差万别;加之,演讲者往往是受邀而来,承担着邀请方赋予的某种任务,因而,还会承受一定的心理负担。所以,在演讲的现场,演讲者要把自己精心准备的内容充分展示给听众,还必须掌握必要的现场处理的技巧,这样才能根据现场的情况变化,对演讲的内容、方法和突发情况做出及时应对和处理,保证演讲的顺利开展,较为圆满地完成演讲的任务。

第一节　克服怯场

国外心理学家曾在 3000 人中做过一次心理测试:你最担心的是什么?结果,答案五花八门:死亡、双目失明、丧失亲人、患病、面容被毁、离婚等。令人吃惊的是,约有 40% 的人认为最令人担心也最令人痛苦的事是在大庭广众之下演讲。演说家卡耐基也曾经做过一个调查:你最希望从演讲训练课中获得什么?调查发现,大多数人的回答是这样的:当人们要我站起来讲话时,我觉得很不自在,很害怕,使我不能清晰地思考,不能集中精力,不知道自己要说的是什么。所以,我想获得自信,能泰然自若,能随心所欲地思考,能依逻辑次序归纳自己的思想,能在公共场合侃侃而谈,让人信服。

对以上两个调查的结果分析发现,怯场是人们当众说话的普遍障碍。所以,对于大多数演讲者来说,登台演讲过程中出现怯场的心理不足为怪,即使是世界上第一流的演讲家也不例外,特别是刚从事演讲的时候,怯场的情况司空见惯。

古罗马著名的演说家西塞罗也曾说过:"演讲一开始我就感觉自己面色苍白,四肢和整个心灵都在颤抖。"演说家丘吉尔每次演讲都会感到"心窝里似乎塞着一个几寸厚的冰疙瘩"。由此可见,无论谁都不是天才的演讲家,谁都可能在面对听众时怯场,这是一种非常正常的生理反应和心理现象。当然,这种生理和心理反应不是不治之症,它是可以通过一定的训练来克服的。谁克服了怯场,谁就打开了演讲成功的大门。

一、怯场心理产生的原因

几乎100%的人对登台说话都有一种恐惧感,甚至有些人在台下口若悬河、滔滔不绝,一上台,就口干舌燥、面红耳赤、言不由衷、声音哆嗦、表情僵硬又尴尬,内心有一个赶紧下去的念头。怯场是一种心理障碍,它的产生既有主观因素,也有客观因素,主观因素是导致怯场的主要原因。

(一)准备不足

演讲为一项复杂的智力活动,演讲者需要精心准备,包括演讲材料的准备、演讲稿的准备、对演讲稿的分析和内化、试讲等等。这些准备内容缺一不可。

演讲是否有充分的准备,其效果是大不相同的。演讲界有一种通俗的说法:未做准备而对人演讲,无异于以裸体示众。林肯也说过:"即使是有实力的人,若缺乏周全的准备,也无法做到有系统、有条理地演讲。"在演讲前,演讲者如果对观点和材料深思熟虑、反复熟记,并对情感的表达方式做必要的设计,对临场可能出现的特殊情况做好思想准备,那么就会胸有成竹,从而产生一种安全感。

有些演讲者认为自己都按照要求做了充分准备,为什么还会怯场呢?

有这种想法的演讲者应该再仔细回顾一下自己的准备过程是否到位。中国有句俗话叫“胸有成竹”,心里有竹,到什么时候都能应对自如。如果我们在演讲中产生怯场的心理,首先应该想到的是自己的准备有没有到位。准备充分和准备充足是有差异的。准备充分是指按照某件事的基本程序和要求完成准备工作,这种准备对一般的工作来说基本可以满足,但对演讲这种复杂的智力活动来说,准备充分是不够的,应该是准备充足。充足的意思就是除了满足必要条件外,在现有的基础上还要多准备材料,这样才能更好地应对演讲中产生的各种情况。

演讲过程中有许多事是不可预测的,需要在事先做好多方准备。所有演讲者出现怯场心理的首要原因就是准备不充足。一旦遇到突发事件,手忙脚乱、束手无策是必然的。有一次,某位专家应邀到一所高校做学术演讲,这个演讲对于他来说得心应手,他已经在很多地方做过,应该说是没有任何问题的。专家本人也信心满满。然而,演讲刚开始不久,他突然发现坐在前排的听众中有一位是对他的学术观点一直持异议的学者,这位专家的心里马上就慌了,他生怕这位学者当场和他发生争执。心里一慌,说话就有些不利索,对自己的学术观点的阐述也不那么精辟,害怕有人挑毛病,结果,这场演讲根本没有发挥出专家应有的水平,反而出现了几个低级的错误。试想:这位专家在演讲前如果多推演一下可能出现的现场情况,他就不会一遇到对手在场就发慌。究其根本,就是演讲者过于自信。从演讲的几个步骤来说,他准备得的确很充分,而且已经做了几场成功的演讲,但是,他只关注了演讲的一般性程序,忽略了演讲现场的复杂性和不可预测性,这方面一点都没有准备,所以,出现了问题自然慌乱。

(二)缺乏信心

爱默生说过:“恐惧较之世上任何事物更能击溃人类。”凡是有过演讲经历的人都有过紧张、恐惧的体验,演讲者产生的恐惧心理,很大一部分来自缺乏自信。前面的章节我们讲到的演讲者的基本素质中有一条就是具备自信心。自信不是自大,也不是自夸,更不是光是嘴上说,心理却很担忧。缺乏自信的原因有三个方面:一是准备不足,这是客观原因。因为准备不足,容易忘记演讲稿的内容,再加上演讲环境较为严肃,内心的压力陡然增加。二是对自己的能力有所怀疑。一些人总认为自己的口才不好,在公众面前说不好话,长此以往,就形成了一种心理定式,或者说是心理暗示,只要一上场就会紧张,就会害怕。三是太在意听众的评价,这是造成怯场心理的主要因素。现代心理学认为,在任何存在评价的场合,人们一般很难发挥自己原有的水平。在演讲中,由于评价是单向的,也就是说听众在“裁判”演讲者,所以演讲者的忧虑更多,心理负担更重。有些人在小范围的圈内讲话比较自如流利,但人一多,他们就开始谨慎,因为他们害怕一旦出错或表现不佳,那么多人都知道了,过分的小心谨慎加大了怯场的可能和程度。某足球队曾有一个前锋,虽然他在门前的机会很多,可是每当机会来临的时候,他总是把球踢到门框外面去。事实上,有许多球,他只要一蹭就能进门,他把球打到门外面去比打进门难度大多了。时间长了,他已经对自己失去了信心,射门时总是被失败的恐惧所左右,最后不得不结束足球生涯。心理学上把这种因为过度专注于结果和他人的反应而患得患失的心态称为瓦伦达效应。

尼克松是我们极为熟悉的美国总统,但就是这样一个大人物,因为一个缺乏自信的错误而毁掉了自己的政治前程。1972 年,尼克松竞选连任。由于他在第一任期内政绩斐然,所以大多数政治评论家都预测尼克松将以绝对优势获得胜利。然而,尼克松本人却很不自信,他走不出过去屡次竞选的失败。这几次的竞选失败给尼克松留下了深刻的心理阴影,他极度担心再次出现失败。在这种潜意识的驱使下,他鬼使神差地干出了后悔终生的事。他指派手下的人潜入竞选对手所在的水门饭店,在对手的办公室里安装了窃听器。事发之后,他又连连阻止调查,推卸责任,在选举胜利后不久便被迫辞职。本来稳操胜券的尼克松,因缺乏自信而惨败。

上述两种原因基本都是同时存在的,相互影响,形成叠加效应,给演讲者造成巨大的心理压力和负担,虽然经过了较长时间的准备,但越临近演讲的时间就越担心,到了演讲现场,这种担心就转化为怯场。一些演讲者常常因为怯场而没有发挥出自身应有的水平,从而导致失败。正如一位心理学家说:“如果你总是预测注定的失败和灾难,你几乎永远会得到这样的结果。”自信心的缺乏束缚了个人潜能的发挥。

(三)排斥心理

在演讲中,听众对演讲者还存在着一种排斥心理,而这种心理的存在,也给演讲者带来了极大的精神压力,是造成怯场的又一原因。

首先,听众对演讲者存在一种“角色期待”。演讲的效果不仅与演讲的内容有关,而且与演讲者的身份有着密切的关系。当演讲的内容、语言与演讲者的身份保持一致时,听众会对演讲的内容产生认同感,形成共鸣;反之,演讲效果就会大打折扣。如左拉的《在莫泊桑葬礼上的演说》开头说道:“请允许我以法兰西文学的名义讲话,作为战友、兄长、朋友,而不是作为同行向吉·德·莫泊桑致以最崇高的敬意。”左拉声称自己是以“法兰西文学的名义”和以“战友、兄长、朋友”的身份,向莫泊桑“致以最崇高的敬意”,并称赞莫泊桑道:“啊!明晰,多么清澈的美的泉源,我愿看到每一代人都在这清泉中开怀畅饮!我爱莫泊桑,因为他真正具有我们拉丁的血统,他属于正派的文学伟人的家族。”左拉作为法国文学的代表性人物,他以“法兰西文学的名义”向莫泊桑表达敬意,以及对莫泊桑的成就进行评价是符合自己的身份和地位的。这篇“情动于衷而形于言”的即兴演讲,引发了听众在感情、认知上的强烈共鸣。试想,换成一位非文学界的名流或是一位普通的人,他用这种语气和内容来评价莫泊桑一定会让在场的听众产生排斥和不信任的心理。

一般说来,演讲者总是以特定的身份进行演讲,而听众也总是带着角色期待的心理来听演讲的。作为演讲者,不仅通过他讲述的内容去征服听众,而且他自身的身份也在无形之中影响着听众,产生着作用。而听众在接受演讲的内容时,又总是和演讲者的身份结合在一起加以理解的。听众还要把演讲的内容和演讲者的身份进行比较,寻找其中的内在联系。换言之,如果演讲的内容和演讲者的身份一致,他们听起来会更容易理解和接受。如果演讲的内容和演讲者的身份不一致,或者相去甚远,听众认定这个角色不该或者不能讲出这些内容,他们就会从内心产生排斥心理,甚至否定演讲者的演讲内容。

其次,演讲者的身份与演讲题材有时出现不协调的情况,这是造成听众排斥心理产生的另一个原因。演讲者的身份主要是指演讲者的职务、地位,以及年龄、文化、经历、性格等,听众往往将上述要素一并加以考虑,以此来判断演讲者与演讲题材是否协调。身份与一个人的经历有着密切的关系,它可以作为演讲的背景,制约一个人演讲的内容、形式、格调和语言。例如,听众对一个年长的演讲者与一个年轻的演讲者就有着不同的要求和标准。身份还表明一个人的文化背景，一位专家、学者和一位普通的人的演讲，在内容上和选题上就应该有所不同。演讲者演讲的题材、看问题的视角、信息内容等都应与他们的身份大体相称，这样演讲才会产生预期的效果。所以，演讲者不应该盲目追求与自身身份不相符的题材，量力而行，否则，自己拿不准，事与愿违，也给自己带来巨大的精神压力。

二、克服怯场的方法

心理学家认为，人类有一种天生的应付环境中不寻常挑战的能力。因此，怯场并不是无法克服的，只要掌握必要的方法，经过系统的训练，就可以从怯场的阴影中走出来，从而以一颗平常的心面对听众，从容地完成自己的演讲。

(一)减轻压力

在演讲时紧张和有压力，在很大程度上使演讲者感到演讲是一种“威胁”。这部分演讲者非常在意听众的评价，害怕不好的评价会对自己的名誉、形象产生负面影响。要消除这种紧张感，唯一的办法就是减轻这种“压力”。

首先，演讲者必须选择自己熟悉的内容来讲。有人说：“恐惧皆衍生于无知与不确定。”只有最熟悉的东西才是你讲起来最省力的内容，也是自己最有独到见解的内容。这比选择一些陌生的内容来说有把握得多，成竹在胸，压力自然会减轻。选择熟悉的内容来讲还有一个好处，就是如果在演讲中忘记了稿件内容，或是有听众提问，由于这些内容早已储存在自己的记忆中，演讲者可以轻松自如地应对。但有些演讲者不大重视这个问题，他们只注重演讲内容的当下性，很少关注这些内容是否已经超越个人的认知和能力范围，轻易接受邀请，尽管也做了很多准备，但毕竟没有关于这些内容的长期积累，到了演讲时，总也脱不开讲稿的内容，不敢也没有能力扩展演讲内容，缩手缩脚，生怕出现闪失。“熟能生巧”，这是演讲者要牢牢记住的一句话。如果让一位以互联网营销为核心的商业人士做一场关于互联网技术的科技演讲，恐怕他就不会像他讲创业、讲营销理念、讲成功学那么潇洒自如了。每个人都有所长，也都有所短。对于演讲者来说,选择演讲内容和主题就要发挥自己所长,这是演讲成功的基石。

其次,演讲者要做好充足的准备。一个人信心的建立不是靠意念,而是靠实力。即便演讲的内容是自己非常熟悉,甚至是讲过很多遍的东西,也不可掉以轻心。充足的准备包括两个方面内容:

一是精神上的准备。每一次演讲所面对的听众都是不同的,即使内容相同,听众不同,演讲的方式、方法也要有所调整。比如,一位应急管理的专家分别给政府管理部门和高校做《突发事件的处置》演讲,内容上除案例体现了两类单位特点之外,其他基本不变。但是,演讲者不能只做到这点,还必须考虑到政府部门的官员和高校的行政人员的思维模式、处理问题的方式,以及相关的法规制度上的不同。如果忽略了这些内容,在演讲中很可能会出现与具体环境不相符合的情况。像高校在处理突发事件时的上报程序与政府部门的申报程序和办法就有很大不同。所以,演讲者要在思想上高度重视演讲可能会遇到的方方面面的问题,精神上要有所准备。

二是材料上的准备。演讲人在演讲稿的写作过程中已经搜集和准备了一部分材料,这些材料有些写进了演讲稿,有些是备用的。充足的材料往往包括正反两面的内容,正反两方面的材料可以让观点更鲜明。在材料的准备上要做到多、精、准。“准”指的是材料的内涵要与主题切合,要能充分表现主题,这样的材料多多益善。特别是故事性材料准备得多些,听众爱听,而且能够活跃演讲气氛。“精”与“多”不是矛盾,这里谈到的“精”是指材料的典型性,典型性的材料能够带给听众更多的共鸣和震动。如果我们准备好了充足的材料,那么,演讲者的内心就有了更多的把握,压力就会得到一定的释放,演讲者就有树立起更多的信心迎接挑战。有人主张材料的准备少而精,如果是写进演讲稿的材料可以以此为依据,但是,真正到了演讲中,如果头脑中准备的材料不多,特别是类型单一,就会给演讲者带来巨大压力。一方面,演讲中一旦出现忘稿的现象,如果准备的材料比较充足,演讲人可以从储存的材料中临时调取,从容应对,同时,在分析和论述材料的过程中又可以逐渐回忆出原有的材料。另一方面,一些人由于过于紧张,语速加快,演讲的时间被压缩,这个时候可以再把准备好的其他材料拿出来多讲些,不仅能延长时间,而且也能丰富演讲内容,更重要的是在讲述中让演讲人逐步摆脱紧张,找到自信。

(二)心理抵御

心理学家威廉·詹姆斯教授曾说:“我们失去了原有的自然的欢乐,那么,通往欢乐的方法,即是快快乐乐地站起来说话,表现得好像欢乐就在那里。如果这样的举动不能让你觉得快乐,那就别无良方了。所以,感觉勇敢起来,表现得好像真的很勇敢,运用一切意志达成那个目标,勇气就很可能会取代恐惧感。”詹姆斯的劝告对演讲非常有用。演讲者面对观众时,不妨就表现得好像真有勇气一般。这就是心理学上说的“心理暗示”,通过自我暗示,在演讲者心里筑起一道坚实的“城墙”,可以有效地防止怯场心理的“入侵”,以此战胜怯场。首先,演讲者可以在演讲前反复对自己说:“我准备得很好,我一定能够成功!”“别人能讲好,我也一定能讲好,其实演讲也并没有什么可怕的!”诸如此类的话,反复说,反复给自己打气,增强自信心,迫使自己战胜怯场,预先在心里筑起一道防御怯场的围墙,这种方法对许多经验不足的演讲者来说非常有效。

其次,可以通过情绪的调整来冲淡紧张和恐惧心理。越掩饰,越紧张。紧张不安时,不妨承认:“我好紧张啊!”即使心中很紧张,也绝不掩饰,公开地袒露心中的压力状态,这样可以一点点释放紧张的心情。如果紧张心情仍然出现,也可以试着这样自我安慰:“唉,刚好又开始紧张了。如果一个人对于在众人面前亮相已经完全习以为常,没什么感觉与反应,那就完了。幸好,今天还是会紧张,心跳个不停,真是好极了。”这种带有一点自嘲式的暗示可以巧妙地缓和紧张情绪,只要紧张情绪一冲淡,就可以大胆开口说话了。

再次,许多舞台经验相当丰富的戏剧演员,在开幕前仍然会激动紧张。其实越有经验的人,他们的观察力也越强,对于环境及周围的人也越敏感。他们的紧张也是一种对于环境的恐惧和对自身信心不足的表现。当遇到同样的情况时,首先,要保持清醒的头脑,要清楚自己是讲话者,形象对听众的影响至关重要,千万别把自己逼入自己制造的模子当中,让自己看起来像个木偶。

最后,注意避免与人攀比的心理。有些演讲者喜欢将自己与他人相比,特别是同台演讲的时候,这种心理更强烈。其实,每个人都应该知道这样的道理:不是所有演讲都一定会成功。我们对自己最合适的要求就是“尽人事,听天命”,学会总结,战胜自我,放下压力,一往无前。如果能达到庄子所提倡的“无我”之境,完全忘记名利得失、成败荣辱,只将应该准备的、应该讲的内容熟记于心,适当表达,演讲效果可能会更好。一些演讲者喜欢拿自己和其他的高水平演讲者相比,在羡慕和佩服的同时,也希望自己能达到或超过他们的水准。对自己要求高无可厚非,但是,也要清楚演讲的才能和其他才能一样,不是一下子就能训练出来的,那些口才好的人之所以有如此高的水准,是因为他们一直坚持不断地练习,逐步提高,要有一个艰苦训练的过程。这种攀比的心理作祟,演讲者的心理会发生扭曲,不仅对提升演讲水平无济于事,反而影响原有水平的发挥,心里更加紧张。演讲者在不同的演讲环境下都要保有一颗平常的心态、学习的心态,在听别人演讲的时候多注意观察他人的演讲技巧和表达手段,多体会,多揣摩,取长补短,树立一种永远在学习中的理念,心态自然回归平衡。

(三)心境调节

在演讲的准备阶段,演讲者始终处于一种紧张的精神状态。从确定主题,到查找资料,再到演讲稿的撰写和一遍一遍的试讲,在体力和精力上已经疲惫不堪。所以,演讲前进行必要的心境调节是演讲成功的保证。心境调节可以从两个方面开展:一是在演讲前的一天,不要再忙于准备演讲的工作,而应冷静下来,把头脑放松一下,或听听音乐,或读点休闲的书籍,或进行户外运动,尽量将自己的关注点转移到其他方面,保持轻松、愉快的心态,这样,第二天进行演讲就不会有太多的紧张感。二是在登台前可以采用一些物理性调节方法。首先,适度的深呼吸有助于缓解紧张、焦躁、烦闷的情绪。具体来说可以运用深呼吸法进行心理和生理调节。演讲者全身呈放松状态,目光转移到远方景物,做缓慢的腹式深呼吸,根据情况做五到十次,甚至更多次。另外,可以采用均衡肌力的方式减轻压力,就是有意识地让身体某一部位的肌肉有规律地紧张和放松,如:可以先握紧拳头,然后松开;也可以固定脚掌,先做压腿动作,然后放松。如果演讲者在登台前紧张过度,出现浑身肌肉紧缩、紧绷的现象,演讲者可以设法使自己的胸部、胳膊、腿部的肌肉交替放松,比如,如果演讲者是坐着的，可以换个坐姿，或者是握紧双拳，握得不能再紧之后放松，这样反复练习，多做几下，身体就会慢慢放松下来，紧张的情绪慢慢被释放出来。有一些主持人摸索出了一条消除紧张的办法：每当紧张的时候，用力地掐自己，就能马上分散或转移注意力。

在刚刚登台的时候，还可以采用说“闲话”的方式来调节心境。演讲者上台后，并不是马上直奔演讲，而是先和听众做一个互动，说点“闲话”。所谓“闲话”就是题外话的意思。其实，演讲中的“闲话”不“闲”，它既可以消除现场的严肃气氛，为演讲者构建一个良好、和谐的演讲氛围，也可以让演讲者的精神获得放松，释放紧张情绪，给演讲者制造一段适应的时间，为顺利转入正式演讲奠定基础。许多有经验的演讲者都喜欢利用“闲话”来调节心境，营造良好的演讲氛围。

“闲话”不仅可以起到调节心境和气氛的作用，还可以激发听众的兴趣，让演讲者掌握演讲的主动权，轻松地开展演讲。余光中先生在长沙岳麓书院做题为《艺术经验的转化》的演讲，恰逢下雨，他开头就说：“今天我非常高兴也非常感动，能应邀来湖南访问十天，而且今天特别能来到千年学府岳麓书院跟大家见面。不过，今天的这个场面，一方面有电视转播，一方面现场放眼一看，好多朋友坐在风中、雨中，‘风也听见，雨也听见’。我非常感动有这么多朋友冒着风雨来岳麓书院参加这个场合，所以我要求我的朋友待会儿要为听众拍张照，我可以留作纪念，因为看下来好像我面对一个花园，都是青色蓝色的花朵。我一生演讲从来没有这样一个场面，可以说，一定是将来最值得记忆，然后我回到台湾去也最值得向我的朋友我的学生来形容的经验。今天上午好像要放晴的样子，结果后来又下雨了。后来，朱院长告诉我说，上一次余秋雨先生来演讲的时候，也是下雨……那么，两位余先生的演讲，都是要在风雨之中。不过，我觉得有点冤枉。因为余秋雨先生他自己就叫作秋雨，他碰到雨是应该的，我的名字叫光中，我没有看见阳光，只看见镁光。”余光中先生做学术演讲，看到听众打着伞来听讲，于是来了一段十分有趣的闲话。他将两个余先生的名字对照，巧妙解说，风趣横生，虽是一段闲话，却充满诗情画意，有形象色彩，有音韵节奏，有情意抒发，为严谨的学术演讲渲染了热烈的气氛，激发了大家在风雨中听讲的浓厚兴味。

克服怯场的方法还有很多，关键是演讲者要正视怯场的心理现象，这并不是什么可怕的事情,它是演讲者普遍面临的问题。有了正确认识,就可以采取正确的方法来克服。只要有毅力,有信心,就一定会战胜紧张,以轻松饱满的精神状态投入演讲中去。

第二节 现场控制技巧

在演讲现场,由于种种原因,现场气氛、现场秩序以及听众的情绪、注意力等随时都可能发生变化。演讲者为使演讲活动取得预期的效果,要采取得力措施,有效地驾驭现场气氛,使听众始终保持饱满的热情,始终高度集中注意力,使演讲活动始终朝着有利的方向发展。演讲者这种对演讲现场进行有效控制的技巧,就是现场控制技巧。现场控制分为主动控制和被动控制两种类型。所谓主动控制就是在演讲的一开始,演讲者就有意采取一些措施,使演讲的过程始终处于演讲者的预设效果之内;所谓被动控制指的是演讲过程中会出现一些意外现象的发生,超出了演讲者的预想,为了保证演讲继续进行,演讲者被迫采取相关措施进行干预。无论是主动控制还是被动控制,其目的都是帮助演讲者更好地完成演讲任务。掌握一些必要的现场控制技巧,对于提高演讲质量有着十分重要的作用。

一、主动控场

主动控场是指演讲者始终牢牢掌握住现场气氛的控制权,使听众保持高度集中的注意力和良好的精神状态。

(一)权威效应与精彩亮相

1. 权威效应

演讲是演讲者与听众互动的活动。演讲者处于主体地位,听众的情绪随着演讲的展开不断起伏,听众对演讲的反应程度又是演讲者调节自己表达方式的主要依据。对演讲的期待与听众需要的满足,是演讲者与听众心理相融的基本因素,而沟通两者的心理桥梁,正是信任与依赖。因此,如果演讲者享有较高的声望和信誉,可以激发听众对演讲的兴趣和期待,这是普遍的心理定式。它直接影响到听众的理解效果、情绪反应和演讲现场的气氛。

有人将物理学上的场域概念引入演讲中,他们认为在演讲的现场,演讲者与听众构成了一种“场”,这种场被命名为“演讲场”,这是在一个特定的环境中形成的由演讲者与听众、听众与听众互动的动态场域。演讲场中主要有三对互动因素:演讲者与听众互动、听众与听众互动、听众的个人积极因素与消极因素互动。事实上,在演讲场内,听众正是在这三个互动过程中,朝着演讲者所期待的目标或者相反的方向变化着。在这三个互动过程中,演讲者与听众互动起主要作用。如何让演讲更具吸引力,让听众与演讲者之间产生良好的互动关系呢?方法有很多,其中,演讲者的权威效应是增强演讲场吸引力的重要因素。演讲场的本质特征是相吸相斥,演讲者的吸引力越大,听众的排斥力越小,演讲者可以将场上的控制权牢牢掌握在自己手里。心理学家曾经做过一个有趣的实验:一位心理学教授在给大学生们上课时说,他聘请到一位世界知名的化学家,这位化学家发现了一种新的化学物质,这种物质具有强烈的气味,但对人体无害。然后,这位化学家登场,并将瓶中的化学物质拿给学生去闻,以此测试学生的嗅觉。结果,有一半的同学说他们闻到了味道。其实,瓶子里装的就是无色无味的蒸馏水,那位“化学家”也是心理学教授从外校请来的一位语言学教师。之所以有部分学生说闻到了味道,其实,就是权威效应对这些学生的心理产生了影响。他们先入为主,认为既然是著名的科学家,他在自己的领域就应具有绝对的权威,所以,他的话是可信的。这就是权威在某个场域中对周边人的影响力。

这种权威效应在演讲中更是无处不在,一些权威人士到一个地方发表演讲,经常人满为患。听众一方面是想一睹演讲者的风采,更多的还是想亲耳聆听他的成功感言或对某一方面的独到见解。权威人士身上的光环足以控制住听众的心理认知,但这种威信的形成并非一朝一夕之功,它取决于许多因素:社会舆论的重视、演讲者的社会地位和外部形象,同时也与听众的文化修养、欣赏水平有关。威信是演讲者德、才、学、识的综合体现,每一位权威人士都要倍加珍惜自己在公众心里的形象。但是,在现实中也有一些演讲的举办者和演讲者本人,利用这种权威效应,利用名人对听众心理上的控制,以此谋私利或是欺骗公众,这是对听众的亵渎,一旦被听众发现，这些所谓的名人们今后的公信力也就丧失殆尽。

2. 精彩亮相

并不是所有的演讲者都是名人或权威，那么，他们又该如何有效地控制场上的局面呢？精彩亮相，也就是演讲场的开场白成为普通演讲者吸引观众注意、抓住观众心理的重要手段。

从心理学的意义上讲，演讲者的"第一印象"常常具有权威效应。演讲者一上台，首先给观众的第一印象是视觉形象，而视觉形象的刺激，常常能够强化人们注意的意向性。生活经验表明，"第一印象"往往能决定听众注意力集中的程度。因此，演讲者走上讲台时，要特别注意自己的仪表、举止，应以稳健、大方、镇定自若的姿态出场"亮相"，"镇住"听众，给听众留下美好的印象，使听众对演讲者油然产生一种亲近的感觉，造成先入为主的心理定式，从而使听众对演讲者做出演讲能力较强的判断，并随之给予较高的关注度。所以，把握住"第一印象"，能赢得听众高层次的注意，赢得听众的信任，而这正是积极控场的表现，是演讲成功的秘诀之一。

如何把握住"第一印象"呢？一般来说，这与演讲者的性格、态度、能力、学识等有关。就性格而言，稳重、活泼、谦和、自信和幽默，能够赢得听众的热情；从态度来讲，热情、真挚、公正、认真易于博得听众的好感；而聪慧、机敏、见多识广、通今达古、博闻强记，更能使听众倾倒。首先，演讲者要在行为上得体大方。当演讲者走近麦克风的瞬间，切不可忸怩作态，招来听众哄笑，而应该衣着大方适宜，挺胸迈步，头微微侧向听众，脸露甜美的微笑，显露出心中充满着诚恳和激情，以坚实的步伐传递出自信、成熟和热情。走到讲桌和麦克风前时，应从容转身，恭敬地向听众鞠躬致意，显示出文雅庄重，切不可贸然急速转身，急忙点头哈腰，给人以轻率可笑之感。在讲台上，不宜前后摇摆，也不应左右晃荡，不要随便用手撑住讲桌，也不要懒散地靠在桌边；要挺直腰板，以温和的目光扫视全场，略等几秒，待场内寂静无声，便抓住最佳时机，提高声音，从容开讲。其次，要充满自信和自尊。科学家法拉第分享自己的演讲诀窍，那就是："假设听众一无所知，所以我对自己的演讲充满自信。"演讲者如果对自己的演讲胸有成竹的话，所散发出的那份自信会对听众产生一定的威慑作用。

还有一点，就是讲好"开场白"，这也是"第一印象"的重要组成部分，对整篇演讲的基调和成效具有关键性的意义。精彩的开场白能像磁石般吸引住听众,赢得听众的高度注意和信任,为演讲者与听众之间架起一座相互认同的桥梁,这也是积极的控场手段。常用的开场白是自我介绍,这段内容是向听众推荐自己,如果做得好,可以很快吸引住听众,让听众对演讲者产生好感和信赖,对控制好演讲的场面做铺垫。自我介绍一是采用自我肯定法,肯定自我的成绩和优势,但不是吹嘘和夸耀,它既应体现出对个性的适当张扬,也应体现出饱满的精神风貌,特别是对一些年轻的演讲者来说,这种自我介绍能体现出年轻人的朝气和活力,很容易被听众接受。演讲《做一个怎样的子女》的开头这样自我介绍:"大家好,我叫××,来自北京大学,我特别热爱传媒,本科学电影,硕士学电视,博士学传播。朋友眼中呢,我是一个'80后'的知识女青年,但是我拒绝整天泡在图书馆,也不会挑灯夜战,我认为真正的知识,应该来源于丰富的生活,逛街购物,遍尝美食,独立旅行,知识总是在不断的尝试和体验中给我惊喜。说话也是我生活当中最重要的体验之一,我有足够细腻的内心去体察别人不曾发现的细节,我也有充分的勇气去说出别人不敢说的话,我是勇者,我敢言。"这段精彩的自我介绍,体现了当代青年人积极向上、自信自强的精神风貌,有理有据,充满着自信和阳光。在场的听众一下子被这位活泼、开朗、大方、健谈的姑娘吸引住,人们静静地期待着她讲述"做一个怎样的子女"。

还有一种自我介绍是幽默法,演讲者用幽默诙谐的语言来介绍自己,让大家在笑声中对演讲者产生信任和好感。号称四川才子的川剧剧作家魏明伦先生十分幽默,他其貌不扬,但从不避讳,往往还喜欢拿自己的外貌做开场白,让听众开怀大笑。一次,他受邀讲学,一开始就以一段典型的"川味"文字自报家门:"三尺童子,一介书生,忽智忽愚,且贫且病,屠龙有术,缚鸡无力,或钩或剑,可屈可伸。我比拿破仑个子矮,同鲁迅曹禺相当,反复衡量,没力气玩枪,有条件摸笔,于是操起了文字。"这段开场白既介绍了自己的外貌,也介绍了自己的特长,豁达开朗,毫不做作,让听众感受到了他的真诚开朗的性格。

(二)进入角色与设置高潮

演讲也是一门艺术,演讲者也应该掌握必要的表演技巧,把演讲当成一场当众的表演,是运用不同艺术手段达到宣讲效果的艺术活动。有着这种认识,演讲就具有了艺术色彩,也就能更好地为听众接受。

1. 进入角色

所谓进入角色是指在演讲中,由于身份的区别和现实场景的差异,演讲者与听众就有了不同的角色定位。作为演讲者,他必须站在社会活动的组织者、宣传者和鼓动者的角色位置上,才能启发理智、投入情感,从而找到"演讲"的感觉。演讲者能够尽快进入这个角色,也是一种积极的控场艺术。

富有经验的演讲者都有一种体会,开始的一两分钟吸引听众较为容易,而要维持五分钟,那就比较困难了,而且一旦失去听众注意,要重新恢复,那就更困难了。因此,必须尽可能地把听众"拉住"。这就要求演讲者在展开主题时,"尽快入戏"尽快"进入角色"。所谓"入戏""进入角色",就是指演讲者把自己的思想感情融入演讲内容之中,如同演员担任某种角色一样,自然地、如实地把自己对角色的理解、感受、爱憎等表达出来,既以雄辩的逻辑力量,又以真挚的感情力量,使听众折服倾倒。"进入角色",体现真情实感并非轻而易举之事。初学演讲,上台时往往感情不真切,表露不恰当:要么表现不足,与演讲内容不合拍,显得心不在焉;要么过头失控,滥用感情,甚至造成失态。

要迅速准确地进入角色,演讲者在上台之前,最好先酝酿一下感情,进行角色调整。平时的一般相处人们举止比较随便,相互间都处于无拘无束状态。演讲者登台演讲不同于平时,他一登台就成了演讲活动的主体,所处的地位和角色发生了变化。但是,对于多数演讲者来说,由于平日生活角色的惯性效应,在演讲时经常会有新任角色失当的情况发生。这种情况,不仅初学演讲者容易产生,就是经常演讲的人,也不时出现。演讲者必须及时预防,纠正角色失当现象,尽快实现角色转换,达到"角色平衡"。

如何能迅速进入角色呢?一是演讲者通过寻找与听众之间的某种联系,尽快与听众融为一体,有助于演讲者进入角色,缩短与听众之间的距离。具体来说,就是演讲者在演讲一开始就指出自己与听众之间的联系,会产生立竿见影的效果,听众的情感随之向演讲者倾斜。

迅速进入角色的第二个方法是在演讲的开头给予听众诚实而真挚的赞赏,这样也有助于抓住听众的情绪,使自己尽快进入角色。但是,赞扬要得体恰当，不能用夸张、肉麻的言辞，否则，适得其反，听众会认为演讲者是刻意的奉承和献媚而产生极大反感。听众是一个活跃的群体，他们会根据自己的立场对演说进行评价。如果不恰当的赞美让他们感到不被尊重甚至是被愚弄，他们会不留余地地拒绝演讲者。演讲者应针对不同场合和对象，从心里赞美听众，从而满足他们的自尊心，激发听众的自豪感，实现与听众的良好沟通，让他们从心里接受演讲。一次，某知名歌舞团到长春演出，观众进场后发现演员大都名不见经传，颇为不满，座席上很多年轻观众发出了嘘声。这时，一位年轻的女演员走上台，发表了一段即兴演讲，她说："我早就盼望着有一天来到你们美丽的城市，亲眼看看驰名中外的解放牌汽车，游览一下誉满全国的长春电影城，更想领略一番你们美好的象征——君子兰的风采。我果然发现这花典雅、文静，我同时发现长春的姑娘和小伙子也像君子兰那样文质彬彬，大有君子之度。我虽无歌唱家的名望，但我有一颗年轻的心，我非常高兴为你们演唱，我想我会得到你们的支持和爱护，因为我们是同龄人。"这位女演员很懂得在演讲中赞扬他人，她以花来喻人，更是发自内心赞美听众像君子兰一样有君子风度，使听众听起来很舒坦，心理需求得到了满足，双方的心理距离一下缩短了，为演出的成功创造了有利条件。

再如，有一次钱锺书先生到日本早稻田大学讲学，为一群研究汉学的师生做了场《诗可以怨》的学术演讲。他在开场白中说："到日本来讲学，是很大胆的举动。就算一个中国学者来讲他的本国学问，他虽然不必通身是胆，也得有斗大的胆。理由很明白简单。日本对中国文化各个方面的卓越研究，是世界公认的；通晓日语的中国学者也满心钦佩和虚心采用你们的成果，深知道要讲一些值得向各位请教的新鲜东西，实在不是轻易的事。我是日语的文盲，面对着贵国'汉学'……研究的丰富宝库，就像一个既不懂号码锁又没有撬锁工具的穷光棍，瞧着大保险箱，只好眼睁睁地发愣。"钱先生用生动幽默的语言，真诚地赞扬了日本汉学家在学识上的卓越成就，由衷地表达了自己的敬意，并低姿态地表达了自己的谦虚，使在场的日本学者深受感动。

2. 设置高潮

众所周知，演讲高潮既是演讲者思想最深刻、感情最激昂的时刻，又是听者情绪最激动、精神最振奋的瞬间。有了高潮，演讲方能最充分地表现出其审美价值,进而产生最大的感染力和说服力。设置演讲高潮首先要娴熟地掌握演讲内容,要提前设计好在演讲的什么地方设置高潮点,牢牢地控制住听众的情绪,不断吸引听众的注意力,这也是积极控场的重要手段。

演讲要求内容丰富、生动、全面、准确,在表达过程中要显得波澜起伏,跌宕多姿,逐渐形成全场激动的场面,使听众心驰神往,惊叹不已。要达到这种境地,显然不是照本宣科式的念讲稿所能奏效的。照稿念,演讲者往往顾此失彼。顾了讲稿,顾不了听众,更谈不上用丰富的表情和形象的动作与演讲内容协调配合,演讲当然无法生动形象。这样,听众会在无形中降低对演讲者的信任感,减少对演讲的注意力和重视度,形成冷场现象,甚至骚动哄场。演讲者要尽量熟悉讲稿,而又不拘泥于讲稿,真正“入戏”;要能在演讲中自然地组织几次高潮,像磁石般牢牢地吸引住听众。

演讲者感情最激昂、气势最雄劲,演讲者与听众感情交流最融合的时刻,正是演讲的高潮所在。如果演讲中能做到高潮迭起,演讲者便自然控制了整个现场。那么怎么组织高潮呢?情是人性的天然表现,演讲者要善于在情的领域耕耘。知名演讲人李燕杰曾说:“一次演讲怎样达到高潮,这需要演讲者在感情上一步一步地抓住听众,在理论上一步一步地说服听众,在内容上一步一步地吸引听众,使听众的内心激情逐渐地燃烧起来,演讲将自然地推向高潮。”他的意思就是演讲要以情激情,以心换心。具体而言,深邃的思想能启迪深思,激起听众的积极响应;风趣幽默的语言,能引起听众的兴趣和热情;生动感人的奇闻轶事,可以醒目提神,活跃气氛;新颖广博的知识传授,可以使人耳目一新,精神振奋;精辟的论证,能以其严密的逻辑征服听众;设置悬念与适当提问,则能引起听众积极思考和兴趣;而真挚热烈的激情迸发,贴切自然的动作,尤能扣人心弦,感人肺腑。丘吉尔在出任首相后的首次讲话中有一段名言:“你们问:我们的政策是什么?我说,我们的政策就是用我们的全部能力,在海上、陆地和空中进行战争,同一个在人类黑暗悲惨的罪恶史上所从未有过的穷凶极恶的暴政进行战斗,这就是我们的政策。你们问:我们的目标是什么?我们可以用两个字来回答:胜利——不惜一切代价,去赢得胜利;无论多么可怕,也要赢得胜利;无论道路多么遥远和艰难,也要赢得胜利……”丘吉尔在前面阐述了自己的施政纲领,同时,为了增强英国人民打败法西斯德国的信心,他在演讲的最后用气势磅礴的语言展示了他的决心和意志,把整个演讲推到了一个高潮。如果通读全篇,就会发现丘吉尔在演讲的结构设计中采用了层层递进的方法,他的思想表达逐渐深入,情感也逐渐在增强,到了最后,自然而然形成情感的爆发,全场听众的情绪都是按照他的思路一步步强化。丘吉尔声情并茂地把演讲由一个高潮推向另一个高潮,场上气氛也就会完全由他主动控制着。

1943 年 8 月,周恩来同志在重庆工作了三年后重回延安,他在中共中央为他举办的欢迎会上发表了一篇著名的演讲。在演讲的开头,他对国际当前形势进行了总结,让身在延安的同志对世界的现实格局有了较为全面的了解。然后,他又对三年来的国内形势进行了精辟分析,对国民党当局的腐败无能进行了深刻的批判。然后话锋一转,以坚定自信的语气向在场的听众提出了自己对中国抗战前途的认识:“那么,要争取中国抗战的胜利,还有没有办法呢?我们回答:有办法!办法就出在陕甘宁边区!办法就出在八路军新四军和敌后抗日根据地!办法就出在中国人民的身上!办法就出在真正抗日的党派和军队中间!办法就在中国共产党,尤其是我们的毛泽东同志的手中!”周恩来同志前面演讲的内容主要是介绍和分析,在此基础上他一连用了五个排比句为广大听众指明了中国抗战的方向:那就是以毛泽东为代表的中国共产党人才是中国未来的希望。整个演讲在这里形成了一个高潮,抓住了听众的心理,回答了他们的疑问,坚定了坚持抗战的信心与决心。

(三)善始善终与回味无穷

主动控场,还应特别注意演讲临近尾声时演讲者的自我形象对听众的影响。演讲者常常会遇到这种情况:当演讲进入尾声的时候,有些演讲者过于陶醉到自己的演讲内容中,脱开演讲稿的原本内容,画蛇添足,增加了一些东西,这原本也是无可厚非的。但是,有些演讲者开始时还很注意控场,一旦进入角色后,就忘掉了自己原来的身份。有的往往因为前面一直顺利,临近尾声时,自认为胜利在握,扬扬自得,显出高傲轻慢的样子;有的则自认为演讲不尽如人意,产生浮躁情绪,表现出匆匆忙忙、草率收兵的样子;有的放纵感情,任凭意气,话已讲完却又添枝加叶,画蛇添足，拖拖拉拉；有的则认为听众注意力不集中，借机旁敲侧击，发泄不满；有的则虎头蛇尾，露出疲倦神态，话没说完，就收拾讲稿……这些失误，往往造成听众情绪松弛，会场秩序混乱，使演讲失去光彩。所以，演讲要善始善终，演讲者始终要保持一个饱满的精神状态，始终要保持控场的意识，尽可能地完善自我形象，从容镇静，结尾处设法异峰突起，显示出一定的高度，形成强烈的慑服力，使听众感到余味无穷，得到思想的启迪和美的享受。

首先，要学会在结尾处做个小结。演讲是口传之事，不消几分钟，听众就可能忘掉演讲的题目。而不少演讲者往往忽略这一点，他们自认为不管什么材料，自己谈问题的焦点一直是集中的，殊不知有时候演讲者以为是本人深思熟虑、反复酝酿出来的东西，对于不少听众来说却是第一次接触，因此，听众很难与演讲者处于同一思维逻辑轨道上。演讲者一定要考虑到这个因素，要善于在演讲中不断将自己演讲的主题进行渲染，特别是在结尾处，要把自己的演讲内容和主题用精练的语言进行概括和总结，一是起到提醒作用，二是起到强调作用。演讲者要学会“既要撒得开，又要收得拢”，意思是在演讲中，演讲者可以适当现场发挥，增加一些演讲稿没有准备的内容，但是，演讲者要时刻把握好这个“撒”的度，能放还要能收，适可而止，重新回到演讲的正常轨道上。通过小结，可以帮助听众回忆起演讲者的演讲内容和主题，再次明确自己的观点，使演讲有个圆满的结束，让听众获得一个清晰整体的认识。

其次，是在结尾处用热情洋溢的语调来烘托气氛，使听众的情绪随着演讲者情绪的渲染获得鼓励和感动，进一步认同演讲者的观点和思想。这部分内容可以是在撰写演讲稿时已经准备好的，也可以是演讲者现场临时发挥的，它与正文内容融为一体，相辅相成，使人振奋，使人激昂，把听众的情绪推向高潮，顺利完成演讲。有的时候，演讲者前部分的演讲可能会有一些瑕疵，如果结尾处理得好，可以起到一个很好的弥补作用，这也是控场的重要手段。林肯当选美国总统之际，正值南北方因奴隶制废存的问题斗争日益激化的阶段。南方七省先后宣布脱离联邦，一场武装叛乱正在密谋之中，国家面临生死存亡的考验。林肯在就职演说中，除了阐明自己的政治纲领之外，他在结尾处即兴加上了一段感人肺腑、激动人心的话：“我不愿意结束演说。我们不是敌人，而是朋友，我们不应该成为敌人。虽然感情不能维系爱的契约,但是感情不能打破爱的契约,把这个广阔的土地上的每一个战场、每一个爱国者的坟地,同每一个活着的人的心、每一个家庭联结起来的,那神秘的记忆之弦,一旦重新为我们天性里的善良天使所拨动,将仍然会使合众国合唱的歌声雄壮嘹亮起来。这琴弦一定会被重新拨动的。"这段临时性的结语是发自林肯内心深处的情感表达,真挚、热烈,充满着美好的期待。林肯说完之后,包括他的反对者在内的议员们都起立为他喝彩。这段结束语将演讲推到了高潮,连他的反对者都被感染,林肯成功地控制住了场面,这次演讲也让更多的人开始理性地反思奴隶制废除的意义。

最后,学会用诗歌来结束演讲。诗歌是用最凝练、最含蓄、最内化的语言表达丰富的内涵,增加演讲的表现力,使听众感受到演讲中蕴含的丰富意蕴,起到画龙点睛的作用。英国扶轮社的罗德爵士,在一次会员大会上发表演说。他是一个开朗幽默的人,演讲内容结束后,他又发表了一段即兴讲话:"当你们归家之后,有些人会寄给我一张明信片来,就是你们不寄给我,我也要寄给你们每位一张,并且你们会很容易知道那是我寄的,因为上面未贴邮票。但是在上面我要写一些字,是这样写的:'季节自己来,季节又自己走去。你知道世间一切都按时而凋谢,但有一件却永远如露水一般开得鲜艳,那就是我对你们的仁慈和热爱。'"扶轮社有一项重要的任务就是开展人道主义援助,罗德公爵用一句非常美的诗再次将扶轮社的宗旨传递给听众,不仅贴切,而且将演讲的主题又做了一个升华,让听众对整个演讲有了更深的感受。教育家陶行知先生在《领导者再教育》演讲中用了自己写的一首小诗结尾:"我前些日子写的一首小诗,可供领导人自我再教育之参考:民之所好好之,民之所恶恶之;为人民领导者,拜人民为老师。"说是诗,实际上就是几句警言,通俗易懂,但是,总结得到位,对领导者的自我修养有很大的感化作用。这些诗句都给听众留下了回味的余地。

总之,演讲者临近结尾时,要保持高昂的情绪,不可虎头蛇尾,不必画蛇添足,不要陈言俗套,也不可高傲轻慢,更不可盛气凌人。演讲者要庄重、镇静,既显示出分量,又显示出有修养。

二、被动控场

演讲的现场是可控的,也会遇到一些不如意的地方,这时候就要求演讲者临场采取一些控场措施,以保证演讲能按照预设的目标完成。

演讲的冷场分为两种情况:一种是单向交流中,听的人毫无兴趣,注意力分散;另一种是双向交流中,听者毫无反应,或者仅以简单的单音字节应付。冷场的出现根本原因在于演讲者的话没有吸引力,听者仅仅是出于纪律的约束或出于礼貌而扮演一个"接受"的角色。冷场是演讲失败的表现,因为任何演讲都是希望能够告诉听众什么和让听众知道什么,目的是要对听众产生影响或引起听众思索。而听众兴味索然,不想听,不愿听,演讲者的希望、目的都落空了,这种演讲是一种无效行为。有效地应对演讲不仅是演讲者有效控制现场的重要体现,也是保证演讲顺利进行的根本保证。

冷场产生的原因有主客观两个方面。从主观的角度来看,冷场的原因是演讲者演讲的内容太长或太抽象空泛,表达过程拘谨呆板,演讲速度太快或太慢,演讲语言含混、吐字不清等;从客观的角度来看,冷场的原因是时间太长,影响部分听众的其他工作,演讲现场或周边环境突发某个意外事件,分散了听众的注意力,现场的设备和设施存在缺陷等。针对上述原因,演讲者应学会一些冷场处理的办法,在演讲现场灵活应用,激活听众的热情和积极性。

(一)因主观原因造成冷场的处理办法

演讲者的主观原因是造成冷场的主要因素,因此,做好这方面的应对工作是演讲者必备的素质。

1. 制造兴奋点

演讲者面对着一群不熟悉、不了解的听众,尽管演讲准备得十分充足,演讲者信心满满,但是冷场的现象仍然会发生,究其原因,就是演讲者与听众之间没有达成一种默契,相互间缺少认同和信任,以致出现听众对演讲者所讲内容排斥的现象。具体表现为注意力分散,有的听众看手机、打瞌睡、交头接耳、坐立不安、昏昏欲睡等冷场现象。这时,演讲者切不可丧失信心,也不可任其发展,更不可呵斥听众,而应该果断采取措施,扭转局面。

首先是制造兴奋点,把听众的注意力吸引过来。例如,孙中山先生在广东大学发表关于民族主义的演讲时,由于会场小、听众多、天气闷热,听众的情绪低迷。孙中山便巧妙地穿插了一个故事,他说:“那年我在香港读书时,看见许多苦力工人聚在一起谈得很起劲,有人哈哈大笑。我觉得奇怪,便上前问一下,有个苦力说:‘后生哥!读书好了,知道我们的事于你无益。’又一个告诉我:‘我们当中有一个行家,辛辛苦苦地积蓄了五块钱,买了一条马票,牢牢记住那上面的号码,把它藏在日常用来挑东西的竹杠里了。等到开奖竟真的中头奖,他欢喜万分,以为领奖后可以买洋房,做生意,这一生再也不用这根挑东西的杠子讨生活,就把竹杠狠狠地扔到大海里。不消说,连那条马票也一齐丢了。因为钱没有到手先丢了竹杠,结果是空欢喜一场,有人笑他,也有人为他惋惜。后来这位行家受刺激过甚,神经有些错乱,很长时间还不能上工呢。’”这个寓意深刻的有趣故事,使会场听众大笑起来,打瞌睡的没有了。孙中山于是不失时机地“言归正传”,归到本题:“对于我们大家,民族主义就是这根竹杠,千万不能丢啊!”孙中山这种旁引故事、杂以谐语的手法,取得了很好的控场效果。又如,当代演讲家李燕杰有一次做关于爱国主义的演讲,他察觉有位身穿白大褂的大夫正戴着老花镜在看医书,便灵机一动,说:“每当我回忆重病缠身的时光,白衣战士就引起我深情的遐想。是他,人格的诗,心灵的美,圣洁的光,赋予我第二次生命;是他,给了我去参加拯救那灾难深重的中华民族的权利和力量。”一番话,终于引起了老大夫的兴趣,吸引了他的注意力,他放下医书,整场演讲都在聚精会神地听。

在演讲中制造悬念,也是制造兴奋点的常用手法。其目的是使演讲内含的信息和情感得以有效地传达。因此,在出现冷场的情况下,适时地制造一两个悬念是重新吸引听众注意力的非常有效的办法。好的悬念不仅能够使演讲者再度成为听众注目的中心,而且能够活跃现场气氛,激发听众聆听与参与的兴趣。俄国共产党的创始人之一普列汉诺夫一次在日内瓦做关于“无产阶级与农民”的演讲,会场乱哄哄的,演讲几乎继续不下去。这时,他双手交叉在胸前,目光嘲笑地扫视着会场。当台下逐渐平静了些,他大声说:“如果我们也想用这种武器同你们斗争的话,我们来时就会……(他停顿了一下,大家以为他会说,带着炸弹、武器、棍棒,然而他说出的话却出人意料)我们来时就会带着冷若冰霜的美女。”此语一出,整个会场笑声一片,甚至连一些反对者也笑了起来。这时,普列汉诺夫抓住时机,话头一转,将演讲引入了正题。

2. 调动听众情绪

解决冷场最好、最有效的办法之一就是充分调动听众的情绪,让听众进入演讲者设定的演讲情境中。

一是赞美听众,求得共鸣和好感。如果听众发现演讲与自己的关系不大,自然不会给予太多的关心,在这种情况下常常会出现冷场。此时演讲者应当注意采用恰当的方式拉近与听众的心理距离。而贴近听众的一个有效方法就是发自内心地赞美听众,用动之以情、晓之以理的方式拨动听众的心弦,激起他们的共鸣,使他们对演讲产生浓厚的兴趣,从而打破冷场的尴尬局面。有一位驻京的外企高管应邀到北大演讲,在演讲中他发现听众似乎不太专心,他果断地停下了演讲内容,插了一句闲话:“昨天晚上,我和一个朋友聊天。当我告诉这位朋友我今天要来北大演说的时候,他特别告诉我,北大有全世界最精英的中国人,所以要到北大课堂去演说,就一定要认真准备,因为那里的学生,他们的才华可能远远在你之上。今天来到这里,我才真正体会到我朋友那句话是多么正确。”这位高管说完这句话,让在场的学生们既有些不好意思,也感到一种自豪感,大家的情绪一下子被提了起来。

二是让听众和自己一起思考,调动听众参与的热情。演讲实际上也是一种双向互动的过程,演讲者以自己的讲辞和形象的语言来感染听众,反过来听众的积极回应也有利于推动演讲的顺利进行。因此,演讲者在需要的时候向听众提出富有针对性和启发性的问题,可以调动听众参与演讲活动的热情,使他们意识到自己也是整个演讲的一个重要组成部分,这样会有效地避免冷场和打破冷场。如,在某中学举行纪念“一二·九”演讲报告会,当演讲者讲到当代青年学生应该在新的历史时期继承“一二·九”光荣革命传统、为振兴中华而努力奋斗的内容时,少数学生竟交头接耳地说笑起来。演讲者为了避免事态的扩大,迅速发问:“讲到这里,我要向台下现在仍在说说笑笑的同学提出这样的问题,你想以怎样的实际行动来发扬‘一二·九’运动的伟大爱国主义精神,为建设社会主义强国而做出自己应有的贡献呢……”演讲者的这一问,让在讲话的同学一下子就安静了下来,这些同学马上停止了说笑,开始思考如何回答演讲者的问题。

三是讲述趣闻轶事,活跃现场气氛,吸引听众的注意力。趣闻轶事是人们在生活中津津乐道的闲谈资料,生活中的许多情趣即由此而来。演讲者抓住人们渴望趣味的视听倾向,恰当而又适时地讲述一些趣闻轶事,会使混乱或呆板的演讲现场马上活跃起来,听众的注意力也被迅速地集中到演讲上来,这时演讲者再继续下文,效果就要理想得多了。

(二)因客观原因造成冷场的处理方法

除了主观原因之外,由于演讲时间过长、现场环境与设备不尽如人意等客观原因,出现冷场时,演讲者可以采取以下措施进行处理。

1. 尽量缩短演讲时间

遇到会议时间过长,以致听众疲倦或出现不耐烦情绪时,特别是参加演讲比赛时,如果演讲者的演讲顺序排在后面,大部分演讲者都已讲完,时间已经很长,听众的兴趣已经下降,注意力开始分散,精神也感到疲劳,台下已经出现交头接耳、随意走动甚至退场的现象。面对这种不利情况,千万不要着急,不要有埋怨心理,也不要上台后立刻开始演讲。演讲者可以采取一些吸引听众的措施,比如先给大家讲一个与演讲主题有关的新闻信息、小故事或小笑话,以引起大家的注意。当听众被演讲者的讲话吸引而重新集中精神时,就可以开始正式演讲了。

2. 借景发挥排除外界干扰

听众受到外界干扰时,演讲者不妨借景发挥,即景说话,将意外发生之景与演讲内容有机地结合起来。这个方法可以有效地把听众的注意力重新吸引到演讲上。例如,有位高校女教师应邀为同学做《人不能失掉自尊心和自信》的演讲,刚走上讲台,正准备开场,会议厅的外面就隐约传来音乐系的练歌声,同学们一下被吸引了,甚至有人小声议论。面对这种情况,这位老师马上调整了自己的开场白,大声问:“你们谁听过香港歌星张明敏唱的《我的中国心》?”意想不到的提问,一下子把同学们的注意力吸引过来了,很多人大声回答道:我!有的甚至举起了手。这位老师微笑着说:“那我和你们是同党!(同学们情绪热烈,笑声)我最喜欢‘洋装虽然穿在身,我心依然是中国心'这两句。可是前几天,我在我的同学家里却看到了她穿着一套日本和服照的照片,谈话间还流露出,只要能出国,让她做什么都行。我真不知道,我这位同学的中国心哪里去了,她的自尊心、自信心哪里去了,所以,我今天演讲的题目是《人不能失掉自尊心和自信》。"话音刚落,同学们便报以热烈的掌声。这位老师之所以能成功地将同学们的注意力重新吸引过来,关键在于她善于将眼前意外发生之景与讲题有机地结合起来,且结合得非常巧妙,所以学生为她喝彩。

3. 适当活动,防止听众困倦

演讲有时也受季节的影响。比如,人在迟迟春日和炎炎夏日里最容易困倦和瞌睡。曾经有位演讲者遇到过这种情况。当时,他正在台上侃侃而谈,一缕初春的阳光从会场后侧的玻璃窗照射进来,照在少数人的背上,他们立刻觉得一阵暖和,就不知不觉进入了梦乡。最后,这种气氛还传染到前面的人。看到这一情景,演讲者暂停了演讲,对听众说:"请诸位抬起头看看天花板。"大家以为天花板上真有什么看的,个个都抬起头来看着天花板。"现在再看一看左边。"大家果然又向左边张望。"那么诸位不妨再看一看右边……好了,这就是头部运动。疲倦的时候,不妨做头部运动。如仍觉得疲倦,也可以做体操活动。现在,请诸位举起手来。"大家便跟着他举起了手……这一方法果然奏效,听众做了上述活动之后,不再困倦了,又开始专心听他演讲了。

除了上述方法,要消除听众的困倦和烦躁,可以打开窗门透气,有条件的话,开开风扇或空调,都是必要的措施。不过,演讲者自身的精神状态是最关键的。因为困倦可以传染人,精神抖擞也可以传染人。要使听众进入良好的精神状态,演讲者自己首先要保持良好的精神状态,这是至关重要的。

4. 让听众听清你的每一句话

演讲中,由于受现场条件的限制和演讲者的口音影响,听众在听讲的时候往往受到干扰,从而产生躁动和不耐烦。这时候演讲者可以根据具体情况采取一些必要措施。如果因为会场太大,听众坐得太靠后或太分散,不妨请听众尽量往前就座;如果声音太小,以致听众听不清,不妨将声音提高一些,让后排听众都能听到;如果因会场太大,听众太多,提高声音都难以让所有听众听清楚,不妨使用扩音器;如果某些字、词、句听众听不清楚，不妨向他们重复一遍，甚至两遍；如果因说话速度过快，或咬字不清，或语音不准，以致听众听不清楚，不妨将说话速度放慢一些，这样将有助于听众听清楚你说的话。

第三节　意外情况的处理

在演讲过程中，总会发生这样或那样的意外事件，有些可以不必过问，继续演讲，但有些就必须及时处理，否则会影响下面的演讲。这些意外事件既有演讲者自身失误造成的，也有现场的观众或是外在环境造成的。遇到任何突发事件，演讲者都要保持清晰的头脑。事件发生时，演讲者可能会瞬间感到尴尬，这在所难免，没有关系，最重要的是一定要迅速使自己冷静下来，再做应变处理。演讲者千万不要惊慌失措，慌乱只能让自己一错再错，使局面更难收拾。所以，事先预计一些可能发生的意外事件，并且做好必要的处理方案，如果在演讲中真的发生，就会镇定自若，灵活应对。

一、忘稿的处理方法

大多数人演讲都是脱稿的，这是演讲的一个基本要求。但是，脱稿演讲发生忘稿的情况十分普遍。曾经有位知名的演讲者应邀为某个大型公司做演讲，一开始可以说是非常成功。演讲者的开场十分吸引人，他声情并茂、幽默风趣。当演讲进行了大概 30 分钟的时候，演讲者突然站在原地一动不动，做出了一个思考的动作。这个动作在他人看来十分潇洒，听众以为这是演讲者的一种技巧，大家还发出会意的笑声，但随后就感觉不对了——演讲者思考的动作持续了近半分钟。这时，听众才反应过来，原来演讲者忘稿了，忘记了下面想要讲的内容。虽然他是知名的演讲家，也有很丰富的现场经验，可真正忘稿的时候，他也手足无措，只能连连向听众道歉，终于没能再继续往下说，而是满脸通红地走下了讲台。明明是一次经过苦苦思索、精心准备的演说，本来极可能取得成功，但是却遇到了这种意外的情况，这让人感到遗憾。像这位演讲者遇到的忘稿情况在演讲中经常出现，特别是许多演讲者没能有效妥善地进行处理，而使忘稿成为演讲的第一“杀手”。

人们习惯上把演讲中临时忘稿的现象称为“卡壳”,出现这种情况是非常尴尬的事情。其实,这在演讲中是件很平常的事情,即便事前准备非常充分,对演讲内容十分熟悉,但是,谁也不能保证在演讲中不会忘稿。遇到这种情况,在瞬间慌乱过后应该马上冷静下来,采取必要的措施去解决。

(一)插话衔接

当你一旦忘却的时候,立即插入一两句与演讲内容有关的问话。利用短暂的时间加速回忆下面要讲的内容。比如讲着讲着忘却了,这时切不可停顿,你应当面向广大听众问一句:“同志们,前面这一部分我不知道大家是否听清楚了?”话音落后,你就可以扫视全场,而就在扫视的过程中,一旦想起下面应当讲的内容,你就可以说:“好,既然大家听清楚了,我就继续讲下去。”

(二)重复衔接

所谓重复衔接法,就是一旦忘却的时候,要把最后这句话再加重语气重复一遍。这样,往往能使断了的思维链条再衔接起来,使演讲顺畅地继续下去。比如前段演讲最后一句话是:“我理解了他们的爱吗?我懂得爱他们吗?”而后段的第一句话是:“从那以后我变了。”一旦前段讲完了,而后一段的第一句话又忘了,这时,你可以有意地加重语气,重复讲一遍前段最后的那句话“我懂得爱他们吗?”往往就在重复的这一瞬间,便想起了后段的第一句话“从那以后我变了”。这样,演讲就可以继续下去了。

(三)跳跃衔接

演讲者常常出现的忘却,并不是把后面的全部内容忘却了,而仅是把下段的第一句或整段忘记了。这时只好随方就圆,哪里没忘,就从哪里接着讲下去。这就是跳跃衔接法。用这种方法虽然丢掉了几句话,甚至一个段落,但却不至于因中断而破坏了演讲的气氛,涣散了听众的注意力,影响整个演讲的效果。如果这几句话或这段比较重要,演讲期间又想起来了,可采取在收尾前补充的办法。比如可以这样说:“这里值得一提的是……”就可以把忘掉的重要段落补充进去了。

上述三种方法的使用不是孤立的,往往可以综合使用。如有位房产分析专家在演讲时讲完了两个问题,到第三个问题的地方“卡壳”了,他很机灵,随即问了听众一个问题:“好,以上就是我给大家分享的近期房地产市场发展的两个特征。房地产市场的发展还呈现了第三个重要特征,第三个特征是什么呢? 来,各位朋友,让我们讨论一下,你眼中的房地产市场还有哪些重要特征呢?”这时,听众开始相互间讨论,演讲者趁机快速回忆遗忘的内容。当然,这种情况会有两个结果产生:一是演讲者回忆起了下面的演讲词,顺利完成演讲;二是没有想起。对于后者来说,即便没有想起,演讲者也可以把听众最合理的建议引用到自己的演讲中。其实,演讲中出现的忘稿现象并非把全部的词忘掉了,也并非忘掉一个词、一句话,就无法跟下面的内容衔接起来了。这时想起哪里,就从哪里接着讲下去,只要做好衔接和自圆其说,演讲就不会受到影响。如果在讲的过程中,把忘掉的想起来了,那就用补充说明的形式在演讲结束时呈现。

(四)提示物

所谓提示物就是演讲中用于提示的物件,它既可以帮助演讲者减少焦虑,轻松地进行演讲,也可以帮助演讲者在心理上产生踏实感,从而更专注地投入演讲。像美国前总统奥巴马这样的演讲高手也经常使用提示物。提示物包括写有演讲大纲的纸张、提示卡片、PPT(Power Point)等。使用写有演讲大纲的纸张时,将其放在演讲桌上,不要拿在手上,那样会过于显眼,影响演讲者体态语言的发挥。提示卡的最大好处就是体积小,完全可以拿在手上(或置于手掌中)而不会影响演讲者态势语言的运用,同时查看非常方便。但要注意在准备提示卡时尽量少一些,这样不至于在需要查看的时候搞乱,如果数量较多,就需要对提示卡进行编号了。除了演讲比赛外,PPT已经被许多演讲者使用。用PPT演讲是一门艺术,演讲者应能记得PPT播放的顺序,而且可以控制住演讲的内容与PPT内容的一致性。但演讲者要明白一点,有演讲的提示物并不意味着演讲者就可以对演讲的准备工作有丝毫的松懈,特别是对整个演讲的内容,必须准备得非常熟练,做到胸有成竹。

二、处理不适用的演讲稿

在演讲中,演讲者常常会遇到一些新的情况、新问题,有些超出了演讲稿涉及的内容范围。比如:听众提出了一些新的问题,超出了演讲者演讲的范围;或是准备的讲稿内容与前面演讲者的演讲内容有许多重复之处;或是从前面演讲者的演讲中获得了新的启示和新的感想;或是现场情况发生了重大变化,准备的讲稿完全不适用。这些情况的发生要求演讲者必须灵活应变,及时调整演讲内容,以应对挑战。

(一)新问题的应对

演讲者最担心的是被听众的问题一下子问住了,不知道如何回答。针对这一问题,可以从三个方面考虑:一是慎重思考下听众提出的问题自己能否回答,是否在演讲稿内容或是自己的认知能力范围之内。如果能够回答当然最好,但如果缺乏准备而回答不了,可以很坦诚地告诉听众自己在这方面没有思考,暂时无法给出具体的答案,或是婉转地告诉听众:"这是一个很有趣而且很重要的问题,我没仔细研究过,但我很乐意会后与大家一起讨论研究这个问题。"以此争取听众的谅解。一定注意,演讲者千万不能采取不理不睬的态度,这样不仅会激起听众的不满甚至愤怒,也会让其他听众感到演讲者缺乏涵养,破坏演讲者的形象。二是如果一些听众在演讲中打断演讲者提出一些问题,演讲者要冷静思考:听众提出的问题有没有马上回答的必要?在什么时候回答合适?有没有必要向众人回答?单独回答是否更好?如果有必要马上回答,就趁热打铁,就事论事来回答;如果问题是下面要讲的,可以告诉听众下面的演讲内容会谈到他们的问题。三是听众提出的问题比较复杂,需要时间思考,演讲者可以先简要地复述一遍问题,然后大致分析问题涉及哪些方面,需要进一步探讨,建议演讲结束后再深入探讨;如果是面对含义不明确的问题,一下子难以回答,可以请对方复述问题,通过提问厘清对方的提问意图,再做回答。

最后,还要考虑听众提出的问题是否与自己的演讲有关,回答这个问题会不会影响演讲中心的集中。如果回答会把问题扯远,分散演讲的中心,演讲者就要避免会上回答,但务必告诉提问的听众会后可以单独商讨,或是通过其他方式进行探讨。

(二)内容重复的情况处理

在演讲比赛或是有多人参加的演讲会中,演讲者可能会遇到自己的演讲内容与前面的演讲出现重复的情况。对这种情况的处理:一是对相同的看法、论述略去不说,只说与众不同的那一点。比如可以对听众说:"刚才大家对××问题都讲得很详细深入了,这里我只想做一点补充……"或者说:"这里我只想就某个问题谈谈我的看法。"等等。二是对相同的事例略去详细描述,只做总结性、过渡性的评议。

(三)放弃原稿,重新组织内容

如果提前知道自己的演讲稿内容与他人重复过多,或是观点与他人相同,留下的时间较充裕,可进行大幅度的修改或是重新撰写讲稿。但是,如果时间仓促,可列出提纲,做即兴演讲。如:1955 年,周恩来总理代表中国政府出席举世瞩目的万隆会议。会议开幕后不久便出现了分歧,一些国家的代表团因偏见或不明真相,认为中国在边境省份设自治区是对邻国的威胁,并提出华侨双重国籍等问题。这时,参会人员把目光转向周恩来,有的同情,有的焦虑,有的幸灾乐祸。面对这一突发情况,周恩来推后了发言时间,将原讲稿印成书面材料发给与会代表,然后迅速赶写新的演讲稿提纲。在听完大多数国家代表发言后,周总理才从容走上讲台,针对新的情况做了即兴演讲,他说:"首先……在亚非国家中是存在有不同的思想意识和社会制度的,但这并不妨碍我们求同和团结……亚非会议既然不要排斥任何人,为什么我们自己反倒不能互相了解、不能友好合作呢?次之……我们共产党人是无神论者,但我们尊重有宗教信仰的人,我们希望有宗教信仰的人也应该尊重无宗教信仰的人。第三……华侨双重国籍问题是旧中国遗留下来的……新中国的人民政府却准备与有关各国政府解决华侨的双重国籍问题……中国境内有几十种少数民族共 4000 多万人……他们既然存在,我们就必须给他们自治权利。好像缅甸有掸族自治邦一样……如何能说威胁邻邦呢……"他的话音刚落,全场便爆发出长时间的掌声。印度总理、缅甸总理等人纷纷离开座位过去与周恩来握手,一些起初对中国不友好的代表也称赞周恩来的演讲是出色的。周恩来同志临场不乱,随机应变,在很短的时间里写出了新的演讲提纲,然后即兴发言。他的演讲不仅消除了亚非国家之间的隔阂,而且赢得了亚非朋友对中国的信任,促进了会议的成功。

三、失误的处理

在演讲中发生失误是常有的事情,比如像遗漏部分内容,或念错词、讲错话等等。遇到这些情况,不妨采用“当即纠正”或“将计就计”的手法加以补救。所谓“当即纠正”即将错话搁置一旁,将正确内容再讲一遍。这样做虽然纠正了错误,也没有正面认错,但毕竟露出破绽,且内容会明显重复,只是应急的措施。所谓“将计就计”就是将错话当作反面论题,树立靶子,然后进行批驳,自然而然地将话题引到正确的内容上来。这种补救方法,不露痕迹,甚至还能收到意想不到的活跃气氛的效果。例如,当演讲者意识到自己说错了一句话,可以故意再把错话说一遍,然后对听众说:“显然大家觉得这句话可笑,那么,请大家想想,这句话究竟错在什么地方?”接着便对出错的地方进行批驳,使人感觉到演讲者是有意说错话,从反面进行论述。

对于处理演讲中的失误问题,我们可以多向从事舞台表演的艺术家们学习,他们长期在舞台上与观众直接交流,虽然技艺精湛,也难免出现一些失误。但是,他们逐渐积累了一些处理表演失误的技巧,值得大家借鉴。著名相声演员马季有一次到湖北黄石市演出。在他表演前,有个演员错把黄石市说成了黄石县,引起了观众的哄笑。到马季登台表演时,他说:“今天,我们有幸来到黄石省演出。”话一出口,听众有点蒙,窃窃私语:怎么回事,怎么都搞错了?这时,马季笑着解释道:“方才,我们的一位演员把黄石市说成县,降了级。我在这里当然要说成省,给提上一级。这样一降一提,哈!就平啦!”几句话博得全场观众热烈的掌声。马季机智巧妙地圆了场,使演出顺利进行。再如弹唱家马如飞在一次表演时,不慎将“丫鬟移步出了房”唱成了“丫鬟移步出了窗”。观众听后哄堂大笑。马如飞知道唱错了,但他不慌不忙,镇定自如地补上了一句“到阳台去晒衣裳”,听众一听这巧妙的补白,报以热烈的掌声。谁知一疏忽,他又把“六扇长窗开四扇”唱成了“六扇长窗开八扇”,这时观众不再喧哗了,静静听着他如何补漏。马如飞依然不慌不忙,他以丰富的舞台经验继续唱道:“还有两扇未曾装”,台下顿时掌声满堂。

对于演讲中的失误,演讲家卡耐基说:“我想要说的是,即使犯了一个错误,也不会给你带来天大的灾难——天塌不下来,甚至不会有任何较大的影响。就算是最好的演说家,或者各行各业里的杰出人物,他们也都难免会犯错误。如果你犯了错误,最好不要惊慌失措。一句古话说得好:‘不做错事的人,是不做事的人。’”演讲中出现失误也是常有的事,不必惊慌失措,关键是要沉着应对,采取补救措施,正如卡耐基所说:“应对突发事件最重要的一点是,把这种意外事件变成对自己演讲有利的事情。”

四、哄场的处理

演讲者的观点总会与听众中某些人的观点相悖,这部分人就会产生逆反心理,个别素质差、社会公德意识淡薄的人就会在现场挑战演讲者,严重者或吹口哨,或喝倒彩,或大声喧哗等,造成现场秩序的混乱。这就是常说的“哄场”。面对“哄场”,演讲者不可大动肝火,而要不露声色地迅速判明产生哄场现象的原因。最好的处理办法是先缓解矛盾,然后迂回取胜。

当演讲者的观点与听众的观点相悖,听众产生逆反心理甚至哄场时,演讲者尤其要注意迂回取胜,切不可当众强硬批驳,以免形成僵持局面。先以温和的态度,运用诱导的手法,缓解矛盾,给持不同观点的听众一个撤退的台阶。比如主动地说:“这些看法,有的同志不一定乐意接受,对同一问题有不同看法是很自然的,从某种意义上讲,你们所讲的也不无道理,不过……”用这样的模糊语言委婉地讲解,采用欲抑先扬之法,可使观点相悖的听众体面地撤退,然后讲演者再用一个“可是”“不过”将话锋一转,很快地把论题再扳回来。

事实上,大会演说,人多且杂,所持观点不同是很自然的事,但若因“出言不慎”,座中报以怪声,却是于演讲很不利的。登台演讲,就应先“眼观四座,看有何党何人,然后发言”。对所讲内容也尽量做到使“赞成者理解清晰,异常欣慰;反对者据理折服,亦暗中点头”。而要达到此种境界,绝不是生硬批驳所能奏效的。

当然,遇到心怀叵测的企图破坏演讲的人,必须当众揭露制服。一次,苏联著名诗人马雅可夫斯基在一次文艺家聚会上发表演讲,猛烈抨击时弊和庸俗文人的行径,致使某些感到“冤屈”的人骚动起来。有个人企图中伤马雅可夫斯基,喊道:“您讲的笑话我不懂。”马雅可夫斯基幽默地说:“你莫非是长颈鹿?只有长颈鹿才可能星期一浸湿的脚,到星期六才感到哪!”听到这话,那家伙暴跳如雷,大声嚷道:“我说马雅可夫斯基,您怎么把我们大家都当成白痴啦?”马雅可夫斯基故作惊异地回答:“哎,您这是什么话,怎么是大家呢?我面前看到只有一个人。”这时,一个矮胖的人又挤到主席台上,嚷道:“我应该提醒你,马雅可夫斯基,拿破仑有一句名言:‘从伟大到可笑,只有一步之差。’”马雅可夫斯基机智地目测了一下自己与那个矮胖的人的距离,用手指着自己和那个矮胖的人,郑重地说:“不错,从伟大到可笑只有一步之差。”这时,有反对者递上一张条子,上面写道:“马雅可夫斯基,您今天晚上得了多少钱啊?”马雅可夫斯基说:“这与您有何干?您反正是分文不掏的,我还不打算与任何人分呢。”反对者还不甘心,又挑战道:“您的诗作太骇人听闻了,这些诗是短命的,明天就会完蛋,您本人也会被忘记,您不会成为不朽的人。”马雅可夫斯基马上应对说:“请您过1000年再来,到那时我们再谈吧!”反对者最后又问:“马雅可夫斯基,您为什么喜欢自夸?”马雅可夫斯基笑着说:“我的一个中学同学舍科斯皮尔经常劝我说,你只要讲自己的优点,缺点留给你的朋友去讲。”就这样,马雅可夫斯基以幽默的语言、辛辣的讽刺制服了别有用心的破坏者,赢得了广大听众的热烈掌声,扭转了被动局面。

再如,有位专家在某高校演讲,快要结束时,台下有一学生突然连珠炮似的向他发问:“先生,您今天是第一次演讲失败吗?”专家说:“那当然是第一次啦。噢,你们当学生的怎么总爱问这个问题?”学生又问:“演讲时,您觉得什么样的字音最容易说错?”专家幽默地说:“错。”学生再问:“您演讲开始时,从来不说的是什么?”专家说:“结尾。”回答了学生的问题后,专家也出其不意地对他反驳道:“我刚才讲的热胀冷缩的道理你懂了吗?”学生回答:“懂了,先生。冬天白天短——冷缩,夏天白天长——热胀。”这时,台下哄堂大笑,这名发问的学生才知道说错和失败的是自己,不禁羞红了脸。

当然，对于这些发起挑战的听众，除了适当地予以还击之外，也可以采用幽默的方法化解尴尬。达尔文在一次演讲中，刚说出题目，一个年轻貌美的女士就站起来，带着戏谑的口吻问道："听说您断言，人类是由猴子变来的？"达尔文答道："是的。"这位女士继续说："那么，我也属于您的论断之列吗？"达尔文彬彬有礼地答道："那当然！不过，您不是由普通的猴子变来的，而是由长得非常迷人的猴子变来的。"达尔文的幽默风趣博得全场一片笑声。以幽默著称的英国前首相丘吉尔有一次正准备做即兴演讲，一名媚态十足的女士对他说："丘吉尔，你有两点我不喜欢。"丘吉尔问："哪两点？"那女士说："你执行的新政策和你嘴上的胡须。"丘吉尔听后，彬彬有礼地答道："哎呀，真的，夫人，请不要在意，您没有机会接触到其中的任何一点。"还有一回，丘吉尔访问美国，刚做了几分钟的演讲，一个反对他的美国女议员站起来对他说："如果我是您的妻子，我会在您的咖啡里下毒药的。"丘吉尔狡黠地笑道："如果我是您的丈夫，我会喝下那杯咖啡的。"丘吉尔的幽默令反对者悻悻而去。文学家查尔斯·兰姆有一次正做演讲，忽然有人故意发出嘘嘘的怪声。兰姆说："据我所知，只有三种东西会发出嘘嘘声——蛇、鹫鸟和傻子。你们几位能到台前来，让我认识一下吗？"他的批评幽默而礼貌，几个捣乱分子乖乖地低下头来，不敢再作声了。

五、意外事故的处理

演讲过程中有时也会发生一些意外事故。比如，当演讲正在进行的时候，一位听众匆匆推门进来，手忙脚乱地寻找座位；或者当听众都在聚精会神地听演讲时，某人发出了奇怪的声音。这时候，听众的注意力很容易被这些意外的事件吸引住。这种情况有的是因为时空环境，也有的是演讲者自身失误造成的。遇到这些意外事故，演讲者要顺势而为，灵活自如地处置，把这种意外事件变成对自己演讲有利的事情。

在演讲时，令人尴尬的事莫过于在众目睽睽下跌跤。有位演讲者在热烈的掌声中走上讲台，由于过于激动，不慎被话筒线绊倒，台下顿时哗然。然而，这位机智的演讲者立即爬起来，迅速进行情绪调整，从容不迫地走到话筒前，幽默地说："大家好，我确实为大家的热情所倾倒，谢谢！"

话音刚落,全场掌声雷动。他这种歪打正着,绝妙的应变,立即把被动变为主动,使演讲生色增辉,风趣动人。无独有偶,某位将军一次在某军事基地视察,当他发表演讲后走下台时,不慎跌倒,士兵们顿时大笑不止。这位将军并未恼羞成怒,而是机敏友好地笑道:“某些迹象表明,我这次到你们这里来视察是一次巨大的成功。”妙语一出,立即赢得了士兵的欢呼和掌声。

有些意外事故是现场的环境造成的,遇到这种情况,同样可以用灵活的手段应对。一次,一位演讲者在演讲时,突然停电了,演讲大厅里一片漆黑。这时候演讲者的声音清晰地传到了听众的耳朵里:“看样子,现在我们不得不在谈论的主题上发一些光。”这句话吸引了听众的注意力,使演讲在停电的时候也在继续进行。卡耐基说过一个例子:美国一位国会议员正在发表演讲,听众们则在聚精会神地侧耳倾听。突然,其中一个听众的椅子坏了,那人也跌倒在地。这种情况的出现是议员始料未及的,它非常容易分散听众的注意力,从而直接影响到演讲的效果。议员急中生智,提高音量对听众说:“各位现在应该相信,我刚才所说的理由足以压倒一切了吧?”这句话十分精彩,立即赢得了听众热烈的掌声。

机智应变,是难度很大的技能,它是演讲者观察、感受、思考、辨析等智能的综合运用,要求演讲者在有限时间里做到观察细、感受深、思考准,从而达到对策巧的目的,如果没有平日的积极训练和培养是很难做到游刃有余的。